해양사업,
꿈과 도전의 역사
지난 30년 다음 30년

해양사업,
꿈과 도전의 역사

지난 30년 다음 30년
LAST 30 YEARS NEXT 30 YEARS

김종도 지음

이지출판

한 해양인의 37년간의 기록

1979년 신입사원에서부터 37년, 지금 헤아려 보니 긴 시간이었다. 그러나 그 동안은 해年와 달月은 바뀌는 줄 알았으나 오늘이 며칠인지는 모르고 살아왔다.

아침에 눈을 뜨면 출근할 생각을 하고, 일요일에는 월요일이 오길 기다리고, 회사로 들어서면 모든 것이 반가웠다. 정문 입구에서부터 꽉 들어찬 제작중인 플랫폼들도, 만나는 사람들도 모두 정겨웠다. 나는 내일, 회사 일, 좋아하는 일, 잘 하는 일이 일치하는 운 좋은 삶을 살았다.

2015년 1월 5일, "유시유종有始有終, 시작이 있으면 끝이 있다. 하지만 마무리를 하지 못하고 떠나는 일들이 많아 미안하고 아쉽다"는 말을 남기고 마지막 퇴근을 한 지도 한 해가 지났다.

제복을 벗고 나니 38가지가 바뀌었다. 아침 먹는 장소, 호칭, 즐겨 가는 이발소까지. 민간인이 되고 보통사람이 되었다. 그리고 새로운 세계, 뭔가 보석이 숨겨져 있을 것 같은 금성의 탐색이 시작되었다.

그날 이후 많은 사람들로부터 지난 35년간의 해양의 역사, 그 기록들을 남겨 달라는 부탁을 받고 지난 한 해 동안 망설이다가 이렇게 한 권의 책으로 남겨 답을 대신하기로 결심하였다.

1981년부터 해양인으로서 영업을 하고, 공사 관리를 하고, 실행을 하면서 겪고, 보고, 듣고 느낀 사실들과 4급사원에서 부사장까지, 사업본부장과 대표를 역임하면서, 직원과 경영자로서 경험하고 느끼고 전달했던 내용들을 요약하고 축약하여 이 한 권의 책에 기록하기로 하였다. 1980년대 초 1,500명이 500억 원 정도의 매출을 올리던 사업부에서, 2014년에는 2만 명이 근무하고 5조 원에 가까운 매출사업부로 100배 성장을 달성하기까지의 여정에 대한 이야기다.

해양은 수주산업이다. 하나의 공사가 입찰을 통해 수주를 받고 여러 단계의 과정을 거쳐 완공될 때까지 길게는 7년, 짧게는 3년이 걸리는 대장정이다. 이런 공사의 연혁을 한 권의 책에 담기에는 버거운 기록이다. 만약에 다음 기회가 주어진다면 해양 발전과정에서 중요한 이정표가 되는 개별공사들에 대한 역사를 기록으로 남기고 싶다.

이렇게 결정을 하고 난 뒤에 맨손으로 마지막 퇴근을 한 것이 무척 아쉬웠다. 한 박스 가득한 명함은 물론 그 많은 서류더미를 남겨놓고 빈손으로 나왔으니 자료도 없고, 모든 것을 기억에 의존할 수밖에 없었다. 또한 시간상 제약도 있고, 그 기억이라는 것도 완전히 믿을 수가 없기에 이 책 내용에 착오나 누락, 쓸데없는 부분들이 포함되었을 수도 있다고 본다.

이 책의 제목을 '해양사업, 꿈과 도전의 역사 – 지난 30년, 다음 30년' 으로 정하였다. 직장인, 해양인으로 살아온 지난 30여 년간의 해양사업 의 역사와 나의 여정을 기록하고, 향후 30년을 향한 해양사업의 비전과 방향에 대한 소견도 제시하였다. 아울러 직장인으로 살아온 경험을 바 탕으로, 현재 직장생활을 하고 있거나 직장인이 되기 위해 준비하고 있 는 독자들에게 나름의 충언을 드리고자 하였으나 표현과 내용이 그에 미치지 못한다면 그냥 참고라도 되었으면 한다.

이 책에서 최근에 해양업계의 문제로 지적되고 있는 해양공사의 부 실과 손실, 그 성공과 실패에 대하여 일부 언급한 것은 책임회피를 주장 하거나 현재 정책 방향에 대한 비판이 목적이 아니다. 여러 문제가 발생 하게 된 원인을 찾아보고 개선에 대한 의견을 제시하면서 반성의 계기 로 삼기 위함이다.

이 책의 내용으로 인해 현업에 종사하고 있는 분들, 퇴직한 선배나 동 료에게 불편을 느끼게 하거나 본의 아니게 명성에 누를 끼치는 경우가 있다면, 넓은 아량으로 용서해 주기를 바란다. 나는 원래 문장력이 없고 표현력이 부족함을 익히 알고 있었으나, 이 책을 쓰면서 새삼 나의 부족 함을 확인하는 계기가 되었다.

이 책은 지난 30년 이상을 매일 만나면서 같은 경험을 하고, 동시에 시행착오를 겪으면서 공동의 목표 달성을 위해 노력한 선배, 동료, 후배 들과의 공동의 기록이자 우리 모두의 역사이다. 만약 이 책의 잘못된 내 용이나 내가 잘못 알고 있는 사실을 지적해 주면 기억을 수정하고 바꾸 도록 하겠다.

한 직장, 한 사업 분야에서 35년간 근무하고 무사히 직장생활을 마칠수 있도록 이끌어 준 선배, 같이 고생한 동료, 해양사업 발전이라는 중책을 이어가는 후배들에게 감사한다. 또한 우리 가족 그리고 나를 아는 모든 분들께도 감사의 말씀을 전한다.

또한 이 기회를 빌려 현직에 있을 때 친척, 친구를 포함한 가까운 지인들로부터 여러 가지 애로사항에 대한 지원을 부탁받았으나 도움이 되지 못했던 점도 혜량해 주시길 바란다.

그 외에 많은 분들의 지도와 후원으로 이 책이 발간되었음을 밝히며, 그분들에게 고마운 마음을 전한다. 원고정리를 도와준 한재숙에게도 사의를 표하며, 무엇보다 이 책을 보고 계신 여러분께 진심으로 감사드린다.

2016년 3월 울산 화합로에서

김 종 도

제2장

내 회사, 우리 회사, 위대한 회사
직장인으로 살면서

제3장

배움에는 끝이 없다
사회인으로, 직장인으로

제4장

나는 정말로 행복한 사람이다
오늘의 나를 있게 한 일들

제 **1** 장

해양의 역사, 해양의 기적

해양 수주산업에 대하여

울산 앞바다에서 시운전 중인 반잠수식 시추선

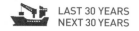

LAST 30 YEARS
NEXT 30 YEARS

; 해양 사람들이 하는 일

불과 5년 전에는 '해양이라는 성장산업', '해양에 집중해야', '해양
플랜트를 신성장동력으로' 라는 기사가 대중을 이루었었다. 또 대형 해
양공사의 연이은 수주 소식이 수시로 기사화되기도 하였다. 그러나 그
런 영광도 잠시, 최근 언론매체의 기사 제목은 '한국 조선업계 8조 원대
적자—도대체 왜', '세계경제 침체와 유가폭락에 따른 계약취소 및 인도
지연 등이 대규모 적자를 견인한 것이다', '해양플랜트 부실 심각' 등으
로 매우 비관적이다.

유사 이래 최대 규모의 적자, 국내 3사 동시 적자는 처음 있는 일, 적
자의 주범은 '해양플랜트' 라는 우울한 뉴스를 연속적으로 듣고 있자
니, 직간접적으로 해양사업에 관여하고 있는 사람은 물론 일반국민들
도 대체 이게 무슨 소리인지, 왜 그렇게 되었는지 알고 싶을 것이다. 또
한 뭔지 모르지만 이제 이런 뉴스는 그만 들었으면 하고 짜증스러울 수
도 있을 것이다. 이런 사태가 올 때까지 경영자들과 국가 감독기관은

뭘 하고 있었느냐고 원망하는 사람들도 많을 것이다.

이 같은 이야기를 들으면서 35년간 해양사업에 몸담고 있었던 사람으로서 막중한 책임을 통감하지 않을 수 없다. 하지만 책임만 통감하고 그 당시에는 그럴 수밖에 없었다고 변명만 하고 앉아 있을 수는 없었다. 그래서 현재 업계가 당면하고 있는 문제의 발생원인과 배경을 생각해 보고 그에 대한 해결방안에 대해 고민해 보고자 한다.

해양이란, 어휘사전에서는 "넓고 큰 바다, 지구의 70%를 차지하는 수권水圈"으로 정의되어 있다. 역사적으로 근세는 대해양시대로 시작되었다고 한다. 해양이라는 단어가 들어간 기관, 학계, 산업체도 많다. 해양수산부, 해양경찰, 해양대학, 해양연구소, 해양박물관, 해양레포츠, 해양개발주식회사 등등. 그래서 많은 분들이 해양사업이 무엇을 하는 조직인지 궁금해하는 분이 많다.

우리가 하는 해양사업은 바다 밑에 있는 석유나 가스자원을 조사하여 시추하고 채굴하여 생산 및 저장하는 연관설비를 설계하고, 부품을 구매하여 복합기능을 가진 구조물을 생산, 제작, 조립하여 먼 바다 가운데 현장에 설치하는 공사를 주로 한다고 설명하면 대부분 잘 이해를 하지 못하는 눈치이다.

해양 사람들이 무엇을 하는 사람들인지에 대한 대답을 개인적으로 하면, '나는 설계한다', '나는 관리한다', '나는 용접기술자다', '나는 부장 일을 한다', '나는 임원이니까 경영을 한다' 라고 대답할 것이다.

해양사업에 참여하는 사람은 주어진 직무나 직책, 각자의 지식, 기술, 기능에 따라 다양한 일을 하고 있다. 그러한 일들을 세부적으로 분류해 보면 생산 또는 일반제조업과 유사하다고 할 수 있다. 그러나 각 부품 또는 부분, 기능별로 각각의 일을 전체로 모아 이루어지는 최종품으로 볼 때 해양 사람들은 해양 설비를 건설하는 것이다. 전기전자업계가 가전제품을 만들고 자동차회사가 각종 차량을, 제철회사가 철판을 생산하고 건설회사가 건물이나 공장을 짓는 것과 같이 해양사업은 해저에 부존하는 석유나 천연가스를 생산하는 해양플랜트를 건설한다.

다른 제조업은 제조공장에서 제품을 만들어 판매나 수출을 하는 것과 달리 해양업계는 외국 산유국의 유전을 개발하기 위한 공장 설비를 국내 제작장에서 분리 또는 일체로 제작하여 이를 운송선으로 수송하여 원유가 매장되어 있는 해상에 설치하고 이를 바다 밑 해저층의 유전과 연결하여 석유를 생산하는 일체의 사업을 영역으로 한다. 해양사업부는 국내 대형 중공업회사 빅 3로 불리는 현대중공업, 대우조선해양, 삼성중공업 소속으로 해양 공사를 담당하고 있다.

이렇듯 해양 사람들은 인류 생존에 절대적으로 필요한 에너지원인 석유와 가스를 생산하는 해상 석유기지를 건설한다. 영업을 담당하는 사람, 설계를 하는 기술자, 용접과 도장을 하는 기사, 자재를 구매하고 공사를 관리하는 사람 모두 인류를 널리 이롭게 하는 석유가 생산되도록 하는 이들이다.

그럼 계속해서 국내업계의 현주소에 이어 해양사업에 진입하게 된 단계부터 살펴보겠다.

; 해양을 위한 변명

국내 조선업계는 지난해 대규모 손실을 냈다. 2015년에 대우조선 5조 5천억 원, 현대중공업 1조5천억 원, 삼성중공업 1조5천억 원의 영업 손실이 났다.

어쩌다가 이런 상황이 된 것인가? 이렇게 된 주범이 해양플랜트라고 지적하고 있다. 몇 년 전만 하더라도 해양만이 살 길이라고, 조선을 대체할 산업은 해양이라고 했었다. 그래서 당시 회사 이름에 '해양'을 붙이는 것이 유행이었다. 대우조선해양, STX조선해양, 성동조선해양처럼.

현대중공업 해양사업부문 매출이 1조 원대에 들어선 2001년도부터 2005년까지는 적자를 면하지 못하는 어려운 상황이었으나 2006년부터는 매출 2조 원대를 넘어 3조, 4조 원으로 늘어나고 10% 전후 이익률로 정상화 단계를 넘어 성장, 발전 과정에 들어서게 되었다. 2013년에는 매출 4조8천억 원, 이익률 5%로 고무적인 성과를 거두었다.

그러나 지금은 2000년대 이전의 어렵던 상황으로 되돌아가고 있다. 역사는 성공과 실패가 반복되는 과정이라고 했던가. 지난 10여 년간 발전, 성장의 단계에서 해양이라는 산을 오를 때는 내려올 줄을 몰랐고, 지금 오르는 산의 높이가 얼마나 험한 길인지 모르고 올랐단 것인가. 높아질수록 더욱 힘에 부치고, 안개 속 정상에 가까울수록 앞이 어두울 줄을 알지 못했는가.

여기서 국내 해양사업의 성공과 실패, 시련과 도전의 역사와 해양공사의 단계를 소개하고, 업계가 당면하고 있는 사태에 대한 이유를 찾아 사유를 분석해 보고자 한다. 그래서 해양공사의 성공과 실패에 대해 변명 아닌 변명을 해 보려고 한다.

해양공사의 진입

1976년 현대가 사우디아라비아의 주베일 산업항만 건설용 구조물 제작으로 해양공사에 진입한 이후 국내 3사가 해양공사에 본격 참여한 것은 1980년대 초이다. 1973년 중동전쟁으로 시작된 1차 석유파동, 1978년 이란정변으로 시작된 2차 석유파동을 계기로 조선 경기 불황과 겹쳐 사업다각화 측면에서 해양공사에 진출하게 되었다.

해양사업 시황

1980년 이후 30년간 업황의 변화, 사업의 부침, 우여곡절의 과정을 거쳐 국내 3사 모두 해양사업의 명맥을 유지하면서 2010년에 들어서게 되었다. 2008년 9월 미국 투자은행 리먼브라더스의 파산으로 시작된 글로벌 금융위기로 인한 세계 경기불황, 조선사업 침체기 이후 에너지 수요 증가, 2011년 튀니지로부터 시작된 아랍 재스민혁명 이후의 고유가, 대형유전 발견 및 심해유전으로의 개발 트랜드 변화 등으로 해양공사의 확장기가 시작되었다.

수주현황

2010년에서 2014년까지 5년간 현대중공업은 시추선을 제외하고 순수 해양공사만 연평균 40억, 합계 약 220억 달러의 수주실적을 달성하게 되었다. 그 후 해양공사의 수주 성공사례가 회사별로 연속적으로 기사화되면서 해양사업이 중공업 분야의 미래산업으로 평가를 받았다.

이렇게 수주금액이 급증한 것은 공사 수數가 아닌 공사 규모의 대형화와 계약범위가 단순제작에서 설계, 구매, 시운전을 포함하는 EPCEngineering, Procurement and Construction화로 인한 것이었다.

또한, 국내 조선 3사는 신규 유전개발 및 설비투자 증가로 인한 석유시추선 수요에 편승하여 시추선 건조공사에 경쟁적으로 뛰어들어 2011년부터 2015년 기간 중 70척, 380억 달러의 수주고를 올리게 되었다.

영업과 견적

해양공사의 영업은 자격심사PQ로부터 시작된다. PQ에 참여의사를 표명한 전체 업체 리스트에서 5개 전후의 회사를 선정하여 입찰초청장을 보낸다. 그리고 입찰참가신청을 한 회사에게 입찰서ITT를 발급함과 동시에 입찰이 시작된다. 입찰은 계약조건, 가격, 기술프로포잘로 나누어 시행되며, 최종단계에서 전체를 평가, 심사하여 낙찰사를 선정하고 계약을 체결하게 된다.

견적업무는 발주처에서 제공한 기술시방서Design Concept 기준으로 하되, 입찰사가 기술자료를 자체적으로 보완, 점검하여 계량을 하고 주요

기자재별 견적의뢰서RFQ 기준으로 공급선으로부터 견적을 받아 이를 집계하여 각 부문별, 분야별 검토를 거친 후 추정원가를 확정하고, 예비비와 이익률에 대한 경영층의 결정사항을 반영하여 입찰에 참여하게 된다. 공기와 공정에 관한 사항은 공법과 제작기술을 바탕으로 공사 시행 여력을 감안해서 확정한다.

견적과 계량의 일차적 기준은 유사 공사 실적, 최근 공사 실적, 회사의 품셈NORMS 및 기타 자료를 근간으로 평가하고 점검과 심의과정을 통하여 정하게 된다.

해양공사의 문제

2000년부터 본격화되기 시작한 해양공사 확장 추세와 그간의 축적된 기술과 경험으로 초기 2~3년은 시행착오를 거치면서도 공사는 큰 무리 없이 진행되었다. 2012년 들어 앞선 공사가 마무리되기 전 후속공사가 이어져 중첩현상이 일어나게 되어 설계 여력과 제작장 부족, 숙련 인력 부족 등의 문제가 발생했다. 그리고 2010년 4월 걸프만에서의 BP "Macondo" 시추선 폭발사고 이후 강화된 안전 규정뿐만 아니라 설비의 고급화로 인한 설계변경과 물량증가, 비용의 급격한 상승으로 원가가 올라갔고 또한 공기도 지연이 되었다.

이렇게 동시다발적으로 발생한 문제를 해양공사 가치사설Value Chain 별로 그 이유를 요약해 본다.

계약조건 : 해양공사의 특징인 수주산업으로 발주처 요구에 따른 조건

을 기준으로 계약을 체결하게 되고, 이로 인한 불평등 계약조건, 모호한 조항에 대한 해석의 차이로 물량 증가로 인한 추가비용 보상건과 관련한 논쟁이 발생하고, 발주처가 추가보상을 거절하게 되면 예산초과 및 결손이 초래될 수 있다.

견적조건 : 해당 공사에 대한 자재비, 노무비, 제경비 산출시 유사 공사, 최근 실적공사, 다른 공사 대비 비교견적, 기타 자료를 기준으로 견적가를 추정하였으나 실행 결과 노무, 인건비 부문에서 견적 대비 차이가 크게 발생한다. 일부 공사의 경우 2~3배 차이가 났다. 이것은 비교견적 대상 공사 선정에 근본적인 문제가 있었거나 아니면 단위공수 추정에 기본적 문제가 있었다고밖에 볼 수 없다.

개념설계 : 통상 발주처에서 전문설계회사를 동원하여 기본설계를 수행하게 하여 그 결과물을 기준으로 견적 및 입찰이 시행된다. 이 과정에서 개념설계 용역을 수행한 회사의 하자로 인하여 발생한 문제에 대한 책임한계에 대하여 발주처와 계약자의 이해가 상충되는 상황이 발생한다. 즉 발주처는 계약자 책임임을 당연시하고, 계약자는 발주처 보상조건임을 주장하게 된다.

상세설계 : 계약자는 자체 설계역량에 따라 자체 수행 또는 전문설계회사에 용역하여 설계업무를 수행하게 되며, 설계 결과 기준으로 자재를 구매하게 된다. 여기서 자체 설계능력 부족, 설계용역회사의 자질 또는 기술문제로 인한 불완전 설계 상태에서 관련 자재가 발주되고 이후

설계변경으로 수정 또는 재작업, 물량증가, 자재조달 문제가 연속적으로 발생하게 된다. 특히 물량대형화, 설비고급화, 안전규정 강화로 인한 주요기기 조달업체의 시행착오도 예산초과나 납기 지연을 초래하게 되는 원인이 되었다고 할 수 있다.

제작 및 생산 : 선행공정인 설계 및 구매가 미완료 상태에서 공기에 쫓겨 생산에 착수하게 되었으며, 이후 설계변경으로 인한 수정작업, 재작업, 하자보수 등에 많은 인력과 예산이 투입된다. 또한 급격한 물량증가, 협력사 역량 저하, 제작장 및 조립장 협소, 숙련된 인력 부족, 시설 및 설비 한계 등의 문제가 중첩되어 공수투입증가, 예산초과, 공정 지연이 반복해서 발생한다.

시운전 : 공사별로 계약자의 시운전 수행 범위에는 차이가 있으나 점차적으로 계약자 책임이 강화되는 추세다. 발주처 책임으로 수행되는 시운전의 경우에도 필요한 인력과 시설은 계약자 부담이다. 따라서 시운전 인력, 시설, 장비 부족으로 인한 시운전 지연, 생산지연 또는 생산품질 하자가 시운전 단계로 전이되어 문제가 발생한다. 공기에 쫓겨 시운전이 완료되지 않은 상태에서 출항하게 되면 나머지 공사를 해상현장에서 수행함에 따라 급격한 비용증가가 발생한다.

운송, 설치, 시운전 : 육상의 제작장에서 발생한 설계, 자재, 제작, 시운전 문제가 해상으로 이전Carry-over되는 상황 발생으로 현장 공기가 지연되고 고가의 전문인력, 해상장비 투입비용이 급증하게 된다. 운송 및 설치는 각각 전문업체가 수행하게 되나 문제 발생 시 책임범위에 대한 발주처와 계약자 간 분쟁이 발생한다.

자국 산업 보호정책 Local Content : 자원보유국Host Country의 자국 산업 보호정책에 따라 자국 인력, 자재, 설비 이용규정으로 공사 수행에 차질이 발생하고 예기치 못한 비용과 노력이 투입된다. 산유국의 정쟁 및 사회불안, 환차손, 불확실성 증대로 인하여 예기치 못한 비용투입이 발생한다.

발주처 문제 : 유전개발계획은 필드의 경제성 분석 결과를 기준으로 투자계획이 수립되고 투입예산이 자본투자CAPEX 및 운영비투자OPEX로 구분되어 정해진다. 자본투자비용CAPEX 추정 근거는 해양유전의 탐사, 개발 및 생산E&P 계획 기준으로 발주처 내부 관련부서 및 외부 전문기관의 검증을 받아 확정하게 된다. 지난 20년간 통계적으로 발주공사의 75% 이상에서 생산지연, 예산초과 문제가 발생하고 있다는 보고 내용을 볼 때 시행청의 기본계획, 예산책정에 문제가 있던 것으로 보인다. 또한 발주처뿐만 아니라 기술용역을 수행하는 전문기관, 설계회사, 연구기관, 기타 관계사의 경험인력 부족, 낙관적인 해석, 투자계획 추진을 위한 무리한 정책도 공사별 문제 발생에 기여한 요소가 되었다고 본다.

해양공사의 공기 지연, 예산초과 및 품질하자 건이 국내외 업계의 전반적인 문제로 발생하고 있는 현실을 감안해 볼 때, 이는 해양업계의 공통된 현안이라 할 수 있다. 또한 단위공사별로 지금까지 요약하여 언급한 과정별 요소들이 독립적으로 일어나기보다는 총체적으로 발생하였다고 볼 수 있다. 이는 대형, 복합공사의 경영, 프로젝트 매니지먼트Project Management, 리스크 매니지먼트Risk Management, 수행전략Execution Plan의 문제에 추가하여 계획Planning, 시공Execution과 실행Dolng 단계의 문제를 면밀히 분석하고 이에 대한 개선대책을 수립한 후 재발방지책에 대한 확신을 갖는 것이 당면과제이다.

한편으로는 1980년대부터 30년간 누적된 경험과 기술력으로 볼 때나 국제 경쟁관계로 보더라도 제작 공사 위주의 국내 기업의 경쟁력은 제한적인 것이 현실이다. 지난 실적을 바탕으로 진출하였던 EPC 공사, 사업전략에 따른 수주 증대가 왜 예기치 못한 결과를 낳게 되었는가에 대한 점검이 꼭 필요하다. 아직 왜 국내 업계의 해양공사 실력이 공수당 15달러 전후였던 1990년 수준인지, 기술인력, 생산인력의 능력도 왜 10~20년 전 상태에서 발전이 없는지, 왜 연간 10~15% 정도(연 15% 성장이면 5년 내 2배 성장)의 성장도 할 수 없다면 이미 성숙단계의 사업 아니면 사양산업이 아닌가에 대한 자가 검토도 필요해 보인다.

; 예측하기 어려운 해양공사

해양공사의 흐름은 각 과정, 즉 설계, 구매, 제작 및 설치단계로 구성되며 각 단계별로 업무수행 주체가 바뀌고 이에 따라 공사 책임자 주재 사무실Project Office의 위치가 이동하게 되는 것이다. 생산 공정이 주류가 되면 모든 것이 제작 야드로 집결하게 되는 것이다.

국내 회사의 강점은 제작에 있다. 그 바탕은 넓은 제작장, 많은 인력, 그리고 설비, 통합 운영되는 조직구조라 할 수 있다. 그러나 다수의 공사가 동시에 시행되고, 선행 공사 지연이 차기 공사에 영향을 미칠 뿐만 아니라 국내 동종업계에서의 동시 물량증가 등이 겹치게 되면 국내 회사의 강점이 약점으로 영향을 미치게 된다. 제작장의 한계, 인력부족, 과부하, 관리인력 부족의 결과로 수행중인 공사에 문제가 발생하게 되는 것이다.

그러므로 공사 검토단계부터 물량 대비 역량 분석, 시나리오별 리스크 분석이 먼저 이루어져야 하나, 해양은 수주산업으로 수주 예측이 어렵고 단위공사의 제작 공기만 평균 3년 이상으로 길고, 가치공급 사슬에도 예측할 수 있는 요소가 많아 하이리스크산업이라 할 수 있다.

따라서 영업정책과 공사 시공계획, 공사예산 등이 유사한 실적공사 또는 사업계획에 준거하여 수립되나 그러한 예측에 착오가 일어나게 되면 문제는 더욱 확대 재생산되는 특성이 있다. 따라서 해양공사는 다른 장치산업보다 세밀한 계획과 예측으로 상시적으로 변하는 상황에 대비하여야 한다.

결론적으로 예측, 추정의 정도精度를 높이고 시나리오별 의외성이 반영되도록 하여 시행착오의 문제가 최소화되도록 정책을 수립하고 사업을 시행해야 한다.

해양사업의 특성을 요약하면, 해양 사람은 고객이 있는 곳은 어디든 방문하고, 석유가 나는 곳은 어디든 달려가고, 찾아가 영업을 하고, 공사시행도 도시의 설계사무실에서 자재나 기계를 제작하는 공장으로,

제작과 조립을 하는 야드, 해상설치 현장으로 이동하는 노마드Nomad,
바다에 연한 야드에서 석유 및 가스 생산설비를 지어 이를 배에 싣고
해상으로 가서, 그 바다 한가운데 설치하고, 시운전을 거쳐 석유를 생산
하고, 바지선에서 숙식과 생활을 하는 바이킹Viking이 아닌가 생각한다.
그렇다. 육상에서는 노마드요, 바다에서는 바이킹인 것이다. 위 사진은
망망대해에서 해상 크레인으로 플랫폼을 설치하고 있는 것이다.

⁝ 해양 전문용어

해양산업은 해양조선, 플랜트산업, 수산, 관광산업 등으로 분류된다.
하지만 이 책에서 이야기하는 분야는 바다 밑, 해저에 부존하는 원유나
천연가스를 탐사, 시추, 생산 및 저장하는 설비와 관련한 산업분야에

대한 것이다. 해양산업 분야에 익숙하지 않은 독자들을 위해 몇 가지 기본적인 해양 전문용어에 대하여 간단히 설명하고자 한다.

석유의 기원 : 5억 년 전 수생동식물의 유해가 바다 밑바닥에 가라앉아 썩은 진흙에서 유래했다는 유기기원설과 마그마 중의 무기물질에서 유래했다는 무기기원설이 있으나, 플랑크톤이 지구에 나타난 수억 년에서 백만 년 이전 지질시대의 생물이 원물질로 된 것이 타당한 이론으로 받아들여지고 있다. 석유가 포함된 지층은 석유 유입이 수월하도록 다공질이면서 침투성이 좋은 배사구조를 이룬다.

유전 : 지구의 지질은 지층으로 이루어지며, 지층은 형성시기에 따라 구분된다. 지질구조에 석유나 가스를 포함한 유층이 있고, 이를 덮은 피복층으로 이루어지고, 유층은 석유나 가스가 집적하기에 알맞은 구조를 이루고 있다. 유전은 육상에 존재할 수도 있고 해저에 있을 수도 있다. 유전의 종류는 석유, 가스 또는 석유와 가스 혼합 전으로 구분된다.

석유산업의 역사 : 현대 석유산업은 1850년 미국에서 조명용으로 사용되던 등유를 석유에서 얻을 수 있다는 기대에서 시작되었으며 1859년 최초로 시추에 성공하였다. 19세기까지는 석유의 주된 용도가 가정 조명용이었다가 1879년 에디슨에 의해 백열등이 상업화됨에 따라 석유가 발전용 원료로 사용되기 시작하였다. 그 뒤 내연기관의 등장으로 가솔린, 디젤의 수요가 폭증하였으며, 1, 2차 세계대전으로 인한 군수용으로 석유산업이 번창하였다. 오늘날 석유산업은 자동차산업과 함께

거대한 시스템을 이루고 있으며, 발전연료뿐만 아니라 가정용으로 가스 수요가 증가하고 있고 석유화학 원료로도 다양하게 사용되고 있다.

석유 매장량 : 2014년 BP 통계자료 기준으로 석유의 가채매장량은 1조7천억 배럴로 현재 생산량 기준 52년간 사용량이며, 가스 매장량은 187조m^3로 54년간 사용분에 달한다. 1956년 미국 물리학자 허버트 박사의 피크오일이론에 따르면, 미국 내 최대 석유생산량은 1966~1972년에 정점을 이른 후 급감할 것이라 하였으나, 지금도 매년 증가하고 있다. 피터 후버 박사의 "인간은 에너지를 많이 쓸수록 많이 생산한다"는 이론이 발표된 바 있으며, 현재도 신규 유전이 계속 발견되고 있는 것과 같이 생산되는 만큼 신규 유전이 발견되고 있는 것이다. 사우디아라비아가 석유 매장량의 20%, 러시아가 가스 매장량의 25%를 갖고 있다. 참고로 2014년 기준 우리나라는 석유를 1일 245만 배럴, 연간 478억m^3의 천연가스를 소비하고 있다.

해양석유 및 석유투자 : 2014년 기준 세계 석유, 가스 생산은 육상에서 85%, 해상에서 15% 정도 생산되고 있으며, 2030년에는 육상 대비 해상의 생산량 비율이 70 : 30으로 변할 것으로 추정된다. 육상 유전개발이 성숙화 단계를 넘고 있어 점차적으로 해양석유투자 및 생산이 증가될 것으로 보인다. 최근의 석유, 가스 자본투자기준은 육상 대 해상 비율이 40 : 60이며, 해양부문에서만 연간 3천억 달러에 상당하는 시설투자가 일어나고 있다.

시추 : 지구과학적 방법, 지질조사, 물리 탐사, 지진파 탐사 등의 방법으로 유전이 발견되고 일정 수준의 경제성 분석이 되면 유전에 시추공을 뚫어 직접 샘플을 채취하여 유전 규모와 석유의 특성, 기타 조건에 대한 조사와 검사를 하게 된다. 시추는 목적에 따라 유전분석용, 생산계획 수립용, 생산용 시추가 있다. 생산시추는 시추선이라는 선박으로 하는 경우도 있고, 해당 광구 전용 시추설비를 이용하는 경우도 있다.

생산설비 : 유전 평가를 기준으로 개발계획이 수립되면 생산시설 즉 원유를 채취하고 불순물을 제거하여 판매 가능하도록 하는 프로세스, 생산된 원유를 저장하고 석유운반선에 선적하는 장치, 근무인력에게 필요한 거주설비를 포함한 플랜트 건설에 착수한다. 얕은 바다의 경우에는 해저면에 자켓이라는 구조물을 설치하고 그 상부에 생산설비를 장착하며, 깊은 바다의 경우에는 부유식 설비 상부에 생산설비를 설치하는 형태로 만들고 선체는 로프로 해저면에 고정시킨다.

설계, 제작, 설치 : 먼저 플랜트의 형식 및 규모를 정하는 개념설계, 개념설계를 바탕으로 세부적인 부분에 대한 설계까지 포함하는 상세설계, 제작과 생산방법을 반영한 생산설계로 이루어진다.

설계 이후의 자재구매, 생산착수, 제작 및 조립, 육상 시운전이 이루어지고 제작이 완료되면 운송선박에 선적되어 유전이 위치한 해상으로 운송되며, 설치전용 장비를 동원하여 해상설치, 연결, 시운전 작업이 계속된다. 이후 석유 또는 가스 시험생산, 초기생산, 계속생산의 단계별로 설비가 가동된다. 이렇게 생산된 원유는 원유운반선으로 수송되어 정유공장에서 석유제품, 즉 휘발유, 경유, 등유, 나프타, LPG로 만들어져 판매된다.

가스전에서 생산된 천연가스는 해저 파이프라인을 통해 육상으로 보내져서 사용되거나, 수출용으로 LNG로 만들어 LNG 운반선으로 소비처로 이송되면 재기화설비로 기화시켜 발전용 또는 가정용, 기타 용도로 공급된다. 최근 해상에서 생산된 가스를 해상에서 LNG로 만드는 FLNG 설비가 계획되고 있다.

해상장비 및 운송선 : 육상에서 제작한 해양설비를 싣고 운반하는 운송선은 스스로 운항이 가능한 자항선, 동력이 없어 예인선Tug으로 견인되는 바지선Barge, 중량물을 설치하는 크레인선Heavy Lift Vessel, 해저 파이프라인 포설선Pipelaying Vessel, 작업자 거주선Accommodation Vessel, 보급선Supply Boat, 기타 작업선Construction Vessel 등이 있다. 한 개의 공사에 보통 10척 이상의 선단Marine Spread이 구성되며 일일 장비비용은 20만에서 50만 달러 정도이다.

발주처 : 해양 설비를 주문하는 고객으로 오일메이저라 불리는 IOCInternational Oil Company, 산유국 국영석유회사 NOCNational Oil Company, 독립회사Independent로 대별된다. IOC는 미국을 대표하는 엑슨모빌, 세브론, 영국의 BP, 프랑스의 토탈, 네덜란드의 셸 등 5대 메이저로 통칭되고 있으며, 연간매출 2천억~4천억 달러, 순익이 10억~100억 달러 규모의 초대형 다국적 기업이다. 유전개발은 복수의 석유회사가 공동으로 참여할 경우도 있으며, 이때는 대표회사가 운영권자Operator가 되고,

그 외는 파트너사가 된다.

자원국Host Country : 유전을 보유한 국가의 해당 정부기관에서 광구채굴권 또는 개발권을 석유회사에 양허한다. 광구운영권자인 석유회사는 광구를 개발하고, 생산한 석유를 판매하여 수익금 중 일부를 로열티로 해당 정부에 지급한다. 통상적으로 광구개발계획은 자원국의 승인을 전제로 한다.

업무 범위 : 계약자가 책임지게 되는 업무의 영역에 따라 제작만 담당하는 제작공사, 설계, 구매, 제작을 책임지는 EPCEngineering, Production and Construction공사, EPC에 추가하여 설치와 시운전까지를 포함하는 EPICEngineering, Production, Installation & Commissioning으로 구분된다.

심해설비 : 유전의 개발단계가 육상에서 해상으로, 천해에서 심해로 이동되는 추세이다. 해상은 수심 300m 이내의 천해, 수심 600m 이내의 심해, 수심 600m 이상의 초심해로 구별하고 있으며, 최근에는 수심 1,500m 이상까지 개발이 되고 있다. 천해에 설치되는 설비를 통상 고정식설비라 하고 심해용 설비를 부유식 설비라고 한다. 수심별, 유전특성별 해양설비 구분은 다음 그림을 참조하기 바란다.

해양 석유 및 가스Offshore Oil & Gas 용어는 백과사전같이 방대하여 다 소개하기가 어렵다. 자료가 필요한 사람은 Manual of Oil and Gas Terms, 5th Edition, Martin, Kramer을 참고하도록 추천한다.

1, 2) conventional fixed platforms; 3) compliant tower; 4, 5) vertically moored tension leg and mini-tension leg platform; 6) spar; 7,8) semi-submersibles; 9) floating production, storage, and offloading facility; 10) sub-sea completion and tie-back to host facility.

; 입찰에서 실행까지

반복되는 얘기지만, 해양은 시황산업이나 상품생산과는 다른 수주산업이다. 해양에서 갖춘 공사라고 하면, 천해(수심 300m 이내) 고정식 설비의 경우에는 석유 일산 10만 배럴 규모에 하부구조물 2만 톤, 상부설비 2만 톤에 계약가 10억 달러 정도이고, 심해(수심 600m 이상) 설비인 경우 하루 생산용량 석유 15만 배럴, 선체 저장용량 150만 배럴, 톱사이드 4만 톤, 계약가 15억 달러에 상당하고, 계약에서 제작, 출하에 40개월, 운송, 설치, 시운전에 10개월이 소요된다.

입찰 및 수주단계에 대하여 살펴보면, 첫째 서류입찰, 기술입찰이라고도 한다. 경험이 부족하고 자격 획득$_{PQ}$에 문제가 있을 때는 입찰서류 내용이나 질이 자격심사 통과의 관건이 된다. 하지만 동종 공사에 대한 실적이 있고 발주처로부터 인정을 받고 있는 경우에는 통과의례가 되는 경우도 있다.

다음은 가격이다. 경쟁사간의 가장 객관적인 비교대상이 되는 것이 제출금액이다. 발주처에는 가격 상세내역을 비교평가하고 추가비용 및 예비비를 고려하여 최종가격을 산출하여 1차적으로 낙찰사를 선정하거나 협상대상의 순서를 정한다.

해양공사는 통상적으로 시공과정에서의 설계변경, 물량증가, 자재문제, 기타 요인으로도 가격이 상승하게 되는데, 발주처는 입찰사를 상대평가하여 각 사별로 예상되는 변동가격을 산정해 입찰가에 포함시켜 평가하게 된다.

입찰사별로 독립적으로 추정하여 평가하는 변동가격은 입찰조건, 거래실적, 관계평가 등의 신뢰요소가 큰 영향을 미치며, 최종 산출가격 산정은 평가자의 주관적인 관점이 크게 작용하는 경우도 있다.

마지막으로 입찰조건 평가 및 현장실사이다. 입찰시 제출된 계약조건, 기술조건, 기타 조건에 대하여 1차 평가를 하여 그 결과를 2차 단계인 가격평가에 반영한다. 협상대상자 선정 후에는 제반 입찰조건에 대한 협상을 진행하고, 그 결과를 최종 평가하여 계약자 선정기준으로 반영한다.

현장실사 단계에서는 입찰사를 불러 협상회의를 갖기도 하고, 입찰사 본사 및 제작 야드를 방문하여 필요사항에 대한 현장파악과 관계자

회의, 공사 책임자 면접, 경영층 상담 등 여러 과정을 거치게 된다.

최종적으로 모든 항목에 대한 평가를 완료하고, 각 평가과정에서 제기된 문제에 대하여 합의가 이루어지면 발주의향서LOI를 발행하여 계약을 발효시키고, 통상 60일내 파트너사의 동의 및 산유국 정부 승인절차를 거쳐서 본 공사 계약을 체결하게 된다.

입찰평가는 상당부분 입찰서를 기준으로 이루어지지만 입찰서 외 거래실적, 신뢰관계, 안전지수 등이 상당부문 영향을 미치게 된다. 입찰서 평가는 객관적 관점에서 이루어지지만 나머지 평가는 주관적 요소가 많이 작용한다. 발주처의 입찰사 간의 관계 평가, 신뢰 등의 요소가 당락에 영향을 미칠 수도 있다. 물론 과거 공사실적 및 입찰사의 평판도 중요한 평가 요소이다.

입찰사 입장에서도 같은 발주처로부터 수주하여 실행을 한 지난 공사실적, 당시 발주처와의 관계, 발주처 평판 등을 견적가격 및 응찰조건에 반영하게 된다.

수주로 개시되는 해양공사는 계약조건이 편파적이고 사양이 까다롭고 규모가 크며, 고가이면서 장납기로 복합적인 시행과정과 예기치 못한 사태 등으로 문제에 부딪치는 등 우여곡절을 피할 수가 없다.

하지만 해양인의 신념, 하면 된다는 믿음, 모든 구성인의 땀과 열정으로 공사를 마무리하고 미래에 어떤 규모의 공사, 어떤 어려움의 공사도 성공적으로 마무리할 수 있게 될 것이다. 지난 해양 역사 40년간 못해 낸 공사가 없어 향후에도 못해 낼 공사가 없을 것이라고 생각한다.

현재 국내 해양업계가 당면하고 있는 문제들이 우리를 안타깝게 하고 이러한 문제들에 대한 나 자신의 직간접적 책임이 큰 것 또한 사실이다. 그렇다고 포기할 사업이 아닐진대, 빈번한 인사이동과 수시로 바뀌는 영업전략, 공사마다 발생하는 문제 등에 대응하는 자세, 고객과의 관계 악화 등을 생각하면 마음이 무거워진다.

또한 입찰, 평가, 계약 및 시행 등의 과정에서 예기치 못한 중대 사안이나 긴급 현안문제가 발생했을 때는 평가자와 피평가자와의 관계, 계약조건이나 갑을관계를 벗어나서 상호협의가 가능한 핫라인 구축, 즉 프로토콜별 네트워크 확보가 절실히 필요하다.

단위공사 입찰부터 공사 완료까지 5년, 계약 후 완료시까지 3년 기간 중 회사대표, 책임중역, 공사 전담자가 몇 번이나 바뀌는 경우가 발생하면 대고객 창구 유지가 불가해짐을 고려하여야 한다.

; 세계 최대, 최고, 최초

업계의 글로벌 리더가 세계 최대, 최고, 최초의 공사를 수주하고 실행하는 것은 당연한 일이다. 지난 30년 동안 이런 세계 기록과 관련된 뉴스 보도는 우리 가슴을 뛰게 하고 자존심을 살려주는 원천이 되었었다.

이 같은 뉴스의 이면에는 그와 같은 업적과 기록을 남긴 우리 모두의 열정과 땀이 담겨져 있었고, 밖으로 보이는 화려함 뒤에는 실패와 좌절도 있었지만, 마지막에는 성공하였다는 역사가 담겨 있었다. 여기서 그 사례를 되짚어 본다.

엑슨, 자켓공사, 세계 최대 구조물 제작

1985년 미국 엑슨사로부터 수주하여 1988년에 완공한 높이 375m, 중량 72,100톤 규모 2기 하모니Harmony와 헤리티지Heritage 자켓공사는 당시 바닷가 벌판에 제작장과 생산설비를 갖추는 조건부, 즉 "1985년 12월 15일까지 제작장과 설비를 갖추지 못하면 계약을 해지할 수 있고, 그에 따른 보상한도는 150만 달러라는 조항"이 붙은 공사였다.

공사 수주와 동시에 제작장을 조성하고 장비를 구입하고, 3년 동안 온갖 장애를 극복하고 공사를 완료했다. 자켓 수송용으로 특수 건조한 바지에 선적하여 태평양을 경유해서 1988년 캘리포니아 해안에 설치했다. 이와 같이 무에서 유로 허허벌판에 공장을 세워서 공사를 해내겠다는 의지와 이를 해낸 추진력, 다시는 반복할 수 없는 역사가 되었다.

ONGC 3대 공사

1992년은 국내에서는 대선정국으로 어수선했고, 세계적인 경기 불황으로 조선업계가 난국을 겪고 있었다. 그런데 그해 2월 인도 국영석유회사인 ONGC로부터 3개 공사를 제작은 물론 설계, 구매, 설치까지를 포함하는 일괄도급방식으로 연속 수주하였다. 계약금액은 10억 달러로 당시 연간 수주목표 5억 달러의 2배 규모였다. 우리는 이 공사를 성공적으로 수행하여 명실상부한 EPC(설계, 구매, 제작) 계약자 자격을 갖게 되었다.

공사 수주단계에서의 천일야화 같은 숨겨진 이야기와 영업요원들의 활약상, 3년에 걸친 공사 수행기간 중의 고군분투한 역사를 다 기록할 수가 없어 아쉬울 따름이다.

세계 최초 잭업식 생산설비

1993년 영국의 BP로부터 자기승강식 시추, 생산, 거주구 설비Self-elevated PDQ Jack-up인 Harding 공사를 수주하였다. 시추 전용의 잭업 구조물에 석유생산설비를 추가한 복합설비였다. 까다롭기로 유명한 북해의 영국 석유회사로부터 공사를 수주하고 성공적으로 완료하여 BP로부터 연속적으로 5개 대형 공사를 따냈다. 극동의 이름 모를 해양 야드에 이와 같은 공사를 발주하고 성공으로 완공할 수 있도록 지원해 준 BP에 감사한다.

최초의 FPSO 신조공사

1997년 브라질 국영석유회사로부터 2기의 FPSO 개조공사를 수주하여 완공단계에 이르렀을 때, 프랑스 토탈로부터 Girassol이라는 신조 FPSO 공사를 최초로 수주하였다. 원래 이 공사는 프랑스 내에서 제작하는 것으로 계획되었으나 여의치 못하여 국제경쟁 입찰에 부쳐졌었다.

생산용량 일산 20만 배럴의 당시 최대 규모, 최초의 대형 FPSO 신조공사였으며, 지금은 야드에 1,600톤 인양 중량의 크레인이 2기가 있지만 당시에는 모듈을 조각조각 만들어 450톤 용량의 크레인으로 설치하는 난공사였다. 이 공사 이후 연속하여 10기의 FPSO 공사를 수주하게 되었다.

세계 기네스 기록

2001년 미국 셀로부터 걸프만에 설치되는 반잠수식 생산설비공사(나키카)를 수주하여 레고조립식 첨단공법을 적용하여 조립작업을 수행하였다. 당시 총중량 1만2천 톤의 상부구조물을 지상 52.8m 높이로 들어올려 기네스북에 등재하였고, 2007년 호주 석유회사로부터 수주한 NR North Rankin 2 공사에서 23,178톤의 톱사이드를 잭업방식으로 26.5m 높이로 들어올려 세계 기네스 기록으로 등재하여 나키카 기록을 갱신하였다.

LNG 모듈 제작

2009년 호주 세브론으로부터 고르곤 LNG 모듈 제작 공사 계약을 체결하였다. 고르곤 LNG 공사는 호주 서북해상의 배로우 Barrow 섬에 설치되는 공사로 LNG 생산용량 4.8mta Train 3기로 구성되며 투자금액만 200억 달러에 달하는 세기의 플랜트였다. 고르곤 모듈 제작 공사는 초기에 5만 톤씩 4개의 입찰로 분리된 것이었으나, 지난한 협상과정을 거쳐서 전체 모듈 51기, 총중량 20만 톤의 공사를 약 20억 달러에 수주하였다. 완공된 모듈은 2013년 말부터 순차적으로 출항하여 2015년에 마지막 공사가 완료되었다. 통상적으로 현지에서 제작, 조립, 건설되는 육상 플랜트

방식을 벗어나 대형 모듈로 분할 제작하는 것으로 최초의 기록이었다.

최초의 원통형 FPSO 공사

2010년 노르웨이 ENI로부터 세계 최초로 원통형 골리앗Goliat FPSO 공사를 수주하였다. 통상적인 FPSO 공사는 선박 형태의 선체가 저장고 역할을 하며 상부에 생산설비가 탑재되는 방식이나, Goliat FPSO는 지름 112m의 원통형 저장설비 상부에 시추, 생산, 거주 등의 설비가 장치되는 첨단기술 공사였다. 전체 중량은 5만3천 톤, 계약금액은 22억 달러, 시운전을 포함한 모든 작업을 완료한 후 2015년 2월에 출항하였다. 이 공사는 2013년 말 산업통상자원부로부터 세계 일류상품으로 선정되었다.

1만 톤 크레인(HD10000)

세계 최대의 공사에는 세계 최대의 공장과 장비가 필요하다는 것은 뉴스가 되지 못할 것이다. 유전개발이 심해로 이동하고 생산용량의 증대로 설비의 대형화가 이루어지고 있으며, 부유식 LNG FPSO의 수요도 점증하고 있다. 이 같은 부유식 설비는 상부 플랜트를 모듈로 제작하여 크레인으로 들어서 선체에 탑재하게 된다. 따라서 모듈을 리프팅하는 장비가 필수이며, 인양 가능 용량에 따라 모듈의 크기와 중량이 결정된다.

다음 같은 중량물 설치장비로 1만 톤 권양중량의 부유식 크레인을 2013년부터 2년의 건조 공기로 제작하여 2015년부터 현업에 투입중이다. 다음 사진은 시운전 중인 HD10000의 웅장한 모습이다.

　장비나 시설을 갖추는 것은 일정한 가동률을 기준으로 투자결정을 하게 된다. 다시 말하면 실제 가동율, 매출 기여율로 투자 타당성을 검증하는 것이다. 물량 저하에 따른 장비 가동률 축소 우려를 불식시킬 수 있도록 영업시황이 개선되어 수주 부진이 해소되고 신규 장비 기준으로 한 탑재공법을 개발하여 이 장비가 해양산업 발전에 기여하는 게임 체인저 역할을 해 주기를 기대한다.

　나는 여러 나라를 여행하고 여러 분야의 업계 전문가와 상담하는 과정에서나 현지 언론에서 세계 최초, 최대, 최고라는 말을 들은 경험이 별로 없다. 그러나 국내에서는 일반인의 관심을 끌고, 뉴스가치로 인정받는 조건 중 하나가 세계 최대, 최고, 최초 등의 수식어가 아닌가 생각한다.

　이제는 이런 외형적 미사여구보다 내실과 실적을 추구할 때다. 달리 얘기하면 이런 선정적 문구가 없어도 우리가 누구이고, 뭘 할 수 있는지, 글로벌 리더인지 아닌지 고객이 알고 시장이 알고 있으니까 말이다.

; 본격적으로 진출한 해양 2세대 공사

1980년대 해양사업에 본격적으로 진출할 당시에는 제작 공사 위주의 해양 1세대 공사가 주종이었다. 1990년에 들어 제작뿐만 아니라 설계, 구매, 시운전을 포함하는 2세대 공사에 본격 진출하게 되었다. 1990년 이후 20년간 수행한 공사 중에서 의미 있는 공사를 선정하여 수주 단계부터 공사 완료시까지의 과정을 살펴보기로 하겠다.

하이버니아 공사

1990년 초 석유업계에서는 캐나다 북동쪽 해상 빙하지역의 하이버니아 유전개발공사가 큰 뉴스였다. 1912년 타이타닉호가 유빙과 충돌하여 침몰한 곳으로 알려진 지역이다.

빙하의 충돌을 견딜 수 있는 콘크리트 하부 구조물에 대형 석유생산 설비를 설치하는 공사로 상부 설비를 분리하여 일부는 현지에서 제작하고, 4기의 대형 모듈은 북해 소재 대형 해양업체에 발주하는 것으로 계획이 수립되었다.

우리 회사는 영국 스코틀랜드에 있는 유력한 해양 전문업체와 제휴하여 입찰에 참여하는 것으로 하고 협의를 요청하였으나 문전박대, 아무도 파트너로 받아주지 않았다.

1992년 우여곡절 끝에 간신히 입찰 자격을 얻어 4개 모듈 제작공사에 응찰, 유럽업체와 당당히 경쟁하여 석유생산설비 모듈(M10) 거주구 및 발전설비 모듈(M50) 수주에 성공하였으며, 1993년 계약을 체결하였다. M20, M30은 유럽 야드에 발주되고 M40은 캐나다 회사와 계약되었다.

M-10모듈 중량이 7천 톤, M-50모듈이 5천 톤으로 당시에는 슈퍼 모듈Super Module로 불릴 만큼 역사적인 대공사였다. 또한 M-50의 거주설비 수용인원이 300명으로 대형 호텔 수준이었다. 기술 사양도 극지에 적합한 톱클래스였다. 이러한 공사 수행에 어떻게 어려움이 없었겠는가. 그야말로 천신만고 끝에 완공하여 전용 운반선에 선적하여 1995년 출항시켰다. 하이버니아 공사에는 총 150억 달러의 자금이 투자되었으며, 1997년부터 생산을 개시하여 일산 22만 배럴의 원유를 생산하고 있다.

당시 이 공사를 수주하기 위해 몬트리올, 토론토, 뉴펀들랜드로 10회가 넘는 출장을 다녀왔으며, 주말에 본사 출장자들을 안내하여 나이아가라 폭포를 계절별로 관광했던 기억이 난다.

1992년 그렇게도 크고 장엄하게 느껴지던 7천 톤 규모의 슈퍼 모듈, 계약금액 1억 달러인 공사를 수주하였다는 것은, 그 당시 큰 자랑이었다. 지금은 일상으로 제작하는 톱사이드의 무게가 2만 톤을 넘어 3만 톤에 이르고 있고, 단위공사 계약금액이 5억 달러를 넘는다. 그야말로 격세지감이다.

또, 그 당시 그렇게 우러러보이던 유럽 업체, McDermott, Brown &

Root, UIE, Press Offshore, Saipem 등은 해양공사 제작에서 철수하였다. 그 넓던 야드는 무엇으로 쓰이고 있는지 궁금하다.

조선업이 영국에서 일본을 거쳐 한국으로 이전되었듯이 해양업도 미국에서 유럽으로, 잠깐 일본을 경유하여 한국으로 주류가 바뀐 것과 같이, 조선과 해양의 역사에 유사성이 있다. 다음 해양사업의 리더는 어디의 누가 될 것인가가 업계의 화두이다. 한국과 중국의 기술력 차이가 몇 년이나 될까, 인건비와 생산성의 차이는 얼마나 될까 모두가 궁금해하는 사항이다.

누가 미래를 예측할 수 있겠는가. 모든 것이 경쟁력에 달렸다. 가격, 품질, 기술, 안전, 경영관리를 담당하고 있는 모두가 정신을 바짝 차려야 할 때다. 늦으면 끝이다. 우리끼리의 경쟁이 아니다. 시장은 냉혹하다. 역사에서 배우지 못하면 진짜 위기다. 하이버니아 공사를 지금 한다면 그때보다 잘 할 수 있을까?

FPSO 공사

1994년 영업부, 견적부, 설계부문으로부터 인원 지원을 받아 기술영업부가 창설되고, 나는 그 부서장을 맡게 되었다. 기술영업부의 업무범위가 정립되지 않은 상태에서 우리는 일차적으로 입찰공사 수행계획 Project Execution Plan 수립 및 전략공사영업까지 수행하였다.

부서 설립과 동시에 맞닥뜨린 공사가 이름조차 생소한 브라질 FPSOFloating Production Storage and Off-loading 개조공사였다. 기존의 노후한 석유운반선을 FPSO로 개조하는 공사로, 2기 공사에 입찰하였으나 처음 첫 공사는 자격 미달로 탈락하고, 두 번째 공사는 이탈리아 회사보다 입찰 금액이 높아 무산되었다.

그리고 1년 뒤인 1995년 또다시 브라질의 FPSO 2의 개조공사 입찰에 참여하여 2기 모두 우선협상 대상 회사로 선정되었다. 그때가 1996년 초였는데, 많은 사람들을 모아놓고 FPSO가 무엇인가에 대하여 수차례 설명을 하고 토론했던 기억이 난다.

FPSO란 이런 것이라는 상상을 하면서, 계약이 임박해지자 사업부 내외부에서 부정적인 의견이 제시되기 시작하였으며, 우여곡절 끝에 1기는 계약, 다른 1기는 보류로 결정이 났다. 결과적으로는 FPSO는 2016년 4월, 다음 호선은 두 달 뒤 6월에 계약을 체결하고, 본격 공사에 착수하였다.

당시에 사업본부의 확고한 의지와 총체적인 역량을 모아 공사를 추진하였으며, 설계는 미국 휴스턴에서, 선박 개조는 중국 조선소에서 하는 등 국제적 협력체제를 구축하였었다.

해양공사마다 발생하는 공기 지연, 공수초과, 예산초과 문제는 발주처와의 협상으로 해결하였으며, 2007~2008년 외환위기에 따른 환차익 등으로 수지가 개선되었고 무난히 공사를 완료하였다.

이렇게 하여 FPSO 공사에 진입하게 되었으며, 이를 발판으로 1997년 프랑스 회사로부터 신조 FPSO 수주를 필두로 현재까지 전체 계약가는 100억 달러에 이르는 12척의 FPSO 공사를 완료하였다. 그때 FPSO 공사는 회사를 망하게 할 것이라는 고위층의 의견에 순응하였더라면 이런 기회가 있었을까?

EPC 공사

1976년 사우디아라비아 항만 설비용 철구조물 제작공사로 해양구조물 제작사업에 진출한 이래, 1980년 인도 석유공사에서 발주한 해양설비를 제작뿐만 아니라 설계, 구매, 운송, 설치, 시운전을 포함한 Lump-sum Turn Key LSTK 공사 수주를 시작으로 1989년까지 8개 EPC 공사를 수행하였다.

그리고 1994년 중소형 해양설비 EPC 공사, 2000년대 들어 대형 고정식, 부유식 공사 등 본격적인 EPC/EPIC 공사가 주종을 이루게 되었다. 비율로 따지면 2000년 이전에는 EPC 공사 비율이 30% 전후에서 2000년 이후에는 60% 전후로 해양 주류 공사가 바뀌게 되었다.

1993년 해양공사 발주 추세가 설계, 제작, 분리 발주에서 전체를 아우르는 EPC 계약으로 바뀌고, 원청사가 설계전문회사에서 제작회사로 입찰자격을 확보함에 따라 EPC 위주 입찰전략으로 사업계획을 확정하고, 그 이후 많은 공사에서 성공사례를 확보하였으며, 현재는 어떤 형태, 규모에서도 입찰자격에는 문제가 없게 되었다.

그 당시 사업부 전략을 왜 EPC 위주로 해야 하는가에 대한 설명회를 최고경영층 및 현장근로자를 대상으로 수십 번 이상 실시하였던 기억이 난다.

우리를 필두로 다른 국내 회사도 조직을 재정비하여 EPC 공사 및 시추선 공사에 참여하기 시작했으며, 많은 성공사례가 발표되었다.

그러나 지금, 현안인 해양공사 문제가 EPC 공사로부터 비롯되었으며 누가 EPC 공사를 하자고 했는지에 대한 비난이 많다고 한다. 그러면

1980년대 주종이었던 제작공사, 구조물 제작이 적합하다는 것인가. 그때의 인시수당 단가는 3달러 이하였고, 50달러가 넘고 있는 현재 무엇을 하여야 한다는 말인가.

시추선 공사

1997~1998년 IMF 때에도 해양사업의 시황은 수주의 어려움이 극에 달했었다. 오죽했으면 국내 대형 조선소 두 곳이 해양사업에서 철수를 했겠는가.

그러나 우리는 도전하는 것이 해양사업이라는 의지로 반잠수식 시추선 시장에 뛰어들었다. 1980년 말부터 계속된 석유산업의 불황으로 시추회사의 부침이 상당하였으나, 1997년 당시 유가의 급격한 상승으로 해양유전투자가 점차 확대되는 시점이었고, 첫 수요가 고급 사양의 시추선이었다.

시추선 시장은 해양공사와도 이질적이고 일반선박과 유사하면서도 차이가 나는 특수선 분야였다. 하지만 해양공사를 하였는데 시추선 공사를 못할까 하는 자신감으로 덤빈 것은 사실이었다.

미국 시추선 회사Reading & Bates가 입찰에 붙인 공사에 참여하여 최종 3사간의 경쟁이 되었다. 또다시 재입찰, 수정가격을 내는 입찰이 시행되었으며, 어떤 가격으로 낼지를 고민하면서 복수의 봉투를 준비하며 밤을 꼬박 새웠던 기억이 난다.

3사가 동시에 투찰을 하고 초조히 기대하기를 수시간, 드디어 들어오라는 신호가 오고, 동시에 탈락한 2개사에게는 회의 계획이 없다는 통보가 갔다. 그리고 바로 의향서LoI 체결이 이루어졌다.

본 계약을 며칠 앞둔 시점에서 1997년 10월 국내 경제상황은 악화일로였다. 외환 부족으로 국가 부도 기사가 연일 국내외 언론에 대서특필되던 시기였다. 그때 바로 휴스턴에 있는 발주처로 날아가 무슨 일이 있더라도, 나라가 부도가 나더라도 공사를 성공적으로 마무리하겠다는 약속을 몇 번이나 하고 선처를 읍소하다시피 했다.

지성이면 감천이라고 했던가. 드디어 1997년 11월 본선 계약을 체결하고 뉴욕을 거쳐 귀국길에 올랐다. 그때 천정부지의 환율 상승으로 입찰과 계약 당시 적자 공사가 단박에 흑자로 전환되는 효자 공사가 되었다. 그리고 1998년 옵션계약으로 확보한 2호기 계약을 보류한다는 발주처의 통지에도 불구하고 우여곡절 끝에 수주에 성공하면서, 그 해 수주목표를 달성할 수 있었다. 당시 우리가 건조하고 2000년에 납품하여 성공적으로 시추작업을 수행 중이던 2호기가 걸프만에서 폭발하는 안타까운 사태가 발생하였다. 그때가 2010년 4월 20일이었다.

중동 진출

중동 국가는 대부분 산유국이고 중동 지역 전부가 유전지대이다. 육지도 바다도. 50%는 맞는 얘기이다. 현대그룹의 모태인 현대건설은 1970년부터 중동에 진출하여 혁혁한 성공을 거두었다. 이와 같은 사실은 이제 역사가 되었다.

우리는 1981년 현대건설이 사우디 국영석유회사 ARAMCO로부터 줄루프라는 해양공사를 일괄도급으로 수주하여 제작부문을 우리에게 하청 발주함으로써 중동시장에 첫 진출하게 되었다. 그 후 유일하게 입찰 기회가 주어졌던 카타르 가스전개발공사 입찰에 참여하였으나 자격미달, 기술평가 부적격, 고가입찰가 등으로 수회에 걸쳐 고배를 마셨다.

하지만 2001년 카타르 5광구Block 5 공사 입찰에 참여하여 현지 공사에서 독점적 지위에 있던 McDermott를 물리치고 9월에 계약을 체결하였다. 그때 하필 미국 뉴욕에서 9·11사태가 터져 귀국편 항공기를 잡지 못해 안절부절못하던 기억이 새롭다. 이 공사는 당시 물량부족으로 어려움을 겪던 플랜트사업부에서 제작을 하게 되었으나, 경험부족과 설계문제, 발주처의 책임회피 등으로 매우 어려움을 겪었고 큰 적자로 마무리되었다. 그리고 상처뿐인 공사로 기록되었다.

중동에서 자원부국인 아랍에미레이트UAE, 그 중에서도 아부다비 국영석유회사는 연간 100억 달러 규모의 해양공사를 발주하였으나, 우리는 공사 수행 실적이 없어 입찰 기회를 얻지 못했다. 2005년 BP 등 외국석유회사가 파트너로 참여한 움샤이프 유전개발공사에 조건부 입찰 참여 기회를 확보하여 적극적으로 참여했었다. 입찰 결과 발주처의 자회사인 NPCC와 최종경쟁을 하게 되었다. 입찰은 재입찰, 수정입찰 등으로 이어져 2006년으로 이관되었다. 이 공사 수주를 위한 최고경영층의 적극적인 지원과 현지 대리인의 활약, 발주처 유력인사의 지원, 왕족들의 후원으로 점차적으로 입지를 구축하게 되었다.

2006년 5월 최종협상에 임하여 양사 간 확대회의를 하게 되었으며, 계약가 조정건을 제외하고는 모든 문제가 해결된 것으로 보이던 시점이었다. 이때 발주처 대표로부터 16억 이하를 수용하든지 아니면 말든지라는 "Take It or Leave It"이라는 용어로 회의가 종료되었다. 귀국 후

심사숙고한 결과 경영층의 승인과정을 거쳐 16억 달러를 받아들이겠다는 회신을 보내고 최종합의를 위하여 출장길에 올랐다.

현지시간 새벽 1시에 도착하여 몇 시간을 뜬눈으로 기다리다, 아침 6시에 발주처 계약담당인사(영국인)에게 전화를 했더니, 끝났는데 왜 여기에 왔느냐Why you are here. It reached the end of the road라는 얘기를 하면서 본사로 발주처 최종 감사회신(이를 통상 사망통보서라고 함)을 확인해 보라는 청천벽력 같은 최후통첩을 하면서 전화를 끊었다.

하늘이 노랗고 억장이 무너져 내렸다. 그 무슨 말로 당시 상황을 설명할 수 있을지, 지금 생각해도 막막하기만 하다. 그 후 몇 시간을 더 기다린 끝에 본사 업무시간에 전화를 하고 발주처 회신을 확인한 후의 난감함이란…. 정말 그 자리에 주저앉고 싶었다.

그러나 포기는 없다. 어떻게 여기까지 왔는데, 올해 유일하게 수주 가능한 공사가 이 공사인데, 만감이 교차했다. 그리고 그 다음 날 처음부터 다시 시작했다. 그리고 며칠이 어떻게 흘렀는지, 누구를 만나고 무슨 일을 하였는지 기억이 없다. 최선을 다해 뭔가를 하였지만…. 마지막 회의에서 뜻 모를 Take It or Leave It이라고 최후 통첩을 한 인사의 지원으로 발주처 총재를 면담했지만 빈손으로 귀국했다. 그리고 얼마후 긴급연락을 받고 대리인이 예약해 준 비행기를 타고 일요일 현지에 도착하여 최종협상을 했다.

2006월 9월 해양 유사 이래 단일공사로는 최대, 최고 가격(16억 달러)의 공사계약에 성공하였다. 그때 계약식 기록사진이 앨범 한 권으로 남아 있다. 그리고 2010년 모든 공사가 성공적으로 완료되었다. 모든 관계자들이 만족하는 가운데.

그 후 아부다비에서 10개 이상의 공사 입찰에 참여하였으나 여러 가지 사유로 모두 실패하였다. 앞선 성공 사례 공사가 다음 공사의 수주로 이어질 수가 없는가? 그리고 아부다비에서 2013년 동시다발적으로 복수의 공사가 입찰에 부쳐졌고, 계속적으로 수주 실패를 반복하다가 그때 우리에게는 최선의 공사로 판단하였던 나스르NASR 공사 입찰에 참여하여, 2위 업체인 자국의 NPCC와 최종경쟁을 거쳐 2014년 11월에 계약하였다. 그야말로 모든 사람들이 축하하는 계약이었고 본 공사 계약 소식은 국내외 언론의 주목을 받으면서 톱뉴스가 되었다.

그러나 1년 뒤인 2015년 12월 NASR 공사가 자재비 초과, 설계변경, 물량증가(50%), 납기 지연에 따른 지체보상금을 포함하여 수억 불의 적자가 예상된다 하여 난리가 나고, 퇴임한 임원까지 징계를 하는 전대미문의 사태가 발생하였다는 소문을 들으면서 무거운 책임과 관계자에 대한 미안함이 이루 말할 수 없다.

하지만 왜 적자인가에 대한 상세한 내역은 알 수가 없고, 이런 소문이 어디서부터 발단되었으며, 실제적 진실이 뭔가에 대하여 접근할 수가 없어서 안타깝다. 어떻게 30년 경력의 사업부가 공사가 끝나봐야 결과를 알 수 있단 말인가. 앞으로 3년이나 기다려야 한다.

그러나 굳게 믿고 싶은 것은 '그와는 다를 것이다' 이다. 발주처와 협력을 강화하고 관계자가 최선을 다한다면, 모두가 비판자가 아니라 지원자가 되어 준다면, NASR도 성공적인 공사가 될 것이라는 확신이 든다. 똑같은 성공 사례, Umm Shaif 공사 실적이 있지 않은가.

그럼에도 우리는 계속해서 중동 공사를 할 것이다. 지금은 돌아온 시장, 이란에 집중할 때이다.

북해 공사

1970년 미국 걸프만에서 시작된 본격적인 해양공사, 육상에서 바다로 그리고 심해로 트렌드가 바뀌는 단계에서 이루어진 기술진보, 설비 발주 증가, 1,2차 석유 위기를 겪으면서 더욱 활발해진 해양 오일과 가스, 이러한 석유 탐사 및 개발이 북해 지역으로 옮겨 가면서 스코틀랜드, 노르웨이, 기타 유전 보유국에서 유전투자가 본격적으로 활성화되기 시작하였다. 이에 따라 북해 소재 제작 야드 및 유럽에 있던 설계회사가 급격하게 발전하게 되었다.

해양산업에서 초보단계였던 우리 회사의 벤치마킹은 당연히 미국과 유럽에 있는 해양업체가 되었다. 이런 회사가 발주하는 제작 물량을 일부라도 수주하고 싶었고, 이들과 비슷한 평가를 받는 것이 꿈이었고 비전이었다.

1991년 노르웨이 유전용 하부 구조물Brage Jacket 공사 입찰에 현지사인 Aker의 하청으로 우리가 블록 단위로 제작하여 현지에서 총조립하는 공사에 입찰하여 수주에 성공하였다. 최초의 북해 공사였다. 연이어 같은 해에 영국석유회사BP로부터 자켓을 일체식으로 제작하는 계약을 체결하였다. 1992년 2개 자켓 공사의 성공적인 완료로 또다시 영국 BP사로부터 젝업형 생산설비공사를 수주하여 상부설비Topside 공사에 진출하게 되었다.

1992~1993년 캐나다 극지지역의 하이버니아 대형 모듈을 제작하는 4개 공사에 입찰하여 2개 공사를 연속으로 수주하였다. 또한 1997년 노르웨이 해양의 반잠수식Troll C 생산설비 하부구조물을 제작하였으며,

1999년 네덜란드 Veba Oil로부터 Hanze F2A 공사를 EPIC 계약으로 수주하여 성공적으로 완료한 바 있다.

노르웨이 북단, 북극 바렌츠 해 최초로 골리앗 유전개발 공사에 대한 입찰이 2008년에 있었으나 발주 직전에 무산되고 2009년 재입찰이 실시되었다. 이 공사는 지금까지의 형태가 아닌 원통형 FPSO 공사로 설계, 구매, 제작, 운송까지를 포함하는 EPC 공사로 국내 3사 포함 5개 회사와 경쟁을 거쳐 2010년 2월 계약가 12억 달러로 수주에 성공하였다.

이 공사는 초기 설계단계부터 어려움이 많았고 전 공사기간에 걸쳐 오만가지 문제가 발생하였다. 공기가 1년 이상 지연되고 계약가는 22억 달러로 늘어났다. 각고의 노력으로 2015년 2월 공사 완료 후 출항하여 지구 반 바퀴 15,601마일을 항해한 후 6월에 현지에 도착하여 설치되었으며 곧 생산이 기대되고 있다. 다음 사진은 골리앗 FPSO가 바렌츠 유전에 연결되어 설치된 모습이다.

이어서 2011년 영국 BP로부터 북해용 Q204 FPSO를 EPC로 수주하여 2015년에 완공하였고, 연이어 북해 유전용 고정식 설비의 톱사이드 모듈 제작 공사Clair Ridge를 수주하여 일부는 완료하고 나머지 공사는 2016년에 마칠 예정이다. 2013년에는 노르웨이 석유회사Statoil로부터 스파형 대형 공사의 하부 스파구조물SPAR 공사와 톱사이드 공사를 연속 수주하여 시공 중에 있다.

이렇게 우리는 무에서 유를, 철구조물에서 대형 설비공사, 제작 공사에서 EPC 공사를 망라하면서 성장, 발전한 DNA가 있다. 그 당시 현지 업체 하청 자격을 얻기 위해 경쟁하고, 유럽 업체와 기술적 제휴를 읍소하면서 다녔다. "당신이 엔지니어냐, 너희가 해양을 아느냐"는 소리를 들으며, 20년 전에도 그렇게 어려움을 겪었으나 우리는 최종적으로 성공하였다. 지금 모든 상황이 어렵고 모든 것이 문제로 보일지라도, 모두 합심하면 찾아낼 수 있는 길이 있을 것이다. 모든 문제는 답을 갖고 있다 하지 않던가.

아무나 할 수 있는 단순 제작 공사는 우리는 가격이 비싸서 수주를 할 수 없고, 이 공사는 아무도 해 보지 않는 최초의 공사라서 피하고, 아니면 EPC 공사는 리스크가 크니 포기하고, 어떤 공사는 너무 크고 공기가 짧아서, 아니면 공기가 너무 길어서 문제라며 그만두면 무엇을 할 수 있겠는가?

; 국내 공사, 해외 공사

2014년 기준 우리나라의 일일 석유소비량은 245만 배럴로 세계 8위 (점유율 2.67%)였다. 국내 석유생산량은 전무하여 전량 수입에 의존하고 있다. 우리나라도 산유국의 꿈을 가지고 대륙붕 개발에 나선 지 오래되었다.

드디어 2000년도 동해 고래유전에서 경제성이 확인된 가스전이 발견되어 본격 개발에 착수함에 따라 동해 1차 가스 생산설비 입찰에 참여하여 발주처인 석유공사와 2011년 일괄도급방식의 계약을 체결하였다. 그야말로 국내 최초의 역사적인 사건이었다. 본 동해가스전 설비는 2003년 말에 설치되어 2004년부터 성공적으로 가스를 생산하고 있다.

국내 공사는 정부조달 관계 법률에 의거 계약조건을 적용하게 되어 일반적인 국제상거래 계약관의 차이로 애로가 많았으며, 설계 수정, 추가 등으로 인한 추가비용 보상건은 발주처의 예산 밖 문제로 법원의 최종판결이 있어야 예산이 집행되었다. 하자보증기간도 10년으로 국제계약 조건인 1~2년과 비교해 보았을 때 상당히 예외였다.

그러나 국내 공사인 동해공사를 외국 회사가 하게 해야 하느냐, 우리나라 공사는 우리가 한다는 애국심으로 공사에 임하였다. 공사가 성공적으로 완공되도록 석유공사 감독관이 많이 도와주었다.

마라도 서남쪽 149km, 중국 퉁다오童島 동북쪽 247km, 일본 나가사키 현 도리시마鳥島 서쪽 276km 지점에 위치한 이어도. 평균 수심 50m의 수중 암초, 여기에 해양과학기지를 설계, 제작하여 2003년에 설치하였다. 이곳에서 관측된 기상자료는 무궁화 위성을 통해 기상청으로 실시간 제공된다고 한다. 이어도, 파랑도라고 부르기도 한다. 여기가 잠재적인 국제분쟁, 3국 분쟁지역이 아닌가. 그러나 우리가 제작하여 설치하고 운영 중인 기지가 있는데 우리 관할이 아니겠는가.

공사 규모나 손해, 이익을 떠나 우리 바다에 설치되는 설비는 우리가 만들어야 되지 않겠는가, 그런 애국심으로 공사를 성공시켰다. 적자를 감수하고 국가를 상대로 하는 계약에 국가조달에 관한 법률을 준수하면서 공사를 하였다.

2004년 한국석유개발공사가 해외 유전개발에 성공한 공사, 한국 회사가 직접 운영권자이자 발주처인 공사, 베트남 롱도이 공사를 EPIC 역무로 수주하여 2006년 완공하였다. 그 당시 준공식에는 대통령이 참석하여 공사 관계자를 격려해 준 기억이 난다.

그리고 지금은 POSCO의 일원이 된 대우인터내셔널로부터 미얀마 해상의 쉐Shwe가스전개발공사를 국제 경쟁 입찰을 통하여 2009년 10월에 수주하였다. 이 쉐공사는 세계적 명성이 있는 석유회사도 어려워하는 특수가스전으로 대용량 가스 생산 설비, 심해 시추선 설비, 32″구경의 해저 파이프라인, 육상 터미널을 포함하는 일괄도급공사였다.

2012년 추운 겨울날 선적하여 출항시키고 2013년 초에 공사를 완료하여, 같은 해 연말 대우인터내셔널에서는 가스 생산 및 파이프라인을 경유 생산된 가스를 중국 운남성으로 수출하기 시작했다.

이런 고난도 대규모 공사를 성공적으로 완공할 수 있도록 지원해 준 발주처 인사 여러분의 고마움을 잊지 않고 있다.

석유공사를 비롯한 국내 자원개발회사가 작금의 어려움을 벗어나 세계 에너지 자원개발, 석유 및 가스 자급률 향상에 공헌해 주길 기대하며, 따라서 국내 해양사업도 동반성장할 수 있기를 소망해 본다. 다음은 불을 밝히고 가스를 생산 중인 동해가스전 플랫폼 전경이다.

⁝ 켑틴 공사와 노사분규

1993년 6월 영국의 텍사코사로부터 북해의 켑틴 공사 입찰 참여 의향을 요청받고 내부 검토에 들어갔다. 당시에는 중·소규모 해양공사에 제작뿐만 아니라 설계와 구매를 포함하는 복합공사EPC Project 입찰에 참여할 수 있는 자격을 획득하기 위해 노력하고 있는 단계였기 때문에 켑틴 공사와 같은 대규모 공사에 참여한다는 것은 상상도 하지 못하는 시점이었다.

발주처TEXACO 초청에 따라 설계와 설치를 담당해 줄 파트너를 물색하였으나 누구로부터도 동의를 얻지 못한 상태에서, 자격심사를 통과시켜주면 필요한 역무에 적합한 파트너사를 선정하겠다는 조건부로 입찰 자격심사 자료를 제출하였다. 전체 공사에서의 입찰 자격서류를 제출한 회사는 영국연합, 유럽연합, 우리 회사 등 세 곳이었다. 나머지 회사들은 특정분야 입찰에만 응하겠다는 조건으로 참여하였다. 제출 서류의 부피는 유럽 회사의 경우 대형 파일 5권을 낸 반면 우리는 중형 파일 한 권으로, 비교가 될 수 없는 수준이었다.

켑틴 공사는 에버딘 동북방 134km 지점의 영국 해상 104m 수심에 설치되는 시추, 생산, 거주구, 저장을 망라하는 전체 설비를 개념설계에서 시운전까지를 포함하는 복합공사였다.

당시 발주처의 켑틴 공사 조직에는 미국 본사에서 파견된 책임자가 있었는데, 향후 해양공사는 미국에서 유럽 그리고 아시아로 제작이 이동될 것으로 전망하면서 우리 회사에 기회를 주어야 한다는 주장이 강한 사람이었다. 그의 자문을 받아 설계는 영국 KBR, 설치는 네덜란드 Heerema를 파트너로 선정하기로 하였으며, 그 사람의 지원으로 설계와 설치부문의 제일인자로 평판을 받고 있는 양사와 얼라이언스를 구성하여 입찰에 참여하게 된 것이다. 최종적으로 2개 컨소시엄이 선정되어 입찰경쟁이 시작되었으며, 경쟁사는 스페인회사가 리더인 유럽연합이었다.

먼저 개념설계에 대한 계약을 체결하고 시추, 생산, 거주 목적의 플랫폼을 KBR이, 저장용 선박FSO은 우리 회사가 설계를 수행하는 것으로 하였다. 3개월의 설계기간에 작성한 도면에 따라 물량을 산출하여 본 공사 입찰에 참여하였다. 입찰금액이 5억 파운드에 달하는 대형 공사 입찰에 일류 파트너사와 연합하여 참여하는 첫 기록이 되었다. 우리 회사 내부적으로는 플랫폼 공사는 해양이, FSOFloating Storage off-loading는 조선이 담당하는 구조였다.

유럽연합은 젝업형 플랫폼과 FPSO를 기준으로 입찰에 참여하여 우리 연합과 여러 과정과 절차에 걸쳐 6개월가량을 서로 치열하게 경쟁하게 되었다. 1994년 7월을 넘어서까지 경쟁이 계속되었고, 드디어 발주처에서 최종적으로 7월 말까지 계약자를 선정하겠다는 일정을 발표하였다.

여기서 잠깐, 1980년대 전국적 및 회사에서의 노사분규 현황에 대해 설명하고자 한다. 1987년 6·10항쟁으로 민주화운동에 불이 붙고, 1987년 6·29민주화선언으로 국가 전체가 민주화의 소용돌이에 휘말리게 되었으며, 노사문제도 노사 간의 문제를 넘어 민주항쟁의 일환으로 촉발되기 시작하였다.

회사에서도 1987년부터 상하반기 할 것 없이 노동쟁의가 연례행사로 발생하였고, 파업과 직장폐쇄가 이어졌다. 연속된 파업과 쟁의행위로 인하여 공사 수행에도 막대한 영향을 주었으며, 일부 공사의 경우에는 극단세력에 의한 점거사태도 발생하였다. 국내의 격렬한 노사쟁의와 이에 따른 파업이 외신에도 기사화되면서 발주처의 우려도 점점 높아져 갔다. 이러한 노사대립과 노사분규, 쟁의행위가 1994년까지 연례적으로 이어졌다.

1994년 들어서도 일부 대규모 기업에서 노사분쟁이 일어나고 있었고, 우리 회사도 부분파업이 계속되고 있었다. 급기야는 7월 들어 연대파업에 돌입하였으며, 이 뉴스가 외신을 타고 미국으로, 유럽으로 알려지기 시작하였다.

이때 발주처TEXACO는 노사분규 리스크와 한국 정치 불안을 이유로 8월 초에 우리 회사에 발주할 수 없다는 통보를 해 왔다. 그리하여 일년여 간의 노력에도 불구하고 빈손으로 귀국하게 되었다. 그해 해양 영업 수주 목표 5억 달러 중 겨우 1억 달러에 그치고 말았다.

쾝틴 1개 공사로 인해 일 년 동안 런던 출장 횟수가 20회에 달했고, 현지에서의 근무 일수만 200일을 넘었다. 마지막 출국 시 꼭 수주해서 돌아오겠으니 보도 준비를 해 놓으라고 큰소리를 치고 나간 것이 모두 헛소리가 되었고, 출장비와 파견비, 입찰비용 등 막대한 비용만 지출하는 입찰 실패 공사가 되었다.

그 당시 쾝틴 공사 경쟁 및 입찰 결과에 노사분규가 어떻게 영향을 미쳤는지를 요약하여 이를 2회에 걸쳐 회사에서 발행하는 유인물에 게재하였었다. 우리에게는 무리였고 불가항력이었다고 변명할 수도 있었지만, 마지막까지 후회와 반성이 남는 공사였다. 그때 회사 경영층은 물론이고 많은 사람들이 쾝틴 공사 수주를 학수고대하고 있었다.

; Bingo 시추선 및 IMF

1980년대 이후 장기 침체기였던 시추선 시장이 1996~1997년 일시 호황을 맞게 되었다. 1996년 10월 노르웨이 시추 SPCOcean Rig Services와 Bingo-9000 반잠수식 시추선에 대한 협상이 개시되어 1997년 3월 조건부 계약에 서명하였다.

런던의 시추선 설계회사 RDSRig Design Services에 하청하여 개발한 설계기준으로 가격 및 계약조건을 합의하는 것으로 진행되었다. 장기간 협상을 통하여 모든 것이 합의되어 12월에 최종합의 및 계약체결을 위하여 노르웨이의 공업도시인 크리스타안산Kristiansand에서 발주처 대행 代行 설계, 선박 운송업체인 라스무센Rasmussen과 이틀간에 걸친 철야 합의 결과 12월 18일 오전 8시에 모든 것이 타결되어 계약준비가 완료되었다.

그러나 10시가 되어도 발주처 대표가 나타나지 않았다. 라스무센도 내용을 알지 못하는 상태에서 초조한 시간이 흘렀다. 저녁 5시가 넘어 발주처의 법정대리인이 회의석상에 나타나서, 지난 3월 합의서 발표의 전제조건에 문제가 생겨 계약을 할 수 없다고 일방적으로 통보를 했다. 문제는 당시 외환위기로 국가의 모라토리엄이 우려되고 한국 경제 사정이 악화되어 이에 따라 우리 회사의 국제 신인도 하락으로 계약 관련 이사회 승인을 얻지 못하였다는 해명이었다. 근거서류로는 신용평가기관인 Fitch의 한국 신용평가서 및 이사회 회의록 한 부를 내놓았다. 그렇게 일 년 이상을 끌어온 초대형 시추선, 척당 가격이 4억 달러, 2기,

공기 28개월의 계약이 무산되는 순간이었다.

1997년 11월 최초로 미국 시추회사로부터 반잠수식 시추선을 수주하고 추가 시추선 수주의 희망에 부풀었던 우리 팀은 머나먼 노르웨이의 소도시까지 날아가 3박4일을 뜬눈으로 보내고 이런 낭패 소식을 듣게 되었다. 서울에서 특별히 준비해 간 계약용 선물인 대형 한국화 액자는 무용지물이 되었다. 이날 한국에서는 15대 대통령선거가 끝나고 개표가 한창 진행되고 있던 순간이었다.

이튿날 일부 팀은 철수를 하고 몇 명은 오슬로로 날아가 발주처 대표와 담당변호사의 입회 하에 회의를 가졌다. 이 자리에서 우리는 발주처와 라스무센을 상대로 손해배상소송을 하겠다고 고지하였다. 그리고 런던으로 이동하여 변호사와 대처방안을 협의하였다. 영업담당자는 오슬로에서 여권과 계약서 등 중요서류가 들어있는 가방을 통째로 도난당하는 불상사도 있었다.

3월에 체결한 합의서Memorandum of Agreement에는 일방적인 계약 위반 시 척당 150만 달러 보상을 포함하여 그때까지 지출한 모든 경비를 보상한다는 조항이 있었다. 이 조항을 원용하여 발주처 및 관계자를 상대로 소송을 제기하였다.

그 후 여러 번의 협상을 통하여 시추선 설계에 투입된 사전 비용을 발주처가 부담하고 설계회사와의 계약은 발주처에서 승계할 것이며, 계약위반 범칙금을 지급하는 선에서 타결을 하고 최종합의로 모든 것을 종결하였다.

이후 Bingo-9000의 시추선 2척에 대한 설계는 런던 RDS에서 계속하고, 시추선 구조물은 중국 대련조선소와 캐나다 동부 조선소Irving Shipyard에서, 의장작업은 미국 걸프만 시추선 전문 조선소Friede Goldman에서 수행하는 것으로 계약이 변경되었다. 천신만고 끝에 2001년, 2002년에 시추선은 각각 완공되었으나 최고비용(척당 8억 달러 이상), 최장납기(척당 4년 이상)의 기록을 남기게 되었다. 발주처는 파산을 하고 회사명은 Bonga Rig UDW Inc.로 바뀌었다.

지금 상황에서 생각해 보면 세계 최대, 최고의 시추선을 일괄도급 턴키 방식으로 계약을 추진한 것은 무모한 일이었고 본부 전체가 이에 매달렸다는 것이 집단 무의식의 사례라고도 볼 수 있겠지만, 당시에는 모두 한번 해 보자, 우리도 할 수 있다는 신념으로 오일, 가스플랫폼 시장의 기복을 시추선으로 사업안정화를 달성해 보자는 합의가 있었다.

어떻게 보면 계약이 무산된 것이 천만다행이라고 볼 수가 있다. 만약 2척의 시추선이 그대로 진행되었더라면 어떤 상황이 발생하였을까를 상상해 보면 아찔한 생각까지 들지만, 수주를 추진하였으나 공사를 수주하지 못하였고, 이에 대한 물량 부족의 여파가 1998년 이후에 본부 경영에 차질이 빚게 되었다는 것은 안타까운 일이었다.

그리고 10년 뒤, 다른 국내 조선업체 두 곳에서 시추선 시장에 본격 진출하여 난국을 극복하고 성공하는 것을 보면서 글로벌 리더, 업계 1위라는 순위는 의미 없는 우리만의 자위가 아니었던가 하는 생각이 든다. 이 두 회사는 몇 해에 걸쳐 시추선으로 전체 매출의 30%를 달성하는 성공을 거두었다. 지금도 시추선 사업을 주력부문으로 하고 있으며 해당 분야에서 글로벌 1, 2위를 다투고 있다.

우리는 나름대로 잘 하고 있으니 문제가 없다, 또는 이런 문제가 예상되는 공사에 우리는 한발 빠져 있으니 이를 다행이라 생각하여야 할지, 아니면 생각을 바꾸고 역량을 갖추어 우리도 적극적으로 나서야 하는지 생각해 볼 필요가 있지 않을까.

; 해상 LNG 공장(FLNG)

환경보호 차원의 청정연료 사용 확대정책뿐만 아니라 효용성과 가치 측면에서도 LNG 수요가 전 세계적으로 확대되고 있다. 유용자원 측면에서도 천연가스 가채매장량은 향후 60년 이상을 쓸 수 있는 양이며 셰일가스 등 비정통 가스를 포함하면 100년 이상을 쓰고도 남을 양이다.

천연가스는 육상과 해상에 다량으로 부존해 있으며, 지금까지는 육상에서 생산된 천연가스를 정제하여 얻은 메탄가스를 −162℃로 냉각해 액화시키는 LNG 플랜트에서 가스를 1/600로 액화시켜 LNG로 만들어 운송선박에 선적하여 가스소비국으로 수출하고 있다.

해저가스전에서 개발되는 천연가스는 해상플랫폼에서 정제 및 안정화 과정을 거쳐 판매가스Sales Gas로 만들어 해저 파이프라인을 통하여 육상으로 이송하고, 해안지역에 설치된 LNG 플랜트에서 육상 가스와 같은 방식으로 LNG로 만들어져 수출된다.

육상 LNG 플랜트는 연간생산량이 1천만 톤을 넘어야만 경제성이 있는 것으로 평가될 수 있으므로, 소량으로 생산되는 가스는 독립적인 LNG 설비를 갖출 수가 없다. 또한 해양에서 육상까지 포설되는 해저 파이프라인의 비용부담이 크다.

따라서 해상에서 소규모 가스를 개발하면 자체 해상설비에서 바로 LNG로 만들어 수출하는 방식이 1990년대부터 대안으로 검토되기 시작하였다. 기술 측면에서는 문제가 없고 단지 경제성 및 폭발사고 등이 발생할 경우 안전이 관건이 되고 있을 뿐이다. 이를 부유식 LNG FPSO FLNG라 통칭하며 천연가스를 생산하여 정제하고 LNG로 만드는 설비, LNG를 저장하는 선체구조, 생산된 LNG를 선박에 실어주는 장치 등이 포함된 해상 플랜트이다. 육상 대비 해상 LNG 플랜트 조감도는 다음과 같다.

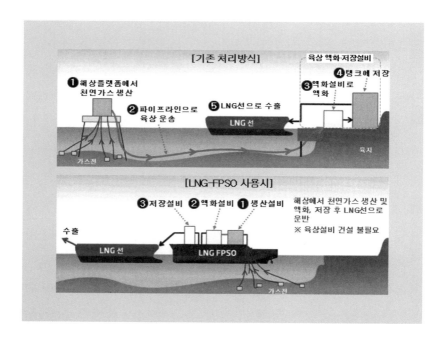

2000년 초부터 유럽 다국적 오일 메이저인 셸Shell에서는 FLNG 모델을 개발하여 이를 상용화하기 위한 프로젝트를 추진해 왔다. 2009년에는 호주 북서지역 200km 해상에 위치한 대형가스전 프리루드(가채매장량 3조m²)에서 연산 360만 톤 LNG를 25년간 생산할 수 있는 FLNG 설비를 건설하는 방안을 정하고, 계약자 선정을 위한 입찰을 시행하였다.

공사규모는 길이 482m, 폭 74m, 높이 42m의 선체 구조에 8만 톤의 상부설비를 탑재하는 FLNG로, 계약기간이 5년에서 최장 15년까지 연장 가능한 조건으로 복수의 FLNG를 건조하는 옵션을 셸이 갖는 것으로 되어 있었다. 이 입찰에는 국내 3사가 각각 LNG 전문설계회사와 콘소시엄을 구성하여 2009년 1월에 응찰하였으며 삼성/택크닙, 현대/지요다, 대우/JGC로 파트너를 구성하였다.

견적은 선체부문은 자체 설계기준 확정가 기준이고 상부설비는 공종별 단가를 우선 제출하고, 향후 1년간 기본설계를 수행한 결과에 따라 정해지는 물량 기준으로 정산하는 조건이었다. 입찰서 제출 후 수회에 걸친 회의와 야드 방문, 재입찰, 재재입찰을 하였으며, 2009년 5월에 2개 경쟁사(현대/지요다, 삼성/테크닙)로 압축되었고, 6월에 우선협상 대상자로 삼성/택크닙이 선정되었다.

삼성/택크닙 콘소시엄은 FPSO 계류장치 전문업체인 SBM을 포함시켜 2009년 7월부터 기본설계에 착수하였으며, 계약가 조정 및 납기확정 과정을 거쳐 2011년 4월 공사 계약을 체결하였다. 계약 체결 후 설계변경, 물량증가, 기기사양 변경 등의 과정을 거치면서 현재는 총중량이 30만 톤이 되었으며, 전체 공사예산은 100억 달러를 넘을 것으로 보인다. 공사 완공 후 출항일자는 처음 2015년 말에서 순연되어 2016년 말 또는 2017년 초로 예상되고 있다. 이에 따라 FLNG 계약가는 2009년 5월 당시 30억 달러에서 60억 달러로 증가되었다. 또한 1호기에 이어 2호기에 대한 계약협상도 진행되고 있다고 한다.

발주처Shell의 계약자 선정기준 또는 경쟁사별 가격 및 비가격 요소 대비 결과는 공개된 것이 없으나, 비공개적으로는 삼성/택크닙이 가격뿐만 아니라 계약조건에서도 유리하였으며, 콘소시엄 파트너 간 협업체계도 상대적으로 우위인 것으로 평가되었다. 또한 선체 건조용 드라이도크, 의장안벽, 모듈 탑재용 해상 크레인 보유 등이 기술평가에서 삼성이 경쟁사 대비 우수하였다고 한다.

세계 최초이면서 최대 규모인 FLNG 공사 수주에 실패한 요인은 여러 가지로 분석될 수 있겠지만, 제일 큰 문제점은 선체를 담당하는 조선부문과 톱사이드를 책임지는 해양부문, LNG 설비에 대한 설계구매를 담당하는 일본의 지요다와 제작 및 건조를 책임지는 현대와의 공동의 목적, 단합된 추진력에 문제가 있었다는 것이다.

조선에서는 본선 건조로 인하여 주종인 컨테이너선을 8척 내지 14척이 영향을 입을 것이라는 주장을 하였고, 해양은 다른 FPSO 공사와의 간섭을 우려하였으며, 현대와 지요다 간의 신뢰가 굳건하지 못한 것이 수주 실패의 사유 중 일부인 것이다. 또한 우리나 일본 회사인 지요다 모두 국제화가 덜 되어 그로 인해 시쳇말로 케미가 안 좋았다고 얘기할 수 있다.

FLNG는 선체기술, LNG 저장장치, FPSO의 톱사이드 설비, 육상 LNG 모듈공사의 혼합체로 볼 때 LNG선의 강점, FPSO 공사 실적,

LNG 모듈제작 경험을 가진 현대와, 육상 LNG 마켓셰어에서 강점을 가진 지요다가 삼성/텍크닙에 밀렸다는 것은 깊이 생각해 볼 문제이다.

주종사업에서 성공을 거두고 있고 기존사업에서도 문제가 없는 상태에서 대체사업 또는 신사업을 개발한다는 것이 얼마나 어렵고 보통의 노력으로 이룰 수 없다는 것을 보여 준 것이라고 하겠다.

어찌 보면 FLNG 1척을 6~7년에 걸쳐 공사를 수행하고 컨소시엄과 지분을 60 : 40으로 나눈다고 가정할 때, 삼성 지분은 30억 달러로 실익이 없어 그다지 성공적인 사업은 아니라고 볼 수도 있다. 그러나 이런 초대형, 장납기, 변수와 리스크가 많은 공사를 원만히 수행할 수 있는 능력은 아무나 갖출 수 있는 것이 아니다. 삼성은 이런 기회를 잘 살려 지금은 FLNG의 선두주자로 자타 공인을 받고 있다.

현재 FLNG 공사의 시장성은 2010년에 예측했던 것보다 떨어지는 것이 사실이지만, 향후 유가 및 가스 가격이 정상화되고 석유의 대체연료로 LNG 사용이 확대되고, 지구온난화 등 세계 환경문제로 인한 화석연료 사용 제한이 강화될 경우에는 FLNG 시장이 활성화될 것이다. 또한 향후 발견되는 가스전이 해양 위주로 이루어지고 단위용량 생산 규모와 유전의 위치 문제로 육상 LNG 플랜트 생산이 어려워질 것이므로, 이는 FLNG 시장에 고무적인 영향을 미치게 될 것이다.

지금이라도 FLNG 공사를 대비하여 인재를 확보하고 전담조직도 구축하는 등 사전에 착실히 준비를 해야 할 것이다. 문제는 외부보다 내부에 있다는 것을 참작하여 조선과 해양 간의 협업체제를 확고히 하고 일체One Body로 사업추진에 매진하되, LNG 기초기술을 가진 글로벌

파트너와의 신뢰 및 협업체계를 강화해야 할 것이다. 선박 및 해양사업을 넘어 FLNG, 기타 부유식 해상 플랜트BMP, Barge Mounted Plant 분야에도 선도적으로 나서야 할 것이다. 그것이 글로벌 리더의 길이고, 옳은 방향이라고 생각한다.

; 붉은 기록으로 남은 2002년

Vision 2010의 구호와 더불어 시작된 2000년. 새로운 세기, 20K로 불리어지던 그때 해양사업은 신임 본부장, 일명 지도자 동지를 맞아 새로운 도약을 준비하였다.

그 당시에도 도약은 수주로부터 시작되었다. 연간 5억 달러 수주 규모에서 10억 달러 수주를 목표로 매진하여, 드디어 2002년 11억 달러 수주에 성공하였다.

동시에 현실이 되기 시작한 부작용, 설계역량 부족, 공정지연, 공기만회를 위한 인력투입 증대, 설계변경, 물량증가, 고객불만 등과 이에 더하여 진행공사에 대한 비관적, 최악의 결과를 기준으로 한 적자예측, (조직 내에서 문제를 과도하게 부풀리고 잘못되기를 바라는 듯한 사람이 늘 있다) 그야말로 사면초가였다. 출구는 없어 보였다. 아니, 출구는 있었으나 찾지 못하였다는 것이 정답이다.

2002년 말, 모든 책임을 물어 본부장이 퇴임하고 말았다. 그리고 기본으로 돌아가기로 했다. 즉 조선 집중, 해양 야드에서도 배를 지어야 하고, 도크가 없으면 육상에서 지으면 된다는 것이었다.

2003년은 사업조정, 구조조정으로 시작되었다. 영업본부가 창설되고 조선, 해양, 플랜트 영업, 견적이 통합되었다. 미포조선 영업까지 합류되는 것으로 하였다가 흐지부지되었다.

그리고 해양에 대한 제3자의 평가, 해양 공사계약은 노예계약이다, 입찰 진행중인 공사도 원점에서 다시 시작해야 한다. 조선을 보라. 조선소가 갑이고, 선주는 을이다. 우리 조건에 맞지 않으면 수주는 포기한다. 배는 충분하다, 해양도 배를 지으면 된다는 것이다.

해양공사는 입찰에서 수주까지 최소한 1년이 걸리는 회임기간이 긴 사업이다. 2001~2002년에 입찰한 공사의 수주 여부가 2003년에야 확정되는 것이다. 1~2년 전에 입찰하여 발주의향서를 체결하였던 공사, 수주 확정단계에 있었던 공사, 수주유력공사, 중점추진공사 등 2002년 말 사업계획 수립 시 수주 예상 공사 5개, 금액 50억 달러의 수주가 상반기에 무산되었다.

그리고 2003년 6월, 당시 적자를 감수하고 수주한 인도 ONGC, MSP 공사를 제외하고는 수주 전무상태로 한 해를 보냈다. 이에 대한 비판적 시각의 내부보고서를 만들었다가 제3자에 의한 의도적인 첨삭이 이루어진 상태에서 유출되어 큰 곤혹을 치렀고, 2002년 그리고 그 이전에 수주한 공사에서 발생한 문제점, 공기 지연 및 적자시현에 대한 영업담당 임원으로서의 책임을 지고 2차에 걸쳐 징계를 받았다.

2003년 말 1980년대 해양사업의 창업자 닥터 안이 혜성과 같이 복귀하면서 모든 것이 원위치, 비정상이 정상화되고 영업본부는 해체되었다. 그 다음해 2004년, 해양영업이 본부로 복귀되었으나 여전히 사업부는 2중체계가 유지되었다. 해양영업, 견적, 설치부문을 해양의 원류로 보고 한 부문으로, 나머지 설계, 생산, 지원을 다른 부문으로 재편하여 운영되기 시작하였다.

2003년 유일하게 수주한 MSP 공사가 난관에 봉착하게 되고, 원점으로 돌아가서 공사 수주, 견적, 설계책임을 물어 관계자 징계가 있었고, 또다시 나는 전과자가 되는 붉은 기록이 남게 되었다.

그리고 11년 뒤인 2015년, 2003년에 있었던 사례가 반복되었다. 훨씬 크고 거대한 단위로, 그때 2003년에 추정한 1억 달러의 적자가 2015년에는 10억 달러로 늘어나고, 해양영업, 견적이 조선영업본부로 편입되고 설치부문은 해체되었다. 해양은 축소하고 대신 일반상선을 건조하고, 2015년 해양공사 수주는 전무했다.

누가 역사는 반복된다 했던가. 역사로부터 배우지 못한 것이 후회가 된다.

; 해양 비전 2010

1999년 새로운 세기를 1년 앞둔 시점에 강력한 지도자의 리더로 '해양 비전 2010'이 정해졌다. 당시 실적기준 모든 목표를 3배로 잡았다. 10년 내 3배수 성장이었다. 연간매출 1조에서 3조 원으로, 수주 10억 달러에서 30억 달러로, 적자에서 이익률 10%로 그야말로 꿈이고 비전이었다. 누가 꿈은 이룰 수 없고 비전은 달성 불가능한 목표라 하였던가.

3년 뒤 지금도 그리운 지도자 동지는 우리를 떠났다. 그리고 시련도 있었고 실패도 있었다. 그러나 우리는 살아남아 해양을 지켰고, 우리의 의지는 신념이 되었고, 그리고 성공하였다.

2010년, 매출 3조4천억 원, 수주 30억 달러, 이익률 10% 이상을 이루어 냈다. 비전 2010의 구호는 없어졌지만 모든 해양역군의 부동심으로 달성하였다. 아무 보상도 없었고 크게 칭찬하는 사람은 없었지만, 그해 말 12월 31일은 대단한 날로 기억하고 있다. 나의 역할은 미미하였기에, 누구에게도 자랑하지 않고 혼자서만 울었다. 웃는 것보다 우는 것이 인간적일 수도 있다. 목표를 정하여 뜻을 세우면 이룩해 내고야 마는 것, 이것이 우리의 능력이고 저력이 아닌가.

비전 555는 어떤가. 비전 111은 불가능한 목표인가. 과욕이고 무모한 도전인가. 우리 해양은 언젠가 매출 5조 원, 수주 50억 달러, 영업이익 5천억 원을 이루어 낼 것이다. 그리고 언젠가는 우리 힘으로 수주 100억 달러, 매출 10조 원, 이익 1조 원 시대를 열 것이다.

회사를 떠난 모든 해양 출신들은 무에서 유를 이룬 선배의 역사를 발판으로 자랑스러운 우리 역군들이 지금의 시련을 극복하고, 곧 555를 만들어 내고 연이어 111의 비전을 달성할 것임을 확신하다. 우리는 그때까지 살아남아 다시 모여 축하파티를 열 것이다. 그날 소주 만 병 정도는 소비되지 않겠는가. 인당 한 병인데, 좋은데이Good Day로 합시다.

⁝ 뼈아픈 실패 공사

수주산업에서 일차적인 성공 또는 실패는 수주 여부에 달려 있다. 수주를 하는 것이 성공이고 수주를 놓치는 것이 실패인 것이다. 입찰해서 수주하는 성공률이 10% 정도로 볼 때, 1개 공사 수주 시 9개 공사 수주 실패로 볼 수 있다. 이 중 목표 수주율 30%를 가정하더라도 1 : 3으로 수주 실패인 것이다. 정서적으로 수주 실패에 대하여는 관대한 측면이 있으며, 실패 원인분석이 형식에 그치거나 수주 실패에 대한 책임은 불문에 부치는 경우가 많다.

또한 수주에 성공하여 공사를 완료한 결과 적자발생이나 공기지연 등의 문제 공사를 실패 공사라 칭할 수도 있으며, 실패 내용은 품질하자, 공기지연, 예산초과로 인한 적자, 고객 불만족 등 다양하게 분류할 수 있다. 이런 의미에서 일부 공사의 실패 사례를 언급 하고자 하며, 이는 실패에서 배우는 교훈 또는 유사사례를 방지하기 위한 노력에 도움을 주고자 하는 의도이다.

말레이시아, 셸공사

1984~1986년 중 수행한 Shell SSBF6A EPIC 공사로 공사규모는 중소형이었으나 당시 제작장 과부하로 공기가 지연되었고, 설치공사 하청업체 부실로 문제가 막대하였으며, 적자가 크고 고객의 불만족까지 겹친 사례로, 2011년까지 셸공사 수주를 못하게 되었다.

2011년 셸로부터 미국 걸프만의 부유식 설비공사(나키카)를 수주하여 첨단공법으로 성공적으로 조립 완료하였으나, 발주처의 까다로운 요구와 공수 초과분 보상문제로 발주처와 분쟁이 발생하여 고객과의 관계가 악화되고 적자로 마무리되었으며, 또다시 셸과의 악연이 계속되는 결과가 되고 말았다.

잭업리그 공사

유럽 시추회사 Maersk로부터 2기의 잭업리그 공사를 2000년, 2001년에 수주하여 시행한 공사로 당시에는 동종 설비로서는 최대 규모였다. 발주처 지정 설계회사에서 설계업무를 수행하도록 하고, 시추장비는 정산조건으로 공급, 육상에서 시운전을 한 후 현지 운송까지를 범위로 계약하였다.

공사 초기부터 설계에 대한 책임문제, 시추장비 납기에 대한 귀책문제, 납기지연 사유에 대한 분쟁으로 계약해지까지 발생하였으며, 쌍방 클레임으로 법정분쟁으로 비화되었다. 최종적으로 합의하여 종결되었지만 적자를 면할 수 없었다. 또한 고객과의 관계가 상당히 악화되어 그 뒤 더 이상의 시추선 수주는 없었다.

인도, ONGC, MSP 공사

2003년 수주정책 변경 및 시황 악화로 인한 수주 부진 문제를 해결하기 위해 일정부문 적자를 감수하고 수주한 공사였다. 주장비인 컴프레서 사양 확정단계에서 발주처와의 이해 충돌이 발생하여 자재비 손실이 확대되었으며, 설치 및 해상 시운전 기간 증가로 과도한 비용이 투입되어 적자가 확대되었다. 이후 인도지역 공사 입찰은 제한적으로 참여하게 되었으며, 보수적인 정책으로 인도로부터 연속 수주 실적이 없어 지점 폐쇄로 이어졌다.

카타르 바잔 공사

2011년 카타르에서 수주한 플랫폼 및 해저 파이프라인 공사로 말레이시아 소재 회사에서 설계하고 본사에서 제작, 현장 설치, 시운전한 공사이며 해저 파이프라인이 포함된 복합공사이다. 설계단계에서 물량증가가 발생하였으며, 제작단계에서 조립장이 준비되지 않아 공정이 지연되었고, 발주처의 과다한 요구로 공사시행에 장애가 많았다.

일부 공사가 미완료 상태에서 출항하게 되어 현지 해상공사가 증가되었으며, 현지 기상악화로 공기가 지연되어 해상장비 사용기간이 길어져 예산외 비용지출이 많이 발생하였다. 따라서 전체 적자비용이 계약가의 30%에 달하는 등 손실이 막대하여 본부경영에 지대한 영향을 초래했다.

파이프라인 공사

1983~2015년 기간 중 50개 이상의 해저 파이프라인 공사를 수행하여 개별공사별로 다양한 실적을 거두었다. 소규모 공사를 성공적으로

수행한 경우가 다수이나 대형 원거리 공사에서는 문제가 심각하였다.

1999년에 대만 CPC 36″, 280km, 2004년에 인도 MUT 30″, 510km, 2006년에 태국 PTT 42″, 600km 파이프라인 포설공사 등에서 지반 침하문제, 설계문제, 기상악화로 인한 작업중단, 설치장비 문제, 시운전 하자 등이 복합적으로 발생하여 손실이 막대하였으며, 발주처와 비용보상 문제로 법정다툼으로 비화되었다.

2015년부터 대형 파이프라인 공사에 대한 사업목표를 재검토하여, 당분간 공사 수행능력 보완 및 설치장비 운영방법 개선에 역점을 두는 것으로 사업전략을 수립하였다.

지금까지 가장 문제가 많았던 공사를 살펴보았다. 문제 공사가 다른 공사보다 특이하게 어려울 수밖에 없었다든가 불가항력적으로 문제가 발생한 것이 아니라 대부분 이를 예측하고 사전에 대비를 하지 못하였거나, 아니면 문제 발생단계에서 적기에 적절한 조치를 취하지 못하여 문제가 확대 재생산된 것으로 보인다. 다시 말하면, 상황에 잘 대처할 수 있었다면 사전에 문제 발생을 예방하든지 아니면 문제를 반으로 줄일 수 있었지 않았나 하는 아쉬움이 남는다.

다시 한 번 지금까지의 실패 공사를 잘 살펴서 반면교사로 삼고, 사전 대비를 확실히 하여 지금 다시 한다면 잘 할 수 있겠다는 자신감을 가져야 한다. 그래야 다시 도전해서 지난 손실도 만회하고 우리 자존심도 회복해야 하지 않겠는가. 그렇다면 우리에게 아직 희망이 있다.

：육식산업과 초식산업

　우리나라 주력산업을 품목별로 구분해 보면 반도체, 자동차, 선박, 휴대폰, 석유제품, 철강 등으로 분류할 수 있다. 이런 주력품목을 계약방식, 상품형태, 생산구조로 대별해 보면 소비재 또는 상품생산 형식의 소품종 다량생산인 초식산업, 상품이나 제품의 단위가 크고 고가인 소품종 소량생산인 육식산업, 두 가지 산업의 중간형태인 잡식산업으로 나눌 수 있을 것이다.

　초식산업이란 매일 매시간 풀을 뜯어야 하는 초식동물 형태의 것으로 반도체, 휴대폰, 석유제품, 일반 자동차 등이 해당된다. 육식산업은 한 건의 계약단위가 100억~1조 원 규모로 주문생산의 건설플랜트, 조선, 해양플랜트, 항공기 조립으로 구분할 수 있다. 잡식산업은 수주산업이면서 양과 수가 상대적으로 많은 슈퍼카 등 특장차와 슈퍼컴퓨터, 대형선박 등이 포함된다.

　주식主食으로 한 분류에 따르면 해양산업은 전형적인 육식산업이다. 한 기업이 연간 수주하는 공사 수가 10개 이내이면서 단위공사 금액이 평균 5억 달러이고 납기는 3년 전후가 보통이다. 한번 배불리 먹은 사자가 5일 동안 아무것도 먹지 않고 버티는 것과 같이 한 달에 한 개의 공사를 수주하고, 한 달에 한 개의 공사를 완료하면 되는 사업이다.

　이에 비하면 선박(조선)은 연간 100척을 수주하고 단위선가가 약 1억 달러 규모인 것으로 1년에 100척을 인도해야 하는 사업으로 초식산업은 아니지만 상대적으로 잡식산업이라 볼 수 있다. 반면, 1년에 수백만 대를 생산하는 자동차, 수천만 개를 판매하는 휴대폰은 초식산업의 전형이다.

육식산업에서는 한 개의 공사를 수주하지 못하면 1년 사업계획에 영향이 초래되는 일기일회—期—會 사업으로 한 번의 사냥에 모든 것을 거는 사자와 같이, 온갖 정성과 최선의 노력을 다하여 사냥감인 프로젝트를 잡아야 하는 것이고, 수주한 공사는 어떻게라도 소화를 시켜서 완공해야 하는 것이다. 한번 놓치면 다음 기회는 보장되지 않으며, 궁극에는 굶는 것도 감수해야 한다.

잡식산업은 한 번의 기회를 놓치면 다음의 기회가 있는 것이고, 더 나은 조건을 기다리며 지금 추진하고 있는 계약은 포기할 수도 있는 것이다. 긴급 상황이라면 수주 조건을 양보해서라도 공사를 잡을 수도 있다. 잡식산업은 일정한 때에 일정한 양만 먹으면 사업 유지는 가능하다.

한 회사 내에서도 다양한 사업부문이 있을 수 있고, 각 사업부문의 주력상품이나 제품을 초식, 잡식, 육식으로 구분해 볼 수가 있다. 이런 구분은 학술적 · 전문가적 개념이 아니라 우리끼리 해 보는 소리이다.

사업부문을 대표하거나 기능분야를 담당하는 경영자는 해당사업의 특성에 대한 이해를 바탕으로 사업전략 수립에 만전을 기해야 한다. 전 사업부문을 총괄하는 최고경영자는 각 사업부문의 특성과 자주성을 고려한 특화되고 유연한 경영으로 전 사업부, 전사 단위의 동시성장과 발전을 도모하여야 할 것이다.

승용차 운전자가 화물차 운전을 잘 한다고 볼 수 없고, 제일의 마도로스가 육상 플랜트 운전의 전문가가 될 수 없을 것이다. 초식동물의 강자인 코끼리가 육식동물인 늑대의 무리를 거느릴 수 있겠는가.

⦂ 감독관에 대해

해양공사는, 계약자는 우리가 하는 공사라 생각하지만 발주처나 감독관은 자기들이 계약자를 데리고 하는 공사라는 개념이 강하다. 따라서 계약 전 단계부터 공사 완료 후 서류완성 과정까지 발주처 인사와 같이 일을 하게 된다. 이 발주처 대표를 감독관이라고 부르며, 모든 업무 단계마다 입회, 검토, 승인, 지시, 협조 등의 역할을 하게 된다. 일반상선 대비 4배 이상의 감독관이 배치되는 것이다.

1970년 말부터 1980년대까지 감독관 숫자는 300명 정도였다. 사내에서의 사무실 시설도 전체를 개조해서 제공하고, 회사 밖 숙소와 거주설비는 상당히 열악한 수준이었다. 큰 공사의 경우 독립적인 건물을 새로 지어서 공급하기도 하였다. 그때는 같이 고생한다는 생각에서 공사별 감독관과의 행사가 빈번하였다. 주말에는 체육대회, 평일에는 술대접이 많았다. 회사 근처에 마땅한 장소가 없어 식사를 대접하기 위해 시내로 시외로, 부산까지 가기도 하였다.

1990년대 들어 감독관이 500명 이상으로 늘어났다. 여전히 감독관 숙소는 입찰과정에서부터 문제가 되어, 어떻게 할 것인지 대안을 설명하느라 고생을 하기도 하였다. 외인 숙소 확장으로 일부 문제는 해결되었으나, 학교시설과 문화설비 등은 계속 해결이 불가능한 과제였다. 당시에는 크리스마스 파티가 대대적인 규모로 열렸으며, 연말이 되면 많은 사람들이 기대를 갖고 기다리기도 했다. 많은 한국 여성들이 외국 감독관과 결혼하는 사례도 발생하였다. 남편의 나라로 돌아간 후에는 애국동포가 되었다.

2000년대가 되면서 감독관 숫자가 1천 명 이상으로 증가하고, 국적도 다양해졌다. 고객사는 자체 인원 증가의 대안으로 한국 국적 인원 채용 규모가 늘어나기 시작하였다. 봄 행사로 전사 감독관 체육대회가 시작되었으며, 축구경기의 경우 국가별 대항으로 울산판 분데스리가로 불리기도 하였다. 감독관 가족들을 포함하면 연관된 인원이 모두 3천 명 규모가 되었다. 감독관들의 한국 내 출생Made in Korea의 많은 새 가족이 탄생하기도 하였다.

2010년이 되면서는 주재 감독관 숫자가 2천 명을 넘어서게 되었다. 회사가 운영하는 외인 숙소도 대형 아파트 형태를 갖추게 되어 수요에 문제가 없다. 울산 시내 태화강변에 고층 아파트가 지어져서 많은 감독관이 시내로 이동하는 현상도 생겼고, 전세라는 것이 외국인에게 생소하기도 하였고, 자국에서의 저축금리가 제로로 목돈만 담보로 걸면 되니까 비용부담이 없는 것으로 받아들여졌다.

연말 크리스마스 파티는 없어지고 가을산행으로 대신하게 되어서 좋은 점도 있었지만, 연말 분위기에 치러졌던 파티에 대한 아쉬움이 남기도 했다. 가족 포함 전체 거주 인원이 5천 명 수준이 되면서, 해양사업부 주변으로 미국, 영국식 펍Pub뿐만 아니라 각국의 음식점과 외국인 전용시설 등이 생겨나, 방어진 거리가 '글로벌 스트리트'로 불리기도 하였다.

최근 뉴스에 따르면 울산 거주 인원의 감소원인이 외국인 근로자 축소, 특히 진행 중인 공사가 줄어들어 감독관 숫자가 동시에 감소되었기 때문이라고 한다.

해양공사는 대부분 외국 공사로, 주재 감독인원으로 내국인 채용이 확대되어 고용창출 효과도 크고, 대규모 인원의 상주로 인해 주택 및 상권, 경제 전반에 크게 영향을 끼치게 됨을 알 수 있다. 이런 다국적 감독관 및 가족들은 향후에 한국 민간 외교관 역할을 할 뿐만 아니라, 회사 홍보에도 지대한 공헌을 한다. 현재와 같이 2천 명이 근무하게 되면 이들이 한국에 납부하는 소득세는 별개로 하고 연간 지출하는 비용이 1억 달러, 약 1,200억 원에 이른다.

또다시 해양사업이 부흥하여 더 많은 주재원과 그 가족들 1만 명이 동구주민이 되어 울산에서 거주하게 되길 바란다.

⁝ 5대 오일 메이저

해양공사의 주 고객인 오일 메이저를 안다는 것은 석유개발의 실제적 역사를 안다는 것이다. 석유와 천연가스는 인류의 생존에 절대적으로 필요한 에너지원으로 이를 확보하기 위한 경쟁이 현재 세계적·국제적 분쟁의 바탕이 되고 있기도 하다.

오일 메이저란 석유와 천연가스를 탐사, 채굴, 생산하고 이를 정제, 공급, 판매할 뿐만 아니라 석유화학제품까지를 포함하는 일관체계를 갖춘 다국적 기업을 오일 메이저라 칭한다. 회사 규모나 보유 유전의 양과 가치가 아닌 탐사부터 석유화학까지를 사업영역으로 하는 한 국가 단위가 아닌 글로벌 플레이어인 것이다.

아래에 5대 오일 메이저를 간략히 소개한다.

엑슨모빌 : 1870년 미국에서 존 D. 록펠러가 창립한 회사인 스탠더드 오일Standard Oil이 전신이다. 1911년 미국연방법원의 반독과점법위반 판결에 따른 분할명령으로 분리되면서 록펠러는 뉴저지 주의 엑슨만 소유하고 나머지는 모빌, 세브론, 택사코, 걸프오일, 아코 등 34개로 분리되었다. 1999년 엑슨은 뉴욕 기반의 모빌을 인수하여 엑슨모빌이 되었다. 2015년 기준 매출은 2,689억 달러, 영업이익은 220억 달러이고 종업원 수는 75,300명이다.

셸 : 1833년 영국에서 설립된 가구와 조개Sell 제품 가게로부터 시작되었다. 1897년 석유운송업에 진출하였다. 1890년 창설된 네덜란드 왕립의 로얄더치석유회사와 1907년에 합병하여 로얄더치셸Royal Dutch Shell이 되었다. 2015년 기준 매출은 2,649.6억 달러, 영업이익은 32.6억 달러 적자이고 종업원 수는 94,000명이다.

BP : 1909년 앵글로-페르시아석유회사로 창설되었으며 1954년 브리티시석유회사가 되었고 1982년 BP석유British Petroleum가 되었다가 1982년 BP로 개명하였다. 1999년 미국의 아모코, 2000년 아코를 인수하였다. 2015년 매출은 2,228억 달러, 2008년 미국 걸프만 Macondo 유전 폭발사고의 여파로 영업이익은 110억 달러 적자이고 종업원은 84,500명이다.

토탈 : 1924년 프랑스 국영석유회사로 설립되었으며 1999년 벨기에의 페트로 피나Petro Fina를 인수하였다. 1965년 민간 탐사업체들의 연합으로 출발한 엘프Elf를 2000년에 인수하여 사명을 토탈피나엘프TotalFinaElf로 쓰다가 2003년 토탈Total로 바꾸었다. 2015년 기준 매출은 1,653.5억 달러, 이익은 51억 달러이고 종업원은 100,307명이다.

세브론 : 1911년 미국 스탠더드오일에서 분리되어 캘리포니아 기반의 SOCALStandard Oil California로 출발하였다. 1984년 걸프오일을 인수하면서 사명을 세브론으로 바꾸었으며, 2001년 택사코를 인수하면서 세브론택사코ChevronTexco가 되고 2005년 세브론으로 개명하였다. 세브론은 1933년 사우디아라비아에 진출하여 합작회사 아람코ARAMCO를 설립하였다. 1980년 사우디아라비아 정부가 아람코의 지분을 인수하였으며 현재는 세계 최대 규모의 자산을 가진 국영석유회사NOC가 되었다. 2015년 기준 매출은 1,299.2억 달러, 영업이익은 1.58억 달러, 종업원은 64,700명이다.

이 5대 메이저뿐만 아니고 산유국 국영석유회사를 포함한 대부분의 석유회사들의 지난 10년간 경영실적은 매출은 매년 성장하였고 영업이익률도 매출액의 10% 전후로 양호한 상태였다. 그러나 2014년 이후부터 지속되고 있는 저유가 영향으로 매출도 급격히 줄어들고 이익률도 적자를 면하지 못하는 어려운 여건에 있는 것으로 볼 수 있다.

엑슨모빌을 예로 들면 2014년 대비 2015년에는 매출이 35% 감소하였고 영업이익률도 37%나 줄어들었다. 이로 인하여 석유회사들의 투자

계획이 축소되고 유전개발계획도 순연되고 있는 것이 현실이다.

석유생산량으로 볼 때는 앞에서 언급한 오일 메이저와 산유국 국영회사NOC 등 10대 회사가 전체생산량의 60% 이상을 차지하고 있다. 통계자료Stastia 2016에 따르면 1일 원유생산량(배럴) 기준으로 사우디아라비아ARAMCO가 1위로 1,200만이고 다음이 러시아GAZPROM 970만, 이란NIOC 640만, 엑슨모빌 530만, 중국석유 440만, BP 410만, 셀 390만, 멕시코PEMEX 360만, 세브론 350만, 쿠웨이트KPC 320만 순이다.

지금까지 몇 년째 초저유가가 계속되고 있고 이의 영향을 직접적으로 입고 있는 해양사업의 고객인 석유회사들의 수지악화가 현재 해양공사를 수행하고 있는 해양업계의 어려움과 연관이 크다고 볼 수 있는 것이다. 또한 유전개발계획 지연과 투자금액 축소로 인하여 신규공사가 급격히 줄어들고 있어 해양업계의 물량확보가 생존의 문제로 대두되고 있다.

하지만 지난 30년의 석유가와 시황의 연동관계에서 알 수 있듯이 공급이 수요를 초과하면 유가가 내리고 유가가 내리면 신규 유전 투자가 줄어들어 이의 영향이 몇 년 내 생산 및 공급부족으로 이어져 수요와 공급의 언밸런스로 오일가격이 상승하는 순환과정을 볼 때 늦어도 2~3년 내에는 해양사업 시황에 고무적인 변화가 있을 것으로 예상할 수 있다. 이에 대비한 중장기 사업전략을 수립할 때다.

; 국내 3사, 글로벌 3사

국내 3대 조선사라 불리는 현대중공업, 대우조선해양, 삼성중공업, 각사의 해양부문은 유사업종인 측면도 있지만 실질적 차이도 있는 것이 사실이다.

현대중공업 : 1972년 회사 창립 전에 선박건조 생산에 착수하였으며, 현재는 다변화된 사업군으로 종합중공업회사로 성장하였다. 1979년 항만설비용 철구조물 제작으로 해양사업을 개시하여 석유 및 천연가스 생산 연관설비 연매출 5조 원대 규모(전사 매출의 18%)의 전문업체로 성장하였다.

대우조선 : 1981년 준공 이래 조선 전문기업으로 발전하였으며, 1979년 대우그룹에서 분리되면서 은행법정관리 기업이 되었다가, 3년 뒤 워크아웃을 졸업하고 2001년 대우조선해양으로 사명이 변경되었다. 1980년 초 해양사업에 진출하였으며, 현재는 해양부문 전체 매출의 50%를 차지하고 있다.

삼성중공업 : 1974년에 설립되어 1979년 선박건조작업에 착수하였고, 현재는 유조선, 컨테이너선, LNG선에 특화되었으며, 1980년 초 해양사업으로 영역을 확대하여 시추선Drillship 및 부유식 설비에 전문성을 갖추고 있다.

대우, 삼성 공히 회사 전체 매출에서 해양부문이 50% 정도를 차지하고 있으나, 시추선 분야(현대는 조선사업부에서 담당)를 제외한 순수 해양설비 분야에서 현대 대비 50% 정도의 매출을 올리고 있는 것으로 추정하고 있다.

현대에서 조선, 해양부문을 별도로 분리하여 삼성, 대우와 비교하면 3사 매출은 2012~2014년 기준 연간 12조~14조 원으로 서로 비슷한 규모이다. 그리고 대우, 삼성 공히 시추선부문에서 강점을 가지고 있다. 삼성은 2006년 셀로부터 부유식 LNG FPSOFLNG 공사를 수주하여 전문성을 확보하였다.

사업전략 측면에서는 현대는 해상설치 분야를 포함하는 석유 및 가스 연관설비 전문회사로서 독자적으로 전 분야 공사 수행을 지향하고 있으며, 대우는 시추선을 포함한 부유식 설비에 치중하고 있는 것으로 평가되며, 삼성은 설계 및 구매전문업체와 제휴관계를 바탕으로 FLNG 등 특수설비 영업에 치중하고 있는 것으로 보인다.

야드 운영 방법에서는 대우, 삼성은 조선과 해양부문이 통합되어 있으면서 공사 시행은 분리하는 등 유연하게 대응하고 있는 반면, 현대에서는 해양사업 분야가 독립본부로 운영되고 있고, 해양 야드는 메인 야드와는 분리되어 있는 독립운영체계이다.

1980년대 해양산업의 1차 성장기에 국내 3대 대형업체를 필두로 한진, 한중, 기타 업체도 해양사업에 뛰어들었으나 1990년 말 현대를 제외하고 각 사별로 해양사업 축소 또는 철수를 하였다가, 2000년 들어 석유개발이 심해로 옮겨감에 따른 설비발주 증가로 대우, 삼성이 본격적으로 해양사업에 다시 참여하여 제작공사 기준 현재의 현대, 대우,

삼성의 3강 구도가 되었다.

국내 3사의 경우 조선업으로서의 강점, 대규모 야드, 효율적 생산설비, 숙련된 노동력 확보를 바탕으로 시추선 및 부유식 설비, 대규모 플랫폼 제작에서 강점과 경쟁력이 있다 할 수 있다.

발주처인 대형 석유회사의 경우 장기적인 사업계획과 해양시장의 공급 여력 및 경쟁관계를 감안하여 신규공사 발주를 추진하는 경향이 있으며, 공급선 관리측면에서 국내 3사를 포함하여 중국의 조선 및 중공업 업체에 대한 관심이 크다. 전략적으로 미주, 유럽, 동남아 등에 소재한 해양업체에게도 생존이 가능하도록 공사를 분리 발주하는 등 배려하고 있는 것으로 보인다.

여기서 지난 2012~2013년에 있었던 국내 3사간의 경쟁과 그 배경에 대하여 언급하고자 한다. 국내에 대형조선, 해양업체가 세 곳 있다는 것에 대한 긍정적 측면은 3사가 경쟁을 통해서 서로 성장하고 발전할 수 있는 계기가 되었다고 볼 수 있으며, 발주처인 석유회사 입장에서는 한국의 빅3을 서로 정당하게 경쟁시켜 가장 유리한 조건을 제시한 업체를 계약자로 선정할 수 있는 여건이 마련된 것이다. 부정적 측면은 국내 3사 간 분야 일등주의, 견제와 과당경쟁으로 발생할 수 있는 부작용을 들 수 있다.

2012~2013년 2년간은 2007~2008년 세계금융위기 이후 글로벌 경기 호전, 2011년 아랍의 봄으로 통칭되는 중동사태로 인하여 석유가격이 배럴당 100불에 근접하는 고유가로 해양사업의 호경기였다. 따라서 국내 3사 모두 해양부문을 신성장동력사업으로 보고 적극적인 영업전략을 펼쳤다,

이 기간 중에 호주 인펙스Inpex(일본 제국석유의 후신)의 익디스Icthys 반잠수식 생산설비FPS 및 FPSO, 노르웨이 토탈의 고정식 설비인 톱사이드Martin Linge, 콩고 토탈의 모호노드Moho Nord, 말레이시아 국영석유회사 Petronas의 FLNG FPSOPFLNG 및 LNG 운반선, 나이지리아 토탈의 에지나Egina FPSO 등 전체규모 130억 달러 이상의 공사에서 국내 3사가 마지막까지 경쟁하였다.

최종적으로 삼성이 마틴린게, 익디스 FPS 및 에지나 FPSO를 수주하였으며, 대우가 익디스 FPSO, PFLNG의 계약자가 되고 현대는 모호노드 및 LNG선 4척(조선)을 수주받았다.

지금은 그때 수주한 공사들이 어떻게 진행되고 있는가. 회사별, 공사별로 일부 차이는 있지만 대체적으로 현재 뉴스가 되고 있는 국내 3사 동반적자, 해양공사 부실의 중요한 원인으로 알려지고 있다. 소위 승자의 저주에 빠진 것이다.

불황기는 물론 호황기에도 국내 3사는 태생적으로 선의의 경쟁은 피할 수 없지만, 과당경쟁 또는 무리한 수주전략으로 다른 회사가 어려워지거나 아니면 동반부실에 빠지게 되는 문제는 방지하는 대책이 필요하다. 일본식 담합이나 불법적인 공모가 아닌 합법적이고 경쟁의 원칙을 어기지 않는 범위에서 3사 간 협력방식을 강구할 필요가 있다.

이렇게 경쟁하면서도 협력을 하는 것이 서로의 이익을 도모하고, 상호 윈-윈 하는 방법이 될 것이다. 이것이 또한 고객인 석유회사의 입장에서도 리스크를 줄일 수 있고 기대하는 방향일 것이다.

앞에서 언급한 바와 같이 국내 3사는 동일업종으로 사업전략에서 유사한 측면도 있지만 차이가 있는 부분도 있다. 말하자면 현대 해양의 경우, 대형 또는 부유식 설비 등 제작 위주의 공사 경우에는 국내 3사 간 경쟁을 고려하여 사업전략을 수립하고 있으나, EPC 계약인 석유 및 천연가스 연관설비의 경우에는 글로벌 규모의 전문회사인 프랑스의 텍크닙, 이탈리아의 사이펨, 미국의 KBR을 글로벌 3사를 경쟁사 또한 파트너로 가정하여 영업전략을 수립하고 있다. 그동안 현대가 수주한 해양 공사 중 국내 회사와 경쟁하여 수주한 공사는 30% 미만이다.

다음은 해양업계 경쟁사인 글로벌 3사인 KBR, 택크닙 및 사이펨에 대하여 간략하게 소개한다.

KBR : 1901년 건설회사로 설립되었으며 여러 회사를 합병하여 종합해양회사로 성장하였고, 육·해상 플랜트 및 LNG 설계부문에 강점을 가지고 있다. 2013년 기준 27,000명의 종업원과 72억 달러의 매출을 달성하였다.

택크닙 : 1958년 설계회사로 설립되었으며, 설치전문회사Coflexip를 비롯한 다방면의 회사를 인수, 합병하여 현재는 육상·해상 플랜트 전문회사로 성장하였으며, 심해 설비부문에 강점이 있다. 2014년 기준 38,000명의 종업원과 107억 유로의 매출을 달성하였다.

사이펨 : 1957년 이탈리아 국영석유회사Eni의 자회사로 설립되었으며, 해상 설치 및 시추를 주사업으로 FPSO 전문회사BOS, 육상 플랜트 업체Snamprogetti를 인수하여 해양 전문업체가 되었으며, 설치부문(세계

최대 12,000톤 해상 크레인 보유)에 강하다. 2013년 기준 47,000명의 종업원과 매출 120억 유로를 달성하였다.

향후의 에너지사업 시황, 전문업체별 강점, 원가경쟁력 등을 고려한 부가가치 창출능력을 감안하여 해양사업은 제작 및 생산 위주의 2차산업에서 유전개발 전 과정의 가치사슬을 아우르는 에너지서비스 공급업체로의 전환이 필요하다고 본다.

업종 전환 및 확대와 관련하여 필수적인 분야별로 전문성을 가진 인재를 양성하고, 기술력을 보완한 조직운영의 글로벌화와 오대양 육대주를 시장으로 한 지역별 전문가 확보가 시급한 과제일 것이다. 또한 글로벌 전문기업 또는 특정기술기업들과의 기술제휴, 인수, 합병 등도 적극적으로 검토하여 실행하여야 할 것이다.

현재 난국에 처한 해양사업을 수익성 위주로 축소 재편성하느냐, 아니면 에너지 전문기업으로 재탄생하여 글로벌 기업으로 성장, 발전하느냐의 기로에 있다고 본다. 관계자 여러분의 의지와 신념이, 업계 종사자 여러분의 열정과 땀이 필요한 시기이다.

⋮ 경영자의 3가지 의무와 금기

조직의 책임자, 경영자는 책임은 지고 권한은 행사해야 한다. 권한만 행사하고 책임을 다하지 않으면 안 된다. 그리고 3가지 원칙적인 일을 해야 한다.

첫째는 사람을 구하고 인재를 확보해야 한다. 그래서 조직을 구축하고 보강하여야 한다. 둘째는 일감을 확보해야 한다. 일이 없는 조직, 할 것이 없는 조직은 존재할 수 없다. 기업의 사회적 책임은 고용을 창출하는 것이다. 셋째는 투자이다. 사람에 투자하고 시설에 투자하고 사회에 기여해야 한다. 이것이 과거에 대한 보답이고, 현재에 최선을 다하는 것이고, 미래를 준비하는 것이다.

조직의 책임자, 기업의 경영자는 해야 할 일은 하고, 하지 말아야 할 것은 하지 않아야 한다. 하지 말아야 할 것 첫째는 조직 변경, 사람 교체이다. 둘째는 구조조정과 사업조정이고, 마지막은 자산처분이다. 이 세 가지는 내실 위주 경영이면의 축소 지향 경영인 것이다.

우리 모두는 임기가 있는 경영자이다. 기업조직은 역사가 있고 미래로 이어가야 할 유기체이다. 그러므로 사람을 바꾸지 말고, 구조조정하지 말고, 자산을 매각하지 말아야 한다. 경영자의 보임기간은 길어야 3년이지만 현재 하고 있는 사업은 30년을 계속하여야 한다. 3년이 30년을 망치게 하지 않도록 해야 한다.

현재 경제계에서는 신4저 시대 즉, 저성장, 저물가, 저이자율, 저이익률 환경에서 제조업의 어려움과 난국을 타개하기 위한 창조성, 혁신, 개혁, 구조조정의 문제가 화두가 되고 있다. 지난날에는 고유가와 고환율이 문제였으나 지금은 초저유가와 환율 불안이 더 큰 문제로 경제상황 악화에 영향을 미치고 있다. 이러한 경제위기로 해양사업이 전면에서 어려움을 겪고 있으며, 언제 시황이 나아질지 예측이 어려운 것이 사실이다.

해양업계는 당면한 이 위기를 극복해 내야 한다. 하면 된다는 신념과 우리 모두가 해내야 한다는 각오가 절실한 시점이다. 이럴 때일수록 경영자는 해야 할 일과 하지 않아야 할 일을 심사숙고해야 한다. 다 알고 있는 얘기지만 그렇게 할 수밖에 없는 현실, 당면한 위기를 벗어나기 위한 고육책임을 알고 있어서 더욱 안타깝다.

⁞ 경제상황과 경영여건

체감경기가 좋지 않고, 대외 경제상황이 심각하고, 기업환경이 어렵게 느껴질수록 전문가의 향후 경기전망에 기대를 하게 된다. 하지만 온통 우울한 뉴스뿐이다.

이럴 때는 기업경영도 사업계획도 더 나빠질 상황을 대비할 수밖에 없으나, 어렵다는 얘기가 반복되면 조직 분위기가 집단의식화 되어 더욱 어려워지지 않을까 하는 우려도 감안해야 할 것이다.

경제상황은 과거에서 온 것인지, 미래로부터 시작되었는지 이해의 차이가 있을 것이다. 과거에서, 역사에서 배우는 예측을 해 본다.

지금으로부터 약 30년 전인 1988년, 최근 종편드라마로 방영된 '응답하라 1988'의 배경이 된 그때 우리나라 경제는 미미한 규모였지만, 일본의 경우 버블경제 붕괴로 잃어버린 20년이 시작된 해였다. 당시 일본이 빠진 수렁과 지금 우리 상황의 유사성을 외면할 수 있겠는가?

그보다 앞선 1978년 중동발 1, 2차 석유파동이 전 세계 경제에 큰 영향을 미쳐 경제성장률이 하락하고 물가는 상승하는 등 어려움을 겪었다. 그 당시가 미국 걸프만과 유럽 북해에서 해양유전개발이 시작되던 때였다.

1998년에는 동남아에서 시작된 외환위기로 세계 경제가 파국을 맞았고, 우리나라도 IMF라는 혹독한 시련기를 맞았었다. 그리고 10년 뒤 2008년에는 리먼 사태로 촉발된 글로벌 금융위기로 또 한 차례 엄청난 위기를 겪지 않았는가.

그리고 올해 2016년, 국내외 경제상황이 심각하다는 보도가 잇따르고 있지만 아직 바닥은 확인되지 않고 있다. 최저점이 2018년이 되지 않을까. 1998과 2008년 상황과의 유사성도 회자되고 있다.

1928년에는 어떤 일이 있었는가. 당시는 세계경제공황으로 세계시장이 붕괴된 해로 기록되고 있다. 1차 세계대전 후 확대된 생산성으로 인한 공급초과, 수요감소로 기업이 도산하고 대량실업과 디플레이션이 야기되고, 주식시장이 붕괴되었다.

지난 10년, 지난 100년을 돌아보고 준비를 해야 할 때이다. 위기는 피할 수 없지만 대비는 가능하다 하지 않는가. 모두가 고통을 분담하고 자기희생을 감수하면서 위기극복에 동참할 때이다.

최소한 어려움은 계속될 것이고 바닥은 아직 확인되지 않았으며, 문제의 근원은 '공급초과' 잉여생산력이 될 수 있다는 예측이 힘을 얻고 있는 상황이다.

경기와 경영은 심리라는 얘기를 한다. 난국이고 어렵다는 얘기로 공포 분위기에 빠져 우리 마음이 위축되지 않도록, 위기에서 기회를 찾아내고 이겨서 승리할 수 있다는 자신감이 필요한 때이다. 포기만 하지 않으면 실패하지 않는다. 살아 남으면 성공할 수 있다.

⦙ 국제유가, 올라도 내려도 문제다

우리나라는 석유 수요를 전량 수입에 의존하는 세계 6위 석유 수입국이다. 그러면 국제유가가 낮을수록 경제적으로 유리하지 않겠는가? 그러나 계속되는 유가하락이 국내 경제에 치명적인 악영향을 미치고 있다는 보도가 연일 이어진다. 왜 그럴까?

유가는 올라도 문제, 내려도 문제다. 부정적 · 긍정적 요인이 공존한다는 얘기이다. 국제유가가 내리면 물가가 하락(유가가 오르면 물가는 상승), 물가가 하락하면 소비가 증가(물가가 오르면 소비는 감소)하나 정도가 지나치면 소비가 축소되고, 소비 축소는 생산 감소를 낳고, 설비투자 감소로 이어지고, 산유국의 석유생산 축소로 플랜트 발주가 중단된다.

세계경기 위축으로 에너지 수요 감소, 물동량 감소로 조선업종 불황, 산유국 재정악화로 사회간접자본 투자축소 및 해외투자자금 회수로 금융 리스크 발생, 이로 인한 경제 악순환이 반복된다. 반대로 국제유가가 급격히 올라도 유사한 현상이 발생되어 어려워지기는 마찬가지다.

고유가도 문제요 저유가도 문제이다. 초저유가는 더 큰 문제인 상황에서 내일의 유가를 예측하기란 더욱 어려운 과제이다. 세계 유수의 전문기관, 초대형 글로벌 기업인 오일 메이저의 전문부서에서의 예측도 빗나가기 일쑤이다. 환율보다 더 상상하기 어려운 것이 유가라는 얘기도 있다.

오일피크이론은 차치하더라도, 자원은 유한하고 가격은 수요와 공급에 의하여 결정된다는 기초가정에 기준해 볼 때, 미래의 유가는 올라갈 수밖에 없고, 지난 100년간의 기록에 의하면 유가가 바닥을 친 뒤 3년 내 고유가 시현 사례로 볼 때도 근간에 유가가 배럴당 70달러 전후로 현실화될 것이라는 전문가의 견해가 많다.

환경정책, 기후변화 대응이라는 범지구적 과제로 인한 영향이 유가에 미치게 될 것이라는 의견도 있다. 2008년도 환경정책의 결과로 인한 석탄수요 감소로 석탄가격이 톤당 140달러에서 40달러로 떨어진 후 지금도 40~50달러대에 머물러 있고, 석유 일일소비량의 1~2%인 100~200만 배럴의 잉여로 인하여 석유가격이 폭락한 전례에서 볼 때, 유엔 주도의 기후변화협약에 따른 이산화탄소 배출량 축소를 위한 화석연료, 즉 석유의 수요 감소가 현실화될 경우에는 초저유가 현상이 지속될 수도 있다는 것이다.

결론적으로는 계곡이 깊으면 산이 높다는 일반론과 지난 반세기 동안의 유가 흐름을 참고해 볼 때, 2018년 이후에는 유가가 현실화되어 배럴당 70달러 전후가 될 것이라는 전망이 힘을 얻고 있다.

해양업계도 2008~2010년 중 저유가로 인한 석유생산 투자축소로 2011년 이후 고유가 시현 및 이로 인한 해양사업이 확장기를 맞았음을 고려하여, 2018년 이후 예상되는 호황기에 대한 대비를 철저히 하여, 작금의 호황 후 부실문제가 되풀이되지 않도록 해야 할 것이다. 다음은 60년간의 유가 기록이다.

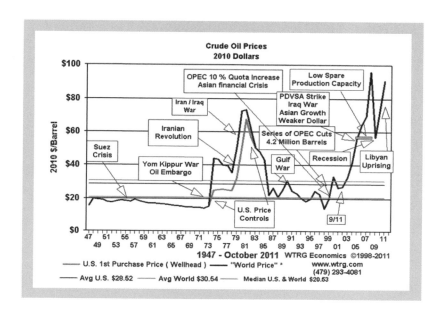

; 경쟁력 있는 신규사업

시황이 좋을 때와 경영상황이 어려울 때를 불문하고 사업 다변화, 포
트폴리오 개선, 사업조정, 신규사업 진출 등은 경영자의 화두이다. 지난
10년간 신규사업을 찾아 기획하고 추진계획을 세우고 전담조직을 만들
고 투자를 하고 해도 기존사업을 대체할, 현재 사업을 보완할 만한 업종
을 찾지 못하고 있다. 일부 사업은 열의를 갖고 추진하였으나 목표를 달
성하고 성공을 거둔 사례가 상당히 제한적이다. 왜일까? 무엇이 문제인
가에 대한 의견을 제시해 보고자 한다.

기본개념이 기존사업의 유사성과 연관성을 기준으로, 기본역량을 배경으로 신사업을 찾는 데에 있다. 그런 것은 방계산업이지 신규산업이 아닌 것이다. 또한 현재 사업이 정상적인 경우 신규사업보다는 기존 사업 확정에 관심을 두게 되고, 현업이 문제가 있을 경우에는 다른 사업을 할 여력이 없게 된다.

다음 경우는 신제품, 신상품을 새롭게 시작하는 경우이다. 투자에 성공하기 위하여 전원이 전력을 다하여 신사업에 매진하여야 성공할 수 있으나, 기존의 대규모 사업을 안정적으로 운영하고 있는 입장에서는 신사업에 전력투구가 되지 않는다. 대신 전담조직을 따로 편성하거나 회사를 신설하는 방안이 있으나 이 경우에도 전담조직, 신규조직만의 노력으로는 성공하기 어려우며, 모회사는 본연의 사업으로 여력이 없고 관심이 적어 전폭적 지원을 기대하기 어렵다. 자식을 낳아서 보모에게 맡기는 꼴이다.

기업 인수·합병(M&A)에 의한 신사업 진출인 경우에는 합병 대상으로 2가지 경우가 있다. 하나는 현재 정상적으로 운영되고 있고 사업전망이 좋은 업체일 경우이고, 나머지는 신생기업이나 경영에 문제가 있는 업체의 흡수합병이다. 정상기업 인수의 경우 규모가 크면 인수투자비용이 크고, 규모가 작으면 기존사업 대비 점유비율이 낮아 경영층의 관심을 끌기에는 한계가 있고, 문제 기업의 경우 현재의 문제를 극복하고 사업정상화를 이룰 수 있는가에 내부 이견이 많아 최종결정이 어려워진다.

기존사업 확대, 신사업 스타트업 또는 인수·합병(M&A)을 통한 신규사업 진출의 경우를 불문하고 성공적인 신사업 진출을 위해서는 사주 또는 최고경영층의 확고한 신념, 기존 사업과는 독립적인 조직과 인재 확보, 진행 중인 사업의 보충, 대체, 대안, 옵션의 개념을 떠난 창업자 의식이 전제되어야 할 것이다.

잘못되면 돌아서고 돌아갈 자리가 없는 파부침주破釜沈舟의 각오가 없이는 불가할 것이다. 흔히 신사업(인수) 조직, 사업 인수 또는 개시, 신규 사업 조직 신설 등의 절차를 거치게 되면 인수 후 초기단계에서는 문제가 없으나 운영과정에서 사업성, 실적, 부실문제가 발생하여 실패한 투자가 될 수 있으므로, 먼저 신사업 조직을 사업 주체로 확정하고 조직 전체가 신사업을 전담토록 하여 신사업기획에서 최종 경영책임까지 동일한 조직과 동일한 사람이 주체가 되도록 해야 할 것이다.

또한 정책결정권자의 교체가 지난 결정에 영향을 미치지 않도록 하여 영속성을 보장해 주어야 한다. 신사업은 대안이나 선택이 아니라 필수라는 전제가 없다면 기존사업에 여력을 집중하는 것이 보다 효과적인 경영이 될 것이다.

신규사업의 일환으로 거론되는 고부가가치제품 진출에 대해 생각해 본다. 제품이나 상품에 대한 가치를 측정하는 방법은 다양하다. 일반적인 제조업에서는 중량당 금액으로 대비하기도 한다. 이 개념으로 비교해 본다면 일반 선박의 경우 톤당 2천~4천 달러, 자동차의 경우 3만 달러 전후, 스마트폰의 경우 1백만 달러 수준이 될 것이다.

해양공사의 경우 1만~5만 달러로 공급자 책임 범위에 따라 차이가 다양해진다. 단순제작의 경우에는 톤당 1만 달러, 일부 철자재 및 의장품 공급 시에는 2만 달러, 해상 설치까지 포함하여 3만 달러, 전체 풀턴키의 경우 4만~5만 달러가 된다.

회사도 성숙도에 따라 1980년대 단순제작일 때 공임단가가 5달러, 1990년 15달러, 2000년 30달러, 지금은 40달러를 넘고 있다. 이런 상황에서 나아가야 할 방향은 고임금, 고부가가치산업 외에 무엇을 할 수 있다고 보는가? 리스크 없는 단순 제작공사, 어떤 경쟁력으로 수주할 수 있겠는가?

문제는 기존사업의 가치계산에 있는 것이 아니라, 우리가 고부가가치제품, 상품, 공사 수행에 적합한지, 남보다 잘할 수 있는지에 달려 있다. 결론은 경쟁력이고, 경쟁력은 원가의 양으로 측정된다.

⦂ 피할 수 없는 중국과의 경쟁

국내외 주요인사들로부터 가장 흔하게 받는 질문 중 하나가 한국 회사가 어떻게 지금의 모습으로 발전했는지, 언제 중국 업체가 한국 회사를 앞지를 것으로 보느냐는 것이다. 또한 국제 석유회사의 개발부서는 공급선 관리차원에서 한국 업체의 대안으로 중국을 고려하고 있다는 것은 공개된 사실이다. 또한, 설계전문업체 입장에서도 한국 업체의 독립의지로 볼 때 중국에서 제작 파트너를 물색 중인 것이 현실로 나타나고 있다.

이 모든 것이 중국이 제조업에서 언젠가는 한국을 앞설 것이라는 전제로 하는 질문으로 들렸다. 한국산업의 발전요소를 알면 중국도 그렇게 할 수 있을 것이라는 생각을 바탕으로 하고 있는 것이다.

정답은 없다는 전제로, 비전문가 의견이라는 조건으로, 한국과 중국의 차이를 이렇게 설명하였다.

"1970년대 당시에 한국에서는 제조업, 중화학공업 외는 대안이 없었다. 동시대에 한국의 모든 인재들에게 중화학공업은 유일한 선택이었다. 당시에 위대한 지도자 네 분(정치가 한 분에 기업가 세 분)을 동시에 갖게 된 것은 한국의 축복이었다."

반면 지금 중국에는 첨단산업, 서비스업, 군수업 기타 다양한 사업이 동시에 현대화·집중화되고 있어 중공업 업종이 우선순위가 아니다. 인재의 배분순위도 중화학 분야는 후순위이다. 또한 한국처럼 단위공장에 5만~6만 명의 대규모 인력을 동원하고 운영하는 데 장애가 크다. 중국식 자본주의 개념으로 중공업을 경영하는 데 문제가 있다는 견해로 대비해 본 것이다.

앞에서 언급한 것과는 별도로 다른 관점에서 중국과 중국 해양업계를 보아야 한다. IMF 등 경제연구소 자료에 의하면 1990년대 초 중국과 한국의 국내총생산GDP은 비슷했다. 1991년 중국이 5,450억 달러로 한국(4,720억 달러)을 추월하였다. 2014년 기준으로는 중국이 10조3,565억 달러로 한국(1조4,104억 달러)의 7배 이상이고, 미국(18조 달러) 다음으로 G2로 자리매김하였다.

또한 2014년 현재 인구가 13억6천만 명을 넘는다. 중국에는 1천 개 이상의 조선, 해양, 플랜트 업체가 있으며 현대식 설비를 갖춘 대형 조선, 해양 야드가 100개 이상이다. 이같이 모든 분야에서 굴기하는 중국이 몇 년 전부터 해양플랜트산업을 국책사업으로 육성하고 있다. LNG

운송선과 시추선도 중국에서 건조되고 있고, FPSO를 포함한 여러 가지 형태의 해양설비, 러시아 야말 LNG 플랜트 모듈까지 중국에서 제작되고 있다. 더 이상 할 수 있느냐 없느냐의 문제가 아니라 얼마나 잘, 적은 비용으로 납기 내에 할 수 있느냐의 문제이다.

우리는 현재의 시련을 극복해야 하고, 해양시장을 지켜내어 성장하고 발전하여야 한다. 그리고 성공해야 한다. 중국과 경쟁도 하고 협조도 하면서.

; 세 가지 봉투를 준비하라

1953년 소련의 스탈린이 후르시초프에게 정권이양을 할 때 세 가지 봉투를 건넸다 한다. 향후 어려운 때를 만나면 순차적으로 열어 보라는 얘기와 함께.

첫 봉투는 전임자를 격하하라, 둘째 봉투는 언론을 장악하라, 마지막 봉투에 다 버리고 도망가라는 메시지가 들어 있었다고 한다. 후르시초프도 1964년 똑같은 봉투를 남기고 역사에서 사라졌다.

조직의 책임자나 경영자도 마찬가지로 후임자에게 세 가지 봉투를 전하는 것으로 업무 인수인계를 한다. 취임 후 초기에는 첫 봉투 메시지대로 모든 것을 전임자 탓으로 돌리고, 다음에는 구조조정, 조직 변경에 몰두한다. 그리고 마지막에 같은 세 가지 봉투를 준비하여 남기고 떠나도록 하는 것이다.

문제는 자의가 아닌 타의에 의해서만 떠날 시점을 안다는 것이다. 여러분은 스스로 떠나야 할 시점이 언제인지 알고, 어떤 봉투를 준비할 것인가?

세 가지 봉투 준비 이전에 꼭 해야 할 일이 있다. 그러나 매일 보도되는 우울한 뉴스, 구조조정, 임원 숫자 줄이기, 급여 반납, 이 얼마나 갑갑한 얘기인가. 올해는 더 열심히 일해서 사업목표를 달성하고 흑자를 이루겠다고 다짐해야 할 임직원들이, "올 연말까지 이 회사에 다닐 수 있을까" 하고 전전긍긍한다는 소식을 접하니 우울해진다.

진정 뛰어난 경영자가 필요한 때이다. 위기상황에 움츠러들기보다 더 큰 그림을 그리고, 더 높은 비전을 보여 주는 능력을 가진 그런 '지도자'가 그립다.

; 적자라는 실패를 딛고

2015년 국내 3사 영업적자가 8조5천억 원, 무리한 해양플랜트 수주 탓, '해양플랜트의 저주'라는 신조어, 앞에서도 여러 번 인용한 최근 신문기사 내용이다. 훌륭한 경영자들, 앞선 선배들이 피땀 흘려 이룩한 국내 해양업이 어쩌다가 이 지경에 이르게 되었는지, 동시대의 경영자들이 왜 이렇게 가혹한 시련을 겪고 있는지를 생각하면 가슴이 먹먹해진다.

한때 해양사업부문 대표로 경영을 책임지는 자리에 있었던 입장에서, 이에 대한 책임이 막중하다 할 것이며 어떤 변명으로도 상황을 설명할 수 없을 것이다.

경영자는 재임 기간 중 최선의 노력과 최적의 판단으로 직무를 수행해야 함은 의무이자 책임이다. 그 결과로 발생하는 성과는 물론 문제나 손실에 대한 원인분석과 책임범위에 대한 시시비비를 가리는 것은 지금의 경영자들의 권한으로 별개로 치더라도, 당시에 주어진 권한과 책임으로 결정한 사항으로 초래된 결과에 대한 경영자의 원천적이고 도덕적인 책임은 벗어날 수가 없다.

해양업계가 당면한 사태로 부각되고 있는 조단위 적자 요인의 여러 사유 중에서 '저가수주'에 집중하여 그 원인과 결과에 대하여 생각해보고 나름대로의 개선 방향을 제시하고자 한다.

소위 저가수주라고 결론적으로 언급이 되고 있으나, 사실은 해당 공사가 아직 실행단계에 있는 것이 대부분이고, 추가비용 및 추가보상에 대한 협의가 진행 중인 경우가 많다. 단언적으로 얘기하기는 아직 이른 것으로 보인다. 그러므로 공사 실패, 실패 공사라고 결론을 짓기보다는 일종의 정책 실패라고 보고 대안을 찾아야 할 것이다.

적자라고 하는 것은 입찰과 계약 시의 기준이었던 견적원가(또는 목표원가) 대비 현 단계까지 공사가 진행되고 난 뒤에 공사 완료시까지 투입비용을 감안했을 때의 '기 투입 및 예상투입 비용'과의 차이, 즉 원가상승을 일컫는 것이다.

원가 비목별로 원가상승의 사유와 이런 결과의 예방을 위한 개선방안에 대한 의견을 아래와 같이 제시한다.

물량증가 및 사양변경에 따른 추가비용 발생 건이다. 이에 대한 것은 항시적으로 발생하는 계약조건의 분쟁대상이다. 해양공사는 갑과 을, 발주처와 계약자 간의 힘의 불균형으로 불평등 조건이 많고, 의도적·비의도적인 모호한 조항이 많아 계약자가 입게 될 손해를 발주처로부터 보상을 받는 데 어려움이 많다.

특히 발주처 예산 내 또는 추가예산 한도 내에서는 추가보상이 용이하나, 어느 한도를 초과하면 문제가 심각해지고 법정문제로 가는 경우도 있다. 특히나 최근과 같이 석유회사들의 수지가 나빠지면 고객도 예산에 여유가 없게 되어 어려움이 가중된다. 평등한 계약이 되도록 영업단계에서 협상을 하고, 불평등 조항으로 증가할 수 있는 비용은 견적에 반영해야 한다. 또한 이런 분쟁은 법정해결보다는 상호신뢰와 관계 향상으로 쌍방이익이 되도록 협상의 묘를 찾아야 할 것이다.

철자재를 포함한 벌크류에서는 문제가 없으나 특수 기자재에서의 자재비 증가가 큰 문제가 되고 있으며, 용량 및 수량 증가가 주요인이다. 전문 설계부서에서 관련 업무를 수행하고 견적용이 아닌 실제 발주를 전제로 사양을 규정하여 견적을 입수하고, 협상을 거쳐 발주 직전단계에 준하는 금액과 조건을 견적에 반영해야 할 것이다.

다음은 공수 및 인건비 문제이다. 회사의 표준에 따라 공수를 추정하고 연도별 추정 인건비를 기준으로 노무비를 산정하고 있으나, 실제로는 다양한 사유로 단위공수가 50% 아니면 2배 이상 초과 투입되고, 인건비도 매년 상승되어 부담이 가중되고 있다. 중국과 동남아 경쟁사 대비 인건비가 3~8배 높은데, 이를 능률로써 상쇄시키지 못하면 생산경쟁력이 없다고 하겠다. 인건비 차이가 능률로 상쇄될 수 있도록 기량 향상, 업무집중도, 공법 개발, 시설 및 장비투자, 기술력 향상 및 생산지원 강화가 되도록 해야 할 것이다.

국내 제조업의 임금수준 향상에 따른 수익성 저하와 생산성 감소 등의 기업환경 악화로 제조생산 공장의 해외 이전이 필요한 시점이라는 지적도 심각하게 생각해 보아야 한다.

해상 설치는 고가의 장비가 투입되고 작업환경이 열악하여 계획에 차질이 발생하면 이에 따른 비용이 기하급수적으로 증가된다. 설치부문의 부하의 변동성이 많아 고정비 부담이 많은 것도 원가상승의 원인이 되고 있다. 설치부문을 독립시켜 독자적으로 생존토록 하고, 복합계약의 일부인 설치업무는 자체 수행의 경우와 경쟁시켜 전문업체에 용역을 주는 경우도 검토해 보아야 할 것이다.

그리고 해상연결, 시운전 및 수정작업이 사전예측과 실제 경우의 변동성이 커서 원가상승의 주요인이 되고 있다. 수정, 연결, 시운전을 전문으로 하는 조직을 만들어 업무를 전담하게 하든지 아니면 글로벌적 전문업체에 일식 용역을 주는 방법도 고려해 보아야 한다.

시간은 바로 비용이다. 만약 공기를 지키지 못하면 지체보상금 문제는 별개로 하더라도 추가비용을 감당할 수 없게 된다. 견적 기간 중에 발주처 요구 공기 대비 적정 공기, 최대 단축 공기를 면밀히 검토하여 계약조건에 반영하고, 공기 준수를 최우선으로 공사를 수행해야 한다.

그럼 비목별 원가변동 요소에 대한 의견에 추가하여 정책적 사항에 대한 견해를 제시해 본다.

해양은 수주산업으로 모든 것이 수주를 전제로 하고, 수주는 실행을 기준으로 하여야 한다. 효과적이고 효율적인 실행을 위해서는 목표, 사람, 조직, 의지가 가장 중요하다 하겠다.

해양사업 가치사슬의 첫 단계는 설계이다. 설계력은 단기간에 확보가 불가하므로 꾸준히 사람에 투자하고 훈련과 교육을 통하여 전문화하여야 한다. 외국에 설계 자회사를 확보하는 방안이 수차에 걸쳐 시도되고 있으나, 국내 회사가 미국, 동남아, 인도 등지에 진출하였으나 큰 효과를 거두지 못하였음을 참고하여야 할 것이다. 문제는 외국인과 외국 회사를 관리하고 경영할 수 있는 글로벌 경쟁력이다.

외국에 현지 제작 야드를 확보하는 문제도 장기간에 걸쳐서 거론되고 있는 문제이나, 이것도 우리가 외국에서 외국 회사를 어떻게 운영하고 관리 및 경영할 것인지가 문제이다. 글로벌 마인드와 국제적인 경영능력과 현지문화에 익숙한 인재의 확보가 우선이다.

부품국산화 문제이다. 조선산업의 경우 기자재 자급률이 90%를 넘고 있으나, 해양의 경우 철자재 및 벌크류를 제외하면 국산화율이 10% 이내이다. 그러나 시장점유율이 국내 3사를 합하여 10% 이내(조선의 경우는 40% 이상)이고, 해양기자재가 다품종 소량생산의 전문적인 주문생산품으로 진입장벽이 높다. 만약 국내업체가 제품을 개발하더라도 시설투자, 시장진입 비용, 수요량을 고려 시 규모의 경제 달성이 어렵고 경쟁력 확보가 쉽지 않다. 부품 및 자재국산화가 만병통치약이 될 수 없으므로 품목별 국산화 문제에 대하여는 선택과 집중 전략으로 대상품목을 선정하는 등의 효과적 대응이 필요할 것이다.

국내 3사의 장점은 대규모 시설 및 장치에 있다. 따라서 불황기에는 그만큼 고정비와 간접비 부담이 커지게 된다. 먼저, 간접비를 최대한으로 직접비화여야 한다. 그리고 간접비 부담률의 구성비, 즉 고정비와 변동비율 5 : 5를 3 : 7이 되도록 변동비를 높이고, 전략공사의 경우 공헌이익, 즉 고정비를 제외한 이익기여율을 감안한 가격정책도 필요하다.

조직별 업무조정에 관하여는 첫째, 견적계량 및 자재비(기자재 포함) 견적업무를 설계부분으로, 기술영업업무를 영업에서 견적부로 조정하고, 견적 및 영업업무를 사업대표(본부장) 관할로 일원화해야 할 것이며, 공사 실행조직을 사전에 구성하여 영업과 견적업무에 참여하도록 하여 영업, 견적에서 실행까지 연결되도록 해야 한다.

특정공사에서 시범운영하여 일부 효과를 거둔 바 있는 실행조직의 수평화, 즉 현재의 설계, 제작, 공사관리로 구분된 수직조직에서 공사단위로 설계, 제작, 관리, 지원으로 일원화된 수평조직으로의 변경 운영을 전 공사로 확대하는 방안을 고려할 필요가 있다. 이는 본인이 재임 중 추진하려 하였으나 여건불비를 핑계로 이행하지 못하고 미결로 남은 문제이다.

공사실행의 주체는 생산과 제작이다. 생산이 최후의 보루이고 생산이 자기 역할을 해 주어야 공정도 납기도 예산도 맞출 수 있는 것이다. 따라서 생산을 사업의 중심으로 보고 인적 · 물적 · 기술적 지원을 집중해야 한다. 생산에 직접적인 영향을 미치는 생산설계와 생산지원조직을 생산으로 통합운영하는 방안을 고려해 보아야 한다. 또 다른 생산의 축인 사내 협력사를 현재의 100명 단위의 소규모에서 500명 전후의 대규모로 육성하여 스스로 독립적이고 효과적 경영이 되도록 유도할 필요가 있다고 본다.

위기 속에 기회가 있고, 문제 속에 답이 있다고 한다. 현재 업계가 당면해 있는 문제점은 여러분의 지혜와 노력, 기여와 희생으로 해결할 수 있을 것이다. 과거 정책의 착오를 개선하고 시련을 도전으로 극복하고 난 뒤에는 발전하고 성장할 수 있는 해양사업의 토대가 더욱 굳건해질 것이다.

그렇다. 포기하지 않으면 길이 있고 희망이 있다고 본다. 포기하지 않으면 실패하지 않는 것이다. 시련을 극복하고 장애를 돌파해서 또 다른 기적 같은 성공을 이루어야 한다.

⁝ 해양, 도전의 역사

1976년 사우디아라비아의 주베일 산업항만 건설용 소형 자켓공사로 시작된 해양 구조물 공사를 시초로 1979년 사우디아라비아의 얀부터미널 항만공사용 철구조물 2만4천 톤 제작으로 이어지면서 차츰 해양시장으로의 진출이 가시화되었다. 그리고 40년 해양의 도전은 역사가 되고 기록이 되었다.

1970년대까지는 육상 오일 위주로 개발되던 시기였다. 그러다 중동발 1,2차 오일쇼크의 여파로 미국 걸프만에서부터 해양석유개발이 시작되고 북해를 거쳐 중동, 사우디아라비아로 이어졌다. 이에 때맞추어 우리도 해양산업에 진입하게 되었다.

1980년대 들어 동남아, 인도, 중동에서 해양개발이 본격화되면서 하부

구조물인 자켓에서 상부 구조물로, 톱사이드로 해양사업 영역을 확장하였다. 단순제작을 넘어 중소 규모의 해양공사를 턴키로 수주하고 이를 성공시키는 결과를 낳았다. 현대건설의 해양부문을 흡수하여 설치시장에도 진출하게 되었다. 그리고 미국, 호주, 아프리카로 시장도 고객도 다변화 단계로 들어섰다.

1990년에는 동남아, 중국, 인도를 넘어 북미로 유럽으로 호주로 아프리카로 진출하였다. 공사규모도 중대형으로 확장되었고, 제작Fabrication & Construction을 넘어 EPC/EPIC 분야로 범위를 확장하였다. 점차적으로 해양 전문업체로 부각되면서 글로벌 플레이어가 되었다. 특히 인도 오프쇼어시장의 강자로 자리매김하였다.

2000년대 들어 심해유전이 본격 개발되는 추세에 호응하여 시추선, FPSO 및 기타 부유식 설비에 본격 진출하여 독보적 위치를 점차 확보해 갔다. 품목도 다양화되고 고객도 시장도 다변화되었다. 그리고 5대 오일 메이저로부터 동시에 공사를 수주하는 등 글로벌 리더로서 위치를 차지하게 되었다. 저유가로 인해 시황이 나빠지기도 하였지만 해양사업 기반이 확고화되는 기간이었다.

2010년 유전개발단위가 대형화되면서 공사규모도 계약가도 늘어났다. 석유회사 주도의 공사 운영체제에서 계약자의 역할이 증대되면서 기회도 많아지고 책임범위가 넓어짐에 따라 리스크 부담도 높아졌다. 장기간의 석유 설비투자 부진으로 인한 석유 공급 부족으로 유가가 상승하면서 해양 호황기에 접어들었다. 반면, 지난 10년간의 불황기의 여파로 인한 전문인력 부족, 투자확대에 따른 공급여력 제한 등의 문제가 나타나고 해양 1세대 인력이 교체됨에 따른 영속성의 문제도 발생되었다.

이렇게 해양의 지난 40년은 도전과 극복, 성공의 역사였다. 연매출 규모로 볼 때 1970년대 말 600억 원에서 1980년대 1,800억 원으로 1990년대에는 5,400억 원, 그리고 2000년대 1조6,200억 원, 2010년대 4조8,600억 원으로 매 10년마다 3배로 성장하는 기적을 이루어 냈다. 이는 트렌드를 먼저 읽고 시황에 선제적으로 대응한 결과이다. 그때 배우면서 일하고 일하면서 앞으로 나아갔다. 항상 목표는 높게 잡고 목표 앞에서는 모두 하나가 되었다. 그리고 이루어 냈다. 어려운 공사가 끝나면서 우리 실력도 높아졌고 이를 바탕으로 더 높이 도전하였다. 시련이 없는 도전은 없으며 어렵지 않은 일은 없었지만 마침내 해내고 말았다.

지금은 2020년을 대비할 때다. 역사는 변명을 기록하지 않는다 했다. 또 역사는 계속되는 것이다. 현업에 종사중인 모든 해양인의 열정과 신념으로 오늘의 시련을 극복하고 모두의 단합된 힘으로 2020년 이후를 준비해야 한다. 이제 4년밖에 남지 않았다.

그리고 2020년을 넘어 2030년의 주인이 되어야 한다. 해양의 역사, 해양의 기적은 계속될 것이다.

❖ 단건안행 但健安幸

당신은 왜 일하느냐, 왜 사느냐고 물으면 뭐라고 답하겠는가? 행복하기 위하여, 정답이다. 그럼 어떻게 해야 행복해지는가? 안전해야 한다. 안전하기 위해서는 건강해야 한다. 정신적으로 육체적으로 사회적으로 건강해야 한다. 그래서 단건안행이다. 건강은 좋아야 한다. 안전은 높아야 한다. 행복은 길어야 한다. 그래서 단건안행이다.

직장과 일터에서는 안전하고 건강해야 하고 그리고 모두 행복해야 한다. 가정에서도 모두 건강하고 안전하고 행복해야 한다. 사회도 국가도 마찬가지다. 그래서 단건안행이다. 잘 살고Live well, 자주 웃고Laugh often, 많이 사랑하고Love much 그리고 단건안행해야 한다.

재임 중에 단건안행의 메시지를 시간과 장소를 불문하고 주창하였다. S−1이 안전 제일, 생명 제일, 사람 제일의 신념이고 철학이라면, 단건안행은 목표이고 목적이다. 우리가 일하는 목표도, 살아가는 목적도 단건안행이다. 건강해야 안전할 수 있고, 안전해야 행복해질 수 있다. 건강이 좋다는 것은 얼마나 좋아야 하는 것이고, 안전이라는 욕구가 얼마나 높아야 하는지, 행복이라는 가치는 얼마가 되어야 하는지, 그 기대치와 목표치를 높이고 우리는 더욱 단건안행해야 한다. 그리고 평생 동안 길게 행복해질 수 있도록 건강과 안전을 반드시 챙겨야 한다.

안전과 행복은 목적지에 있는 것이 아니다. 목적지로 가는 길, 매시간, 매일의 삶 속에 있는 것이다. 미래의 행복도 중요하지만 지금 행복한 것이 더욱 중요한 것이다.

⦙ 직장생활 37년을 마무리하다

그렇게 2014년의 마지막 4/4분기를 맞았다. 해양사업은 어려운 여건에서도 수주 및 매출실적은 목표에 근접하였으나 영업이익은 적자를 면하지 못한 상태로 연말이 가까워지고 있었다. 한해의 마지막은 누구나 바쁘다. 기업에서는 더욱 그러하다. 올해 결산도 해야 하고 내년 사업계획도 세워야 한다. 인사도 조직도 보완 보강해야 하고, 해야 할 것이 많은 때다.

경영 악화에 대한 책임을 진다는 뜻에서 전 임원으로부터 사직서를 제출받고 10월 13일 해외출장에 나섰다. 세계 최대 회사이며 제1의 고객사인 엑슨모빌에서 주관하는 안전 및 사업전략 회의에 참석(10월 14~15일, 휴스턴) 중 임원인사를 마무리(그때 떠난 인사들은 지금도 원망이 가득)하고 귀국하자마자 2015년 사업실적을 점검하고, 이어서 아부다비로 가서 나스르 공사 계약서명(11월 11일) 후 복귀하여 2015년 사업계획을 확정하였다. 또한 노조와의 단체협상, 임금협상에 사측 대표로 지난한 노사교섭이 계속되었다. 2014년 5월에 시작된 임금, 단협 교섭이 12월 31일 70차 교섭에서 가까스로 노사 잠정합의를 이루었다.

현실로 닥친 회사 창설 이래 최대의 경영위기, 이에 따른 생존대책, 급격한 변화와 사면초가 상황에서 암중모색, 그렇게 12월도 마지막 날을 향하고 있었다.

희망찬 새해, 어렵겠지만 지난해보다는 나아지리라는 막연한 기대

속에 다함께 새해맞이 행사를 하고, 파계양망破界揚望, 현실을 타파하고 희망의 바를 높여 온몸으로 달성하자는 각오를 하며 1월 1일은 시작되었다.

1월 3일 토요일, 그룹사 전 임원(160명)이 모여 조찬을 하고 2015년 경영전략회의를 마치고 염포산 산행 후 영빈관으로 이동하여 오찬을 함께하였다. 건배사와 덕담을 곁들여. 그리고 오후 3시 비서실로부터 걸려온 전화로 나의 마지막 마무리는 이루어졌다. 애써 사유를 설명하고자 하는 그 마음을 헤아리면서 분위기 쇄신 차원이라 했던가? 후임자와 총괄중역을 불러 사실을 통보하고 저녁에는 작은 가족모임으로 만찬을 함께하였다. 가족들은 모두 축하한다고 인사를 하였다.

1월 4일 월요일, 책상과 책장, 서재, 사물함을 모두 정리했다. 정리란 버리고 비우는 것이라는 명제에 충실하며 당시에는 의미 있고 가치 있던 것들, 모든 것을 소각장으로 보내고, 3시 이임식, 낯익고 익숙한 분위기의 본부 임원, 부서장, 팀장들에게 유시유종有始有終이라는 말을 남기고. 최종 공문서 '인사명령' 지를 결재하고 떠났다.

그렇게 나의 직장생활 37년을 마무리하고, 뭔가 새로울 것 같고 더 좋은 일들이 있을 것 같은 세계에 대한 탐색을 시작하였다.

제2장

내 회사, 우리 회사, 위대한 회사

직장인으로 살면서

가스생산 중인 미얀마, 쉐(Shwe) 플랫폼

┊ 현대맨이 되기까지

　초등학생으로 뜻도 모르는 혁명공약을 외우고, 국민교육헌장을 암송하고, 새마을운동을 거쳐 교련교육을 받으며 학창시절을 보냈다. 그때 그렇게 어렵고 하기 싫었던 공부가 지금 생각해 보니 가장 쉬운 것이었다. 조금만 투자해도 여러 가지 장학금을 받을 수 있었다. 평범한 보통 학생으로 보낸 시절이었다.

　1973년 대학에 입학을 하고, 매년 2학기 기말고사 한 달 전이면 어김없이 벌어지던 학생운동, 민주화, 학문자유, 언론자유를 외치던 데모와 휴교령, 기말고사는 리포트로 대체되었다. 이것이 3년간 계속되었고, 3학년을 마치고 군에 입대하였다. 3년 후 전역을 하여 4학년 과정을 마치면서 10월유신 기간의 대학생활이 끝나고, 나는 직장인이 되었다.

　1970년대 제3차 경제개발 5개년 계획, 중화학공업 육성정책, 국립대학 특성화 사업으로 신설된 학과에 입학하고, 고도경제성장, 국운 융승기인 1979년에 취업을 하였다. 이 모든 것은 누구의 덕택인가? 나라의 경제를 살린 박정희 대통령, 영웅적인 기업가 정주영, 이병철, 김우중 같은 시대의 영웅들에게 감사해야 하지 않겠는가!

동시대 우리들은 현대맨, 삼성인, 대우가족, 기타로 구분하여 일자리를 찾았다. 나는 대우가족이 되고 다른 사람들은 삼성인, 현대맨이 되었다. 그리고 2년 뒤인 1981년 나도 현대맨이 되었다. 이는 탁월한 선택이었다. 그리고 35년이 흐른 지금도 나는 여전히 현대맨이다. 해양인이다.

지금 대학을 나서는 세대에게는 흘러간 옛이야기로 들릴 것이다. 그 시절이 부럽기도 할 것이다. 그러나 기대하시라. 그대는 젊었으니까, 슬퍼하는 것보다 웃는 것이 인간답다. 웃으며 기다려라. 기회는 선한 자의 것이다. 파랑새는 늘 가까이에 있다.

; 나는 뭘 했는가?

사람을 만났을 때 드는 의문은 '저 분은 뭐하는 사람인가?' '어느 회사 사람인가?' 이다. 그럼 나는 뭐하는 사람이고 어느 회사 사람이었는가. 나는 직장인, 직장에 다니는 것을 전문으로 하는 사람이었다. 일하는 사람이었다.

1979년부터 2년간은 신입사원으로 자동차회사에 근무하면서 부품기획 및 구매기술업무를 배웠다.

1981년부터 9년간 프로젝트 매니지먼트 부문 소속으로 6개 해양공사 수행을 담당하였고, 인도 뭄바이에 파견되어 설치공사에 참여하였다.

1990년부터 11년간 해양영업 담당자로 200여 개 해양공사 입찰에 참여하여 50여 개 공사, 약 100억 달러 수주에 기여하였다. 2001년부터 11년간 해양영업총괄 임원으로 재임하였으며 약 80여 개 공사 240억 달러 수주고를 달성하였다. 영업, 견적부문 임직원들의 도움이 있었기에 가능하였다.

2012년부터 대표 및 본부장으로서 해양사업본부를 경영하였으며, 3년 동안 13조 원 매출을 달성하고 25개 공사를 완료하였다. 또한 지난 5년(2012~2014)간 150억 달러를 수주하여 연간매출 5조 원 사업본부의 근간을 마련하였다. 그리고 경영자가 하여야 할 3가지 중 하나인 미래를 위한 투자, 2,500억 원을 투자하여 세계 최대의 연안크레인 HD-10000을 획득하였고 제작장을 확장하였으며 서울에 설계사무실을 개설하였다. 이 모든 것이 사업부문 내 임직원들의 헌신적인 노력이 있었다.

만인 공통의 언어, 어느 나라 어디에서나 볼 수 있는 글자, 안전제일安全第一, 안전을 위하여 뭘 하였는가? 안전사명 선언, S-1(아래 로고)을 안전부와 함께 제정하였다. 모두의 꿈이자 경영자의 미션, 관리자의 목표, 안전에 대한 신념과 철학인 S-1, 모두의 약속인 S-1, Safety No. 1, Safety First 이념을 정립하고, 모든 구성원과 공유하였다.

나는 나의 것은 물론 남의 것, 회사의 것, 모두의 것을 소중히 하였다. 시간도 물자도 돈도 아끼었다. 남의 것을 내 것처럼, 회사 재산을 나의 것으로 보지 말라는 얘기가 있다. 이는 공과 사를 구분하라는 얘기이다. 아끼고 소중히 한다는 의미에서는 다른 사람의 것, 회사 것을 내 것처럼 해야 하지 않을까. 내 것이 귀하면 남의 것도 귀하고 우리 모두의 것은 더욱 귀한 것이다. 아끼는 것보다 쓰는 것이 나을 때는 이것이 투자이다. 투자는 효과이고 효과는 가치를 만드는 것이다. 투자에는 과감해야 한다. 재원이 없으면 예산을 만들어도 써야 한다.

기업에서 직책자가 뭔가를 한다는 것, 뭔가를 이룩한다는 것은 항상 평가가 따른다. 온갖 경영이론, 경제성 분석, 타당성 검증을 거친다 해도 미래의 시시비비나 잘못에 대한 평가를 피할 수가 없다. 그 규모와 영향이 클수록 평가는 더욱 가혹할 수밖에 없다. 업적과 성과는 상황에 따라 바뀌고, 평가기준과 방법에 따라 변할 것이다. 평가는 남이 하는 것이 아닌가.

나는 뭘 했는가의 반대말은 나는 뭘 못하였는가일 것이다. 내가 하지 못하였거나 잘못한 일은 여기서 나열하지 못할 정도로 많을 것이다. 그러기에 후회도 크고 미련도 많다.

하지만 최선을 다해 후회 없이 보낸 직장인, 해양인의 생활이었다. 해양사업의 성장과 발전을 위해 최선을 다하였다. 모든 사람들의 단건안행을 위해서도 노력하였다. 아쉬움은 남지만, 후회는 없다. 허물도 많았고 책임질 일도 많이 했을 것이지만.

1979년 이후 37년은 이제 지난 30년이 되었다. 그리고 다음 30년을 계획하고 있다. 무엇으로, 무얼 하는 사람이 될 것인지를 생각하고 있다.

; 내 회사, 우리 회사, 위대한 회사

우리 회사, 내 회사. 그렇다, 나의 회사이고 우리 모두의 회사이다. 내 회사의 선택은 입사원서 제출로부터 시작된다. 심사숙고하여 내가 하고 싶은 일, 내가 근무하고 싶은 회사를 선택하고 원서를 제출하라. 여러 곳을 기웃거릴 필요 없다. 모험삼아 여러 곳에 서류를 낼 필요가 없다. 나의 회사를, 나를 채용할 것인데, 내 회사니까, 그것이 내 운명이다. 회사가 나를 선택하기 전에 내가 먼저 회사를 선택해야 한다. 내가 선택한 회사는 내 회사이고 더불어 같이 일하는 우리 모두에게는 우리 회사가 된다.

신입사원으로 입사를 하면 3개월은 무조건 버텨야 한다. 그리고 3년은 견디고 참고 힘든 일을 하면서 이겨내야 한다. 회사에게 3년은 평가기간이고 투자기간이다. 그러고는 30년이다. 힘든 일보다 어려운 일을 하라. 노력하는 것보다 결과로 평가받도록 하라. 이것이 직장에서의 3-3-3법칙이다. 법칙은 준수되어야 한다.

아침이면 출근하고 싶고 정문에 들어서면 보이는 모든 것이 반갑고, 만나는 사람들이 좋은 우리 회사. 토요일이면 월요일이 기다려지고 출근한다는 기쁨을 안고 잠이 드는 우리 회사. 그런 우리 회사는 좋은 회사이다. 어려울 때 서로 돕고, 위기에 강하고, 목표달성에는 하나 되는 우리 회사는 위대한 회사이다. 우리는 건강해야 한다. 정신적으로 건강해야 한다. 육체적으로도 건강해야 한다. 또한 사회적으로도 건강해야 한다. 우리 회사가 있어 우리는 건강하다. 우리가 건강해야 우리 회사도 건강하다. 건강이 제일이다.

좋은 회사는 좋은 일을 하는 회사이다. 좋은 일이란 나에게, 사회에, 인류 모두에게 도움을 주는 것이다. 우리 회사는 나에게는 좋은 일자리, 좋은 역할, 자아실현의 기회를 주었다. 우리 회사는 고용을 창출하고, 세금을 내고, 국가와 사회에 기여하고 봉사하는 회사이다. 우리 회사는 좋은 제품, 상품, 서비스로 인류 공헌에 이바지 하는 회사이다. 우리 회사는 좋은 회사, 위대한 회사이다.

; 관리, 리더 그리고 경영자

기업이나 회사, 집단이나 조직은 사람으로 구성된다. 일을 하는 사람과 일을 하게 하는 사람으로 이루어지며 조직원과 관리자, 상사와 부하, 리더와 팔로어, 경영자와 종업원으로 구분하기도 한다. 행동의 주체인 관리자, 리더, 경영자에 대하여 여러 가지 정의와 해설이 있으나, 이를 나름대로 구분해 보도록 하겠다.

관리, 관리자란 조직구성원이 일을 효율적으로 할 수 있도록 개선하고 통제, 지시, 조정하며, 계획을 실행하고 결과에 대하여 책임지는 사람으로 정의할 수 있다.

리더는 관리자, 중역, 상사라는 직함을 가진 사람으로서 구성원이

의무적으로 하지 않아도 될 일을 스스로 하게 하고, 또한 일을 효과적으로 하도록 도와주고, 공동의 목표를 향해 협업하도록 영향력을 행사하는 사람이라 할 수 있다. 리더십이란 미래의 트렌드를 예측하여 비전을 제시하고, 팔로어로 하여금 이를 이해하고 수용하도록 하는 영향력이라 해석할 수 있다.

경영자는 기업이나 회사를 대표하여 조직을 관장하고 사업단위의 의사결정 및 전략을 수립하며 자원을 배분하여 공동의 목표를 달성하도록 권한을 행사하고, 결과에 대하여 책임을 지는 사람이다.

상대로 하여금 규정과 절차, 계획에 따라 할 일을 하게 하고 이를 지시, 통제하는 사람이 관리자이고, 비전을 제시하고 가치와 행동의 일치, 변화와 성장을 위한 위험감수, 의사결정과 목표를 공유하는 사람을 리더라고 구분할 수 있다. 조직이 목표를 달성하도록 하는 리더의 영향력, 경영자의 회사와 목표달성에 대한 책임으로 대비해 볼 수도 있다.

나는 나의 조직이 일을 하도록 지시하고 간섭하는 사람인가, 목표를 공유하고 목표 달성을 위해 일을 잘하도록 도와주는 사람인가, 나는 경영자로서 주어진 권한을 행사하고 책임을 지는 사람인가를 스스로 질문해 보아야 한다.

조직구성원에게 관리자는 간섭하고 통제하는 사람이다. 조직원을 도와주는 사람이 리더이고, 책임지는 사람을 경영자로 존경하게 된다. 나는 관리자인가? 리더인가? 경영자인가?

조직이나 집단이 사명과 비전에 따라 목표와 목적을 정하면 업무완료를 위해 정진해야 한다. 조직의 크기, 구성원의 숫자에 따라 리더의 역할은 달라진다. 기업에서도 마찬가지가 아닐까. 10명 이내의 작은 단위조직은 뒤에서 밀며 챙기는 리더가 필요하며, 100명의 규모에서는 앞서서 끌며 창조하는 리더가 필요하고 1천 명의 경우에는 조직 내 앞, 뒤, 중간에서 함께하는 리더십이 필요하며, 1만 명 이상의 대규모에서는 조직에서 벗어나 리더들에게 감사하고 구성원을 섬기는 후원자가 필요할 것이다. 당신이 책임자인 조직은 어떤 규모인가? 그리고 당신은 어떤 리더인가?

모든 것이 똑같으면 리더일 수가 없다. 말부터 달라야 하고 하는 일과 생각이 달라야 한다. 태도와 행동에서도 차이가 나야 한다. 잘하고 많이 하고 늦게까지 일을 하는 것은 리더의 조건이 아니다. 리더의 차이는 어디에서 오는가? 시야와 시각의 차이로부터 비롯된다. 시야가 넓고 시각이 다방향이어야 한다.

그래서 필요한 것이 발코니 리더십, 옥상 리더십이다. 높은 곳에 위치해야 넓게 볼 수 있고 여러 시각으로 볼 수 있다. 높아지고 넓어진다고 희미해지면 안 된다. 넓고 높게 그리고 섬세하게가 리더의 기본 자질이다. 당신이 서 있는 높이는 얼마인가? 리더의 등급은 바라보는 높이에 비례하고, 외로움의 정도와 함수관계이다.

리더와 경영자의 역할은 현재 상황을 파악하여 미래를 전망하고, 위기를 읽고 기회를 찾는 읽기 능력이 있어야 한다. 상황에 대응하여 전략과 정책을 수립하고, 위기를 극복하고, 목표를 위한 구상을 구체화해야 한다. 목표를 달성하고 계획을 집행하는 데 있어 모든 구성원이 공감할 수 있도록 소통하고, 역량을 통합하여 발휘되도록 교감해야 한다. 그리고 집행하고 행동하고 실천하는 데 집중해야 한다.

모든 자원을 투입하여 실행하고 성과를 내야 한다. 이것이 경영자의 기본책무이고 기본역량이 되어야 한다. 권한은 주주로부터 위임된 것이고, 권한은 경영자가 행사해야 한다. 당신은 경영자이다. 실행하고 책임지는 것이 바로 경영자이다.

⁏ 중요한 메시지가 담긴 송년사와 신년사

'국제정세는 급변하고 세계경제는 예측불허의 위기 속이고, 국내경제 상황도 난국이고 사업 환경도 점점 어려워지고 있는 현 상황에도 불구하고 여러분의 헌신적인 노력 덕분으로….'

이것은 우리가 매년 듣던 말 같지 않은가? 맞다. 언제 어렵지 않은 때가 있었으며, 언제 사업하기 좋은 환경이 있었는가? 그러나 그 모든 것을 극복하고 이겨내서 지금의 우리, 현재의 우리 회사가 된 것이다.

송년사와 신년사는 관례적인 것이 아니다. 형식은 매년 되풀이되는 것이지만, 내용에는 그 해의 결과와 다음 해의 계획이 담겨 있다. 똑같이 반복되는 유사한 메시지로 볼 것이 아니라, 지난해 나는 뭘 했으며 올해는 뭘 할 것인가를 생각해야 한다.

송년사와 신년사를 발표하고 전달하는 사람은 직접 원고를 작성해야 한다. 발표자 스스로 하고 싶은 이야기, 해야만 할 메시지를 담아야 한다. 경영자란 남이 일하도록, 조직이 목표를 달성하도록 하는 사람이며, 최고로 중요한 메시지가 송년사와 신년사에 있다. 지난 3년간 비슷한 내용의 인사는 그만 하는 것이 좋다. 형식과 양식을 벗어난 현실과 희망이 담긴 목소리가 필요하다.

회사 임직원은 송년사와 신년사의 메시지 이전에 생각해 보아야 한다. 누구 대단한 영웅, 탁월한 영도자, 굉장한 경영자가 오늘을 있게 하였는가? 우리 모두의 노력이고 성과로 이룬 것이 아닌가?

우리를 위기에서 구해내고 난국을 돌파하여 성장, 발전할 수 있도록 하는 것은 소수의 선택된자, 선택받은 자가 아닌 우리, 우리 모두이다. 내년은 올해보다 낫고, 내후년은 좋아질 것이라는 믿음이다.

; 기업조직의 과거, 현재, 미래

기업조직은 직원, 단위조직, 리더, 임원으로 구성된다. 실행의 근간이자 현장 책임자인 조장, 팀장, 부서장 등도 조직의 리더이다. 임원은 축적된 경험과 기술, 능력으로 지휘를 하고 자문을 한다. 그리고 과거를 기준으로 현재를 판단한다. 직원이 미래이다. 직원들이 리더가 되고 임원이 되고 경영자가 된다.

또한 기업조직은 설계, 생산 등 현업 부문, 영업, 마케팅 부문, 원가, 회계, 인사 등 지원부문으로 구성된다. 현업 부문은 실행조직이고, 현장 업무를 한다. 지원 부문은 결과를 분석하고 통계와 집계업무를 수행하는 과거 전담조직이다. 영업, 기획, 마케팅 부문은 내일을 준비하는 미래 부문이다. 과거보다는 현재가, 미래는 더욱 중요하다. 당신의 관점은 어디에 있는가?

 실적이나 결과를 분석하고 평가해야 한다. 그러나 과거가 현재를 지배하도록 하여서는 안 된다. 현재에 충실해야 한다. 모두가 현재에 집중해야 한다. 그러나 현재가 미래를 소비하여서는 아니 된다. 미래는 기다리는 것이 아니다. 기다리는 사람은 미래를 만날 수 없다. 지나가는 미래를 붙잡는 것은 모든 사람들의 책임이자 리더의 사명이다. 경영자나 리더는 과거를 바탕으로 현재에 충실하면서 미래를 창조해 내야 한다. 미래 속에 기회가 있고 희망이 있다.
 과거를 되돌아보고 연구하고 분석하는 것은 과거를 이해하고 현재를 알기에는 도움이 된다. 그러나 우리가 기대하는 미래에 대하여는 어떤 것도 알려주지 못한다. 미래는 예측하기보다 중요한 것이 대응하고 대처하는 것이다. 능동적으로 적극적으로 미래에 대응하는 것에서 기회를 만들어 내야 한다.

; 조직이 성공하는 길

 조직의 수준은 리더의 역량을 넘을 수 없다는 이론이 있다. 조직 전체 구성원의 역량의 합이 조직의 힘이라는 이야기도 있다. 기업의 역량은 부서장, 부장의 수준을 넘을 수 없다는 말도 있다. 기업조직에서 부서장은 실행력의 원천이다. 임원은 부서장의 보고를 기준으로 판단하고,

부서의 보고서는 부서장의 수준으로 만들어진다.

부서의 수준은 부서장의 역량 한도 내에 있고, 임원이나 경영층은 부서장의 리포트를 기준으로 역할을 한다면 그 조직은 희망이 있을까? 경영자의 역할, 임원의 책무, 부서장의 직무를 생각해 보자. 또 부서의 역량을 부서원 전원의 지혜의 합솔이 되도록 하기 위하여 당신이 지금 해야 할 일은 무엇인가?

기업에는 세 가지 부류의 사람이 있다. 무엇인가를 하려는 사람, 아무것도 하지 않으려는 사람, 아무것도 할 수 없는 사람이다. 아무것도 할 수 없는 사람은 아무것도 이루지 못하는 사람이다. 이런 사람들은 본인을 위해서도 조직을 위해서도 떠나는 것이 좋다. 뭔가 할 수 있는 것을 찾아가도록 해야 한다. 무엇인가 하려는 사람은 무엇이든지 할 수 있는 사람으로 기업에서 꼭 필요한 사람이다.

아무것도 하지 않으려는 사람은 무엇을 하여도 실패할 사람이다. 이런 사람들을 무엇인가 하려고 하는 사람들로 바뀌게 하는 것, 그래서 기업에 필요하게 만드는 것이 인적자원관리이다. 이는 사람들을 자기가 하고 싶은 일을 하게 하는 것이 아니라 자기가 해야 할 일을 해 나가게 해야 한다. 능력은 가지고 있지만 용기와 신념이 없어서 하지 않으려는 것이다.

먼저 적성에 맞는 일을 찾아서 하게 하는 것이 중요하다. 자기 잠재력을 믿고 자신감을 갖도록 해야 한다. 목표를 정하고, 이룰 수 있다고 믿고 이룰 때까지 노력하도록 해야 한다.

모든 에너지를 모아 한 곳에 집중하게 해야 한다. 이렇게 하면 기업에는 뭔가 할 수 있는 사람만 있게 되고, 무엇이든 이룰 수 있게 될 것이다. 이것이 기업 인사의 목표이다. 이것이 직장생활을 하는 사람들의 목표이기도 하다. 당신 조직의 사람들은 어떤 부류들인가? 모두 성공할 수 있도록 하는 것이 곧 조직이 성공하는 길이다.

기업은 조직으로 일을 하는 곳이다. 조직은 멤버로 구성되고 구성원이 일을 하는 주체이다. 강한 리더에게는 강한 조직원이 필요하다. 일류 멤버로 구성된 조직이 일류 조직이고 이 조직의 대표자는 일류 리더이다. 강한 사람을 구하고 강한 조직을 만들고 강한 리더가 되어야 한다. 이런 기업은 반드시 성공한다.

; 회사의 주인은 누구인가

짧게는 20년, 길게는 30년이라는 세월 동안 성장하고 공부하고 준비하여 하고 싶은 일을 찾고, 가고 싶은 회사를 선택하는 단계, 그 단계의 복잡한 과정을 거쳐 탄생하는 사람, 신입사원이다. 신입사원들의 각오, 성의를 다해 열심히 배워서 조직에 기여하고, 직장에서 인정을 받아 제때 승진도 하고, 출세해서 자신의 꿈을 이루고 싶어한다.

신임 사업부 대표들의 각오 또한 먼저 지금까지의 위치에 올 때까지 도움을 준 분들께 감사하고, 중책에 대한 부담도 있지만 하면 된다는 신념과 각오로 임하고, 자신의 역량을 바쳐서 조직의 목표를 달성하도록 하고, 사업의 성장과 발전에 기여하도록 하겠다고 한다. 신입사원들로부터 가장 많이 듣는 각오이고 사업부 대표들의 취임사에서 언급되는 내용 중 일부이다.

그런 찰나의 시간이 지나고 몇 년 해가 바뀌면서 신입사원은 중견사원으로, 회사 간부로, 임원으로 직급과 직책, 직무가 바뀌면서 회사와 더불어 성장하게 된다. 그 사이에 조직의 장은 물론이고 사업 대표를 포함하여 몇 번이나 경영층이 바뀌게 되고 그때마다 많은 변화를 겪게 된다. 세계 제일의 글로벌 리더, 좋은 회사에서 위대한 회사가 되자는 슬로건이 함께하기도 한다.

지난 10년 동안 대표이사 및 사업 대표의 재임기간은 2~3년 정도였다. 기업이나 조직에는 주인이 있다. 주주가 주인일 수도 있고 자본주나 투자자가 주인일 수도 있고, 대표이사가 아니면 경영층이 주인이 되기도 한다. 국가도 마찬가지다. 국가의 주권과 권력은 국민에게 있다고 헌법에 명시되어 있지만, 누가 실제적으로 주인인지는 이론이 있다 하겠다. 주인의 정의를 기업이나 국가의 흥망에 따라 가장 영향을 많이 받는 사람, 기업과 국가와 마지막까지 함께하는 사람으로 볼 수 있지 않을까?

국가는 국민이 주인이다. 대통령의 임기는 5년, 국회의원과 지자체장의 임기는 4년이다. 선출직이든 임명직이든 임기가 끝나면 바뀐다. 기업에서도 정해진 임기는 없지만 연한이 되면 바뀌게 되는 것이 임원이고 경영층이다. 경우에 따라 2~3년, 심지어 1년 내에 물러나는 경우도 허다하다.

기업의 주인은 회사와 가장 오래도록 함께하는 사람, 신입사원을 포함한 직원과 임기가 긴 임원이 아니겠는가. 모든 사람의 인식이 바뀌고,

태도가 바뀌고, 행동이 바뀌어야 한다. 주인이 주인 행세를 하고, 주인 역할을 해야 하는 것이다.

경영자는 개인에게는 오늘이 마지막 근무일이라고 생각하며 직무를 수행하고, 기업이나 조직은 영원하다고 생각하며 정책을 수립하고 집행해야 한다. 경영의 목표는 회사의 주인을 위한 것이 되어야 한다.

회사의 주인인 사람은 어떤 생각을 하고, 어떤 태도와 행동으로써 일을 하고 직무를 수행하고 있는지를 돌아봐야 한다. 주인이면서 손님처럼 행동하고, 주인이면 응당히 해야 할 일을 남에게 미루고 있지는 않는지, 회사는 어려워도 나는 쉽게 살아야 되겠다거나, 회사 자산을 팔아서라도 나를 부양해 달라는 것은 주인의 도리가 아니다. 일꾼이고 머슴에 지나지 않는다.

; 우리의 우리를 위한 안전규정

매슬로우의 이론을 빌리지 않더라도, 인류에게 안전은 근본적 욕구이자 목표이면서 또한 책임이다. 국가적으로는 국민의 안전이 최고의 가치이며, 산업계에서는 종업원의 안전을 제1의 목표로 삼고 각종 정책을 수립하며, 규정과 절차를 정립해 두고 있다. 해양산업계도 회사에서 전사적으로 실시하는 안전조치에 추가하여 해양공사 발주처별, 공사별로 필요한 안전 관련 사항을 주도적으로 추진하고 있다.

발주처가 미국 및 유럽 지역의 다국적기업인 석유메이저로서 자국에서도 안전에 가장 선도적인 업체로 인정받고 있는 것과 같이, 발주한 공사를 수행하는 업체에게도 동등한 안전절차와 규정을 준수하도록 하고 있다.

대부분의 해양공사에서는 일반계약조건, 기술사양서, 대금지불조건도 안전과 연관시켜 규정하고 있으며, 현장작업장 안전을 넘어 설계에서 제작, 설치 그리고 최종 석유생산까지 전 부문 안전에 중심을 두고 있다. 심지어는 입찰자격 심사대상으로 안전평가 및 진단결과를 반영하여 일정조건을 갖춘 업체와만 계약할 수 있도록 하는 내부 규정을 갖고 있기도 하다.

안전에 대하여는 국가적으로도 관련 법규와 법률, 기타 규정으로 관리를 하고 있고, 업계에서도 안전제일安全第一주의를 근본으로 한 규정과 절차가 정립되어 있으며, 공사별로도 안전과 관련한 여러 가지 형태의 원칙과 절차, 규정이 정해져 있으나 실제로 설계, 제작, 설치현장에서는 그러한 규정과 절차에 대한 명확한 이해가 부족하고, 실제 행동은 별개로 일어나는 것이 상례가 되고 있다. 안전 관련 원칙과 규정, 절차 등이 복잡한 서류 형태이고 직접 와 닿지 않는 선언 또는 법규 형태인 것도 현장에서의 감각 차이의 사유로 보인다.

안전제일, 무사고 사업장이라는 것이 선언적 구호 또는 캐치프레이즈의 개념을 벗어나고 고객들이 요구하는 대로 따라하는 안전규정 준수라는 수동적 자세가 아닌 우리를 위한, 우리 신념이나 선언을 만들자는 내부 합의에 따라 '우리의 우리를 위한 안전규정'을 만들었다.

즉 S-1이라는 로고 형태의 안전제일 심벌을 채택하였다. 슬로건이나 주의 주장이 아닌 모든 사람의 안전과 무사고 사업장을 위한 신념이며 모토를 목표로 S-1을 정하였다. 작업복과 작업 현장 구석구석에 표기되어 있는 '안전제일'보다는 우리의 것, 우리 스스로의 S-1을 만들고, 이를 안전부를 통해 특허청에 상표(로고) 등록까지 하였다.

작업중지권, 산안법상 작업중지를 명령할 수 있는 주체에 대하여 내외부적으로 이론이 있었으나, 사업장 내의 모든 관리자, 작업자, 협력회사, 발주처 감독관 각자에게 '작업중지권SWA, Stop Work Authority'를 부여하였다. 누구라도 안전하지 못한 작업은 중지하고, 안전하지 못한 작업은 시키지도 말고, 안전하지 못한 작업을 발견하면 누구라도 작업중지를 명령할 수 있는 권한을 모두에게 부여한 것이다.

그리고 현장에서 가장 빈번하게 발생하는 안전사고의 원인, 안전사고 빈도율 및 강도율에 대한 다수의 의견을 수렴하여 '12 안전황금률 12 Golden Safety Rules'을 확정하고, 모든 사람들이 준수하도록 하였다. 현장에서 발생하는 모든 안전사고, 아차사고, 위험작업수행, 안전점검 결과를 취합하여 12가지 사례에 따라 시정조치하고, 사례별 사고예방대책을 세워 시행하게 하였다. 안전실적에 따른 포상 및 징계도 '12 안전황금률' 준수 여부에 따르도록 하였다.

S-1, 무사고 사업장 달성은 근본적으로 개인의 행동에 달려 있으며, 개인의 안전의식과 행동은 문화적 요소가 많다고 볼 수 있다. 어느 정도까지는 법규와 규정으로 관리할 수 있으나, 어느 단계를 넘어가면 목적

을 달성하기 위해서는 그러한 한계를 스스로 돌파해야 하는 것이다.

문화와 행동 변화운동CNBC, Culture & Behavior Change Program을 전개하고, 모든 사람들이 필요한 교육과 훈련을 받도록 하여 안전문화, 안전의식을 고취토록 하였다. 다음은 C&BC 로고이다.

작업장뿐만 아니라 출퇴근 때에도 가장 심각한 안전장애요인은 오토바이였다. 해양사업 현장 근무인원이 5~6천 명에서 2만 명 가까이로 늘어나게 되고, 대부분의 현장 근로자가 오토바이로 출퇴근함에 따라, 작업장을 출입하는 오토바이가 13,000대를 넘었다.

오토바이 출입제한, 통제, 금지 등의 캠페인을 일 년 이상 시행하고, 출퇴근 버스 증차, 오토바이 전용 주차장 건설, 사외 주차장을 확보한 뒤 2014년 7월부터 전면 작업장 내 출입금지를 단행하였다. 그러자 자전거가 5천 대 이상 늘었다. 개인 건강에도, 경제적으로도, 환경보호에도 기여하게 된 것이다.

이후 일 년에 몇 건씩 발생하던 오토바이 관련 사고가 대폭 줄어들었다. 불편을 감수하고 협조해 준 근로자들과 캠페인에 주도적으로 참여

해 준 관리자, 선두에서 수고를 아끼지 않은 안전요원들에게 감사한다.

세월호 침몰사고가 발생한 2014년 4월 16일 다음 날인 4월 17일부터 7월 말까지 해양사업본부는 1,560만 시간 이상 무사고 기록을 달성하였다. 회사의 지원과 발주처의 찬조를 받아 감독관을 포함한 전 임직원에게 기념선물을 지급하였으며, 3억 원을 들여서 안전현황 LED 전광판을 사내 두 곳에 설치하였다.

내가 사업장 대표를 맡으면서 갖게 된 꿈이자 희망은 안전사고가 없고, 사망자가 없는 사업장을 만드는 것이었다. 특히 연례적으로 발생하는 사망사고를 근절시키는 것이었다. 그러나 2014년 10월 무사고 3년 만에 중대재해가 발생하여 꿈을 이루지 못한 것이 아쉽다. 이 기회를 빌려 산재로 고통받고 있는 분들께 위로를 전하며 재해자의 빠른 쾌유를 빈다.

안전사고의 근절과 무사고 목표 달성은 모든 경영자와 관리자 그리고 현장 근로자의 꿈이자 책임이다. 사고 빈도율을 줄이는 것을 넘어서 무사고 사업장이 될 때까지 부단한 안전 활동과 안전한 행동 그리고 이를 달성할 수 있다는 확고한 신념이 필요한 것이다. 안전제일의 작업장, S-1, SWA, 12 Safety Golden Rules, C&BC를 통하여 안건단행하길 바란다.

; 직장에서의 가라사대

하느님의 말씀이 성경이다. 부처님의 가르침이 모여 불경이 되었다. 왕조시대에는 어명이라고 하면 전부였다. 공자님 말씀은 논어에 나온다. 직장에서의 가라사대는 어떤가. 부장님의 지시, 임원의 지침, 경영층의 의사니까 따르라 하고 지켜라 하지 않는가. 창업자의 유훈, 회장님의 말씀, 주주들이 원하는 것이라 인용하면서 호가호위하지 않는가.

선각자나 성인의 진리의 말씀은 대변하여 전달할 수 있지만, 본인의 의사를 남의 이름으로 포장하여 대세에 영향을 미치고자 하는 것은 조직에 도움이 되지 않으며, 비겁한 처사다. 그런 것을 호가호위狐假虎威라 하고, 차호기호라 하는 것이다. 개인적으로는 좋은 의도일지 몰라도 조직의 목표와 일치하지 않으면 방향이 흔들리고, 시간이 지체되기도 하고 결과에 나쁜 영향을 미치기 때문이다.

소위 말하는 전문가, 전략가, 책임자가 조직의 목표에 동의하지 않고 조직이 움직이는 방향으로 움직이지 않는 핑계로써의 자기정당화, 그렇게 하면 될 수 없다. 그 길로 가는 것은 옳은 방향이 아니라고 돌아서서 주장하려면 더 이상 조직구성원이 아니다. 조직의 목표를 공유하고 역할을 분담하는 사람만이 조직구성원인 것 아닌가.

조직에는 목표가 있고 전략이 있으며 추진하는 방향이 있어야 한다. 모든 구성원들은 같은 방향으로 함께 나아가야 한다. 방해자는 조직을 떠나야 한다. 가라사대의 가림막 뒤에 숨어서 다른 사람의 말씀을 대변하는 사람은 필요없다. 동참하는 자, 같은 목적을 가진 자가 아군이고 동지이다. 비판하는 자와 비방하는 사람, 반대 방향인 자는 배에서 내려야 한다.

⁏ 성과주의와 저성과자

사람은 군집생활을 하는 동물이다. 벌통 속의 꿀벌도, 사막에 있는 개미도 공동체를 이루어 군집생활을 한다고 한다. 벌과 개미도 조직을 이루고 역할을 분담하고 사회생활을 하는 것이다. 곤충학자에 따르면 벌과 개미사회에서도 각자에게 주어진 역할이 있고 그 역할을 수행하는 능력과 태도를 보면 15-70-15법칙이 통한다고 한다.

15%는 탁월한 성과를 내고, 15%는 저성과로 대충하는 부류이고, 70%는 성실한 그룹이라고 한다. 저성과자 15%를 제거하면 어떻게 될까? 금방 15-70-15 구성으로 스스로 조정된다고 한다. 절대 숫자로는 S급은 15에서 13, A급은 70에서 60, 새로운 C급은 12가 다시 생긴 것이다. 조직의 생산량도 그에 따라 축소되고, S급은 더 많은 부담을 감수하게 되는 것 아닌가.

직장에서는 어떤가? 저성장, 저이익, 저물가의 3저시대로 일컬어지는 어려운 경영여건에서 성과제일주의, 구조조정, 사업조정, 효율을 높이고 성과를 창출하기 위한 목적으로 온갖 경영이론과 인적자원관리론이 난무하는 세상이다. 많은 기업에서는 심지어 국가기업에서조차 솔선하여 성과급제도, 상시 구조조정체제, 저성과자 해고지침이 거론되고 있거나 실행되고 있다.

인사평가, 성과평가와 관련하여 회자되는 20-70-10의 법칙, 10%라는 저성과자인가? 10%는 해고의 대상이 아닐진 몰라도 불이익 또는 이익수혜 제외대상이 아닌가. 그럼 10%를 나가게 하면 나머지 90%가 100% 아니면 110%의 성과를 창출해 낼 것인가, 아니면 꿀벌과 개미에서와 같이 살아남은 90%에서 10%가 새로운 C급이 될 것인가.

몇 년간 좋은 성과를 낸 사람을 올해의 저성과를 문제 삼아 C급으로 분류되어 특별관리 대상이 되는 경우는 없는가. 반대로 올해 어떻게 운이 좋아서 아니면 물타기를 잘하여 S급이 된 경우는 어떤가. 사람에 대한 투자는 100년을 내다보면서 하고 사람을 평가하는 데는 최소 10년이 걸린다고 한다.

갓 보임을 받은 상사가 10년 이상 열심히 성실하게 일한 사람을 어떻게 평가하고 어떻게 타당한 처분을 내릴 수 있겠는가. 신참이라 인정에 끌리지 않고 대담한 결정을 내릴 수 있다는 말이 맞는가?

경영자가 뭐라고 말했는지, 상사가 무엇을 했는지, 우리 조직의 성과가 어떠했는지는 잊는다. 그러나 자신이 어떤 처우를 받았는지, 어떤 불이익을 당했는지, 자신을 어떻게 느끼도록 했는지는 결코 잊지 않는다. 많은 생각과 배려가 필요한 시점이다. 무엇이, 어떻게 하는 것이 회사를 위하고, 조직을 살리는 길인지.

; 경영자가 경계해야 할 것

직장생활의 반은 루틴Routine이다. 조직의 규정과 시스템에 따라 진행되고 이루어지는 것이다. 특별한 의사결정 없이도 각 구성원은 직무로 의무로 하게 되고 하여야 하는 업무는 관례적인 일이다.

개인, 정치, 경영은 그냥 흘러가는 것과 그냥 되는 것을 제외하고는 정定하고 선택하는 의사결정 과정의 연속이다. 포기하거나 보류하는 것은 경영이 아니다. 아침에 하는 잘못된 의사결정이 저녁에 하는 잘한 의사결정보다 낫다는 얘기가 있듯이, 의사결정은 제때 거기에서 해야 한다.

의사결정은 왜 하는가? 실행하기 위해서다. 따라서 실행할 수 있는 시간과 공간을 두고 의사결정을 하여야 한다. 의사결정은 내가 해야 한다. 내가 결정하지 않으면 남이 결정한 대로 따라야 한다. 내가 주인 아닌가?

다수결 원칙은 민주사회의 의사결정방식으로 소수의 판단보다는 다수의 판단이 더 합리적이라는 명제를 기본으로 하는 것이다. 기업에서의 의사결정은 다수결 원칙 적용이 옳지 않은 경우가 많다. 수량적 측면만으로 결정될 수 없는 사안이 대부분인 경우가 많기 때문이다.

특히 사람에 대한 평가, 사업계획과 목표 수립에 관한 사람, 투자, 재무, 사업조정 등 중요한 의사 결정에 참여하는 개인의 이해, 성향, 관심 등과 상충관계에 있을 수 있고 전원의 평등성이 전제되지 않기 때문이다.

기업의 최종의사결정기구인 주주총회에서의 결정권은 주주 개인의 동등한 권리가 아닌 보유 주식의 수에 따르게 된다. 경영자의 의사는 다수결 원칙이나 여론조사, 개인정보 탐색 결과를 전제로 이루어지는 것이 아닌 결정권자의 최선의 판단에 따라 이루어져야 한다. 그래서 경영자이고 경영자의 자리는 외로운 것 아닌가. 그것을 회피하기 위해 여론과 인기에 연연하고 임의 또는 편의 조직을 구축하는 것을 경계하여야 한다.

; 직장생활의 원칙

직장생활을 한다 함은 생각하며 일을 하는 것이다. 당신이 실무자라고 하면 그 생각과 일은 보고와 품의로 표현된다. 보고와 품의에 투자한 생각과 시간은 얼마인가. 보고서를 읽고 품의서에 결재하는 시간보다 몇 배의 투자를 하였는가. 적어도 10배, 100배는 되어야 하지 않겠는가. 생각은 창의적으로 하고 일은 근면하게 하였는가.

사람은 생각하는 동물이다. 그 생각은 실천하기 위한 것이다. 실천은 내가 하는 것이다. 보고든 품의든 내가 뭘 어떻게 할 것인지를 기본으로 준비해야 한다. 나는 빠지고 남을 일하게 하기 위한 것이 아니다.

우리는 한 조직에서 공동 목표를 향하여 함께 출발하고 같이 가는 동료이다. 그렇다면 경험과 역사를 공유해야 하고, 목표와 방향이 같아야 한다. 지금 같은 조직에서 우리는 어떠한가. 경험도 이질적이고, 직책과 역할의 부조화, 목표와 방향도 일치하지 않는다. 불일치. 이것도 편향적 사고인가. 100만 대군도 극소수의 이단자에 의하여 무너질 수 있다. 당신은 아군인가 적군인가?

하루 8시간 근무, 근로기준법상 정상근무 시간이다. 당신은 하루에 몇 시간 일하는가. 근무시간은 집을 나서는 시간에서 집으로 돌아오는 시간, 즉 Door to Door, 근무지에 도착해서 근무지를 떠나는 시간, 즉 Gate to Gate, 업무 시작 시간부터 근무시간, 즉 Work to Work이다. 실제는 24시간 비상근무가 아닌가. 일부 이기적인 상사와 동료 때문에, 전화 때문에 특히 휴대전화가 문제 아닌가? 업무시간 외, 퇴근 후의 전화금지법 입안을 청원해야 한다.

직장생활은 근면하게 하고 위기를 맞으면 과감하게 돌파하고, 생각은 창의적으로 해야 한다. 조직의 의사결정에 적극 참여하고, 목표를 앞서서 달성해야 한다. 경영자는 업적과 시간의 양은 상관관계가 없다는 것을 인지해야 한다. 나를 위해 남을 희생시키고, 내 시간을 위해 남의 시간을 훔치지 않아야 한다.

⁝ 조파와 해파

조파의 선박 계약은 선박 건조 합의Shipbuilding Agreement 형태로 이루어지고, 해파의 공사는 서비스 계약Contract으로 이루어진다. 조파의 발주처는 바이어 또는 오너Owner라 하고, 이들은 선주이다. 해파의 계약은 발주처는 갑Company, 계약사는 을Contractor의 관계이다.

보통 선주는 조선소보다 소규모 회사이나, 해양공사의 발주처는 국제석유회사IOC 또는 국영석유회사NOC로 계약사보다는 월등히 큰 규모의 국영 또는 다국적기업의 회사이다. 조선은 조선소 자체사양을 기준으로 건조되지만 해양 계약은 해당 유전에 맞춤형으로 건설된다. 그러나 조선소는 배만 지으면 되지만 중공업회사는 배만 지을 수는 없다. 아는 것이 부족하면 공부를 하면서라도 해양공사를 해야 한다.

회사에는 조파와 해파가 있다. 조파는 배를, 선박을 만드는 사람들이다. 해파는 공장을 짓는 사람들이다. 선박은 물건을 싣고 바다를 떠다닌다. 해파는 바닥에 꽂히거나 떠 있는 해양공장, 석유공장을 만든다. 그래서 해파와 조파는 바다에서 만난다.

조파는 성골聖骨이다. 사장이 되고 대표이사가 될 수 있는 골품이다. 해파는 두품층頭品層이다. 조파의 실력과 실적은 세계 최고이다. 100점 만점에 90점을 얻었다.

앞에는 일본 조파가, 바로 뒤에는 중국 조파가 있다. 해파의 능력과 수준의 점수는 70점이다. 최근 50점으로 떨어진 것이 아닌가 생각한다. 분발해야 한다. 그렇지만, 해파는 아직 희망이 있다. 열심히 하면 한 해 1점씩 20~30년 기회가 있다. 90점에 도달할 때까지.

평화 시에는 조파와 해파는 동등한 대우를 받는다. 위기는 항상 해파에게 먼저 닥친다. 회사를 위한 기여도 면에서는 조파는 해파의 2배 이상이다. 그렇지만 조파만으로는 잘 살 수 없으니 해파도 필요하다. 이해가 상충하면 조파가 우선이다. 불쌍한 해파는 용감해야 한다. 용감하지 못한 해파는 설 자리가 없다.

조파는 해파가 될 수 있다. 동쪽에서 서쪽으로 와서 해파로 마무리할 수도 있다. 조파는 다른 사업부문으로, 계열사로도 이동할 수 있다. 해파는 그냥 그대로 해파이다. 해파에게는 달리 갈 곳이 없는 것이다. 그러니 오로지 해파는 좌면우고 없이 해파로서 충실해야 한다. 해파는 유목민, 노마드이고 바다에 사는 바이킹 아닌가. 노이킹의 의지로 도전하라. 도전은 해양의 바탕이다.

; 잘하는 것과 좋아하는 것

잘하는 것과 좋아하는 것, 이 두 가지가 같은 것이면 금상첨화이고 성공은 시간문제이다. 하지만 보통사람은 잘하는 것과 좋아하는 것이 같지 않아 방황하고 힘들어한다. 그러나 길은 있다. 두 가지를 반씩 하는 것이 아니라 둘 다 하는 것이다. 즉 잘하면서도 좋아하는 것을 찾아라.

가장家長이 되고 직장생활을 하면서 부딪치는 문제, 즉 나를 위한 일, 가정을 위한 일, 회사를 위한 일의 불일치 문제를 어떻게 해야 하는가? 자신, 가정, 직장 순인가? 아니다. 이 또한 세 가지 일이 같아져야 한다. 그 일을 찾지 못하면 성공할 수가 없다.

개인의 이해와 회사의 이해상충이 발생하면 어떤 선택을 해야 하는가? 일이 우선인가? 아니다. 둘 다 해야 한다. 당신은 두 가지, 세 가지 일을 다 할 수가 없다면 모든 것이 일치된 그 한 가지 일에 몰두하라. 그러면 성공할 것이다.

조직 구성원에는 세 가지 부류가 있다. 조직에 도움이 되는 사람, 즉 꼭 필요한 사람이다. 손해는 되지 않는 사람, 있어도 그만 없어도 그만 인 사람이다. 나머지 조직에 해로운 사람, 이런 사람들이 섞여 있다. 그러나 찾아내기가 어렵다.

직장 일을 내 일처럼, 나에게 가장 중요한 일은 회사 일이 되어야 한다. 여유가 있어, 시간이 남아서 여력으로 하는 일은 회사 일이 아니고 남의 일인 것이다. 회사 일을 하는 사람이 회사에서 필요한 사람이다. 당신의 이해에 따르면 당신은 회사에 꼭 필요한 사람인가, 아니면 회사가 당신을 필요로 하는가, 조직을 이롭게 하는 사람인가. 그런 사람이 개인 일과 직장 일의 이해상충이 없는 조직의 주인이다.

; 앞에 놓인 길은 높고 가파르다

보통사람은 태어나고 자라서 학생이 되고 진학을 하고 학업을 마치면 취업을 하고, 30년이 지나면 은퇴를 하고 그리고 늙어가는 과정을 밟게 된다. 중학생이 고등학생, 대학생으로 성장, 발전하고 신입사원이 간부로, 경영자로 성장, 발전하게 된다. 지금의 단계가 바탕이 되어 다음 단계로 넘어가게 된다. 무수한 계단을 밟고, 수많은 발걸음으로 높은 곳으로 오르게 된다.

그러나 다음 과정이 어렵다고, 앞으로 나가기가 힘들다고, 오르기가 숨차다고 중단해야 하는가? 쉽다고 이 자리에서 내려가야 하는가? 오를 때는 계단, 계단으로 내려올 때는 엘리베이터, 그것조차 없으면 그냥 낭떠러지, 걸어서 내려오더라도 남은 힘이 없으면?

사람은 성장하고 발전하는 동물이다. 그냥 나이 들고 성숙만 하는 개체가 아니다. 성장에는 목표가 있고, 발전에는 동기가 있어야 한다. 성장의 목표는 계단걷기와 산오르기와 같다. 계단은 넘겨 뛸 수가 없다. 산을 오르면 높아질수록 힘이 든다. 정상에 가까우면 더욱 힘이 든다. 하지만 계단을 지나면 다음 계단이 목표가 되고, 산을 정복하면 다음 높은 산이 목표가 되는 것이다.

성장과 발전은 저절로 이루어지지 않는다. 부단하게 자신을 계발하고 자기 자신에 투자하면서 조직의 목표와 스스로의 꿈을 달성하기 위해 최선의 노력을 하여야 한다. 학교 공부 20년으로 버틸 수 있는 시간은 짧다. 한 해 10%로 감가상각을 하면 7년만 지나면 바닥이다. 경험하고 학습하고 배움에 투자해야 한다. 역량을 키우고 자질을 함양해서 노력하고 성과를 만들어 내야 한다.

성장과 발전의 길은 높고, 가파르다. 높은 길, 가파른 길로 가야만 성장과 발전하는 것이다. 쉬운 발전, 만만한 성장은 없다.

⦂ 일단 움직여라

심리학 용어에 행동 편향Action Bias이라는 것이 있다. 문제에 부딪쳤을 때 움직이지 않을 경우와 똑같은 결과 아니면 더 나쁜 결과를 각오하고 행동부터 하는 심리를 말하는 것이다. 비록 소용이 없더라도 행동에 나서는 것, 확신이 없더라도 뭔가 시도하는 것을 말한다.

인간은 본능적으로 행동부터 하고 나중에 생각하는 경향이 많다고 한다. 일단 위기에 부딪치면 움직이고 나서 생각하는 것으로 인체의 교감신경과 같은 것이다.

이와 같이 경영자나 리더는 문제에 봉착하면 먼저 행동에 나서야 한다. 경영자는 상황 대처에 빨라야 하는 것이다. 결단을 내리고 신속하게 행동해야 한다. 학습된 경험, 직감적인 판단에 따라 움직이고 그리고 생각을 해야 하는 것이다. 물론 여유가 있으면 먼저 생각하고 다른 사람의 의견도 참작하고 나서 최종 판단이 서면 행동으로 나아가는 것이 마땅할 것이다. 그러나 위기나 문제는 예고를 하고 시간적 여유를 두면서 발생하는 것이 아니다.

상황이 불분명하거나 아니면 예기치 못한 특수상황에서 잘못 행동을 하면 사태를 악화시킬 수도 있다. 그렇기 때문에 상황이 다른 방향이라는 것이 판단되면 바로 방향을 전환하는 등의 다음 행동이 따라야 하는 것이다.

경영자가 움직이면 조직이 움직이고 리더의 인도에 따라 전체가 가는 방향과 목적지가 정해지는 것이다. 그렇기 때문에 경영자의 책임은 막중하고 아무나 리더가 될 수 없는 것이다. 경영자는 행동으로 평가받고 그 결과로 행동이 옳았음을 증명해야 한다.

이에 반대되는 개념으로 부작위 편향Ommission Bias이라는 용어가 있다. 행동했을 때의 책임보다 행동하지 않은 책임을 감수하는 것이 낫다는 의식으로 행동을 하지 않는 심리이다.

행동을 했을 때의 손실이나 손해, 개입하지 않음으로써 책임에서 벗어나겠다는 심리, 어떤 행동을 했을 때의 책임에 대한 회피심리로 행동을 미루고 무위 상태에서 상황을 살피는 것이다. 가만히 있으면 중간은 간다든지 남이 간 길을 살피면서 따라가야 안전하다는 심리를 일컫는다.

어려운 상황에서 길이 보이지 않을 경우 한 발짝 물러나 있는 것이 현명할 수도 있지만 그러면 언제 행동을 한다는 얘기인가. 아니면 나와 상관이 덜하다, 내 책임이 아니다, 누군가 알아서 하겠지라는 심리로 뒤로 빠져 있는 것은 복지부동이고 책임회피인 것이다.

이런 심리를 경영자나 리더가 갖게 되면 조직운영이나 행동에 문제가 생기게 된다. 문제에 대응하는 타이밍을 놓치는 것도 문제지만 누가 나설 때까지 아무 행동도 하지 않으면 조직은 우왕좌왕 방향을 잃고 난국에 빠지게 될 것이다.

통상적으로 이런 심리를 가진 사람은 나중 결과에 대하여 할 말이 많은 사람이다. 좋은 결과든 나쁜 결과든 나는 그렇게 될 것으로 이미 알고 있었다는 투다. 특히 전문가 또는 논객 행세를 하는 사람들이 이 같은 사후 확신 편향에 잘 빠진다.

이런 사람들은 자기만의 가설을 세우고 과거의 유사한 사례를 인용하여 그럴듯하게 끼워 맞춘 다음 개인적인 의견을 적절히 포장하여 잘못된 결론을 내리거나 그렇게 되도록 유도하는 것이다. 이런 사람을 경계해야 한다.

앞장서서 행동하지도 않고, 선두에서 움직이지도 않으면서 움직이는 사람을 지켜보고 결과를 비평하는 사람은 조직에 도움이 되지 않는다. 비록 가다가 중지하고 방향을 바꿀 수 있을지라도 위기가 닥치면 일단 움직임으로 반응해야 하는 것이 리더이다.

움직여 가면 앞이 보이고 앞장서서 가야 길을 찾고 방향을 잡을 수 있다. 부작위 심리를 가진 사람, 사후 확인 편향 의식을 가진 사람은 뒤에서 비평하기보다 조직에서 물러나주는 것이 도움이 된다.

위기에 필요한 것이 경영자의 리더십이고 그 리더십이 방향과 목표를 제시해서 조직이 움직이도록 하는 것이다. 어려운 결정은 경영자가 하는 것이고 그래서 경영자의 책임이 무거운 것이다. 또한 경영자는 행동으로 존경을 받는 것이다. 아무것도 하지 않는 사람을 누가 인정해 주겠는가?

; 직위와 호칭이 사람을 만든다

직장생활에서 해방이 되면 제일 먼저 바뀌는 것이 호칭이다. 같은 상황에 있는 사람들이나 직장생활을 하고 있는 사람들과 같이 동료 사이의 호칭은 그대로 불리지만, 바깥 사회에서는 호칭이 없는 사람, 즉 선생님이나 아저씨가 된다.

10년 전에 직장을 떠난 선배의 호칭도, 그 당시 그 직위로 불리어지는 것은 동료 관계가 아니겠는가. 40년 전에 병장으로 제대를 하면 지금도 여전히 병장이듯이.

익숙하지 않은 호칭인 '아저씨'가 되지 않으려면 사회통념상의 호칭으로 불릴 수 있도록 해야 한다. 선생님이든, 박사님이든, 작가든, 사장 빼고 그 무엇이라도. 사장은 누구나 아무 때고 될 수 있는 것이니까.

회사에서 호칭, 직위와 직급의 명칭 변경에 대한 여러 가지 시도가 있었고, 일정 분야에서는 직무 중심으로 직책을 단순화하여 적용하고 있는 경우도 있다. 이에 대한 의견을 참고용으로 제시한다.

기업조직과 사회, 심지어 가정에서도 각 구성원에 대한 정해진 호칭이 있다. 이는 조직 내 구성원 각자를 차별화하고 정체성을 나타내는 필요에 따른 것이라 볼 수 있다. 기업조직 내의 구성원을 직무 중심으로, 여러 단계로 구분하여 조직 내 상대적 위치를 정해 놓은 것이 직급이다.

다양한 직급으로 구분된 전통적·수직적 조직은 경직성으로 인해 창의적이지 못하고, 구성원과의 소통에 장애가 발생하여 효과적이지 못하다는 평가로 인해, 연공기반의 직급체계를 없앰으로써 조직을 수평화시켜 소통을 용이하게 하고, 창의적인 조직문화를 구축하고자 하는 기업도 있다고 한다.

전통적 직위체계로 인한 조직의 경직성에 추가하여 연공기반의 임금체계로 인한 인건비 부담 증가와 인사체제로 인한 인사관리의 어려움이 문제로 지적되기도 한다.

조직의 규모나 사업의 분류, 생산제품의 차이에 따른 직급 파괴가 창의적 조직문화에 도움이 될 수 있지만, 다른 경우에는 혼선만 초래되고 부정적인 결과를 낳는 경우도 있다.

상대적인 소규모 조직, 서비스업종, 시장생산, 소비재 생산업의 경우는 몰라도 조선이나 해양 등 중공업의 경우에는 직무 중심의 직위 및 호칭으로의 변경이 부정적 영향을 초래할 수도 있다고 본다. 승진을 위해 10년을 노력하고 기다린 사람도 생각해야 하고, 승진이 주는 동기부여 효과, 체면 중시의 사회문화도 배려해야 할 것이다.

합리적 직무평가가 이루어지지 않는 상태에서의 속직적 직급체계, 사내외에서 전통적으로 인지되고 있는 직위체계의 변동, 호칭의 변경 등은 관념적으로도 수용에 문제가 있다고 본다. 기업 내 각 조직이나 부문은 일정부문 직무에 따른 구성원의 차별화가 필요하고, 직위가 그 역할을 한다고 할 것이다.

우선 시행하고 보자는 목적으로 전통적인 직급, 직위 파괴 또는 조정은 지양되어야 한다. 검증되지도 않았고 조직 내 합의가 없는 상태에서 목적이나 기대에 따른 직책과 호칭의 변경은 좋은 의도에서라 할지라도 효과적인 방법은 아니라고 본다.

입는 옷이 날개다. 직위나 호칭이 사람을 만든다는 얘기가 있듯이, 직위나 직책이 당사자로 하여금 그에 합당한 사람이 되게 할 수도 있는 것이다. 직책과 직무의 불일치, 직급이나 직책에 따라 무슨 일을, 왜 해야 하는지 모른 채 그냥 일만 하는 사람에게, 직급에 맞는 역할을 하게 하는 것도 인사관리 부문의 역할이다.

맡은 일과 하는 일이 똑같은데 호칭만 바꾸는 것도 낭비이다. 부서장, 임원, 부문임원, 본부장, 대표라는 경영자의 직위나 직책에 우선해서 해당 직무 평가, 직급 분류, 그에 따른 역할과 책임, 권한과 권위에 대한 대중의 이해와 합의가 있어야 할 것이다.

우리와는 달리 미국이나 유럽, 심지어 중동이나 아프리카까지도 사내, 사외, 사회 구분 없이, 또한 가정에서도 이름으로 불리어지고 그 이름으로 개인의 정체성이 확인되는 것은, 동양적인 전통과 체면 중시의 유교문화, 위계 중심의 사고에 기반을 둔 문화와 철학의 차이에 기인한 것이 아니겠는가.

외국인과 상대하는 회사 임직원의 호칭에 대하여도 생각해 볼 점이 있다. 직원들의 영문 호칭은 매니저가 대부분이고, 임원들의 경우는 상무VP, Vice President가 거의 전부이다. 외국인을 상대하는 직원의 90%인 과장은 Assistant Manager, 차장은 Sr. Manager, 부장은 General Manager(영국에서는 단위조직의 대표에 대한 호칭임)이고, 임원의 경우 상무는 SVP, 전무는 EVP, 부사장은 SEVP 등으로 VP가 대부분이다. 안 그래도 외국 사람에게는 모든 한국 사람들이 비슷해 보이는데 직급도 온통 매니저 또는 VP이고, 성씨조차 김, 이, 박 일색이니 누가누구인지 구분이 잘 안 된다.

개인의 정체성, 속직주의 사고방식의 외국 문화를 감안하면 이 호칭에 대한 개선이 필요하다. 직무에 따른 호칭이 대안으로 검토될 수 있겠다.

; 성공과 행복

단건안행旦建安幸, 왜 사느냐고 물으면 많은 사람들이 행복해지기 위해서라고 답을 한다. 어떻게 하면 어떻게 되면 행복해지는가? 성공을 하면 행복해지는가. 성공이란 무엇인가. 소망하는 것 뜻한 바를 이루는 것인가.

성공과 행복은 만족에 대한 정도를 나타낸다고 볼 수 있다. 즉 만족해야 행복하고 그것이 성공한 것 아닌가 하는 것이다. 성공이라는 것은 객관적인 기준으로 기준 이상을 이룰 때 이를 표현하는 말이다. 부와 명예를 이루는 것, 최고 지위에 오르는 것, 운동선수가 기록을 달성하는 것, 불후의 명작을 창조한 예술가. 이런 성공은 객관적이 외향적인 것이다.

이렇게 객관적으로 성공한 모두는 행복한가? 최선을 다해서 자기만의 꿈을 이룬 보통사람들도 성공한 것이라고 볼 수 있지 않겠는가. 행복은 만족에 있다. 만족은 개인적 감정, 주관적 기준인 것이다. 결핍하지 않은 충족, 만족의 상태가 행복한 것이다. 남이 보아 성공한 사람도 만족하지 못하면 행복하지 않은 것이다.

만족하기 위해서는 먼저 꿈과 소망을 가져야 한다. 희망을 가지고 목적과 목표를 정해야 한다. 열심히 살겠다는 각오도 희망이 될 수 있다. 하지만 얼마나 열심히 사는 것이 만족인지를 가늠하지 못하면 그 희망을 좀 더 구체화하고 객관화해야 한다.

목표를 정하면 이를 이루기 위해 부단히 노력해야 한다. 목표 달성을 위한 계획을 시련과 장애, 실패를 넘어 도전하고 극복하면서 이를 이루어 나가야 한다. 노력한 만큼 만족도 커지게 된다.

자신을 믿고 자기 능력과 투지를 믿고 목표를 화두로 잡고 매진해야 한다. 실패를 건너 기회를 잡고 주변사람들의 도움을 받으면서 높은 곳에 위치한 꿈을 이루고 성공한 사람이 되어야 한다.

행복은 성공이라는 목적지로 가는 여정에 있다. 결론적으로 행복한 삶이 아니라 꿈을 이루어 가는 시간, 과정, 단계, 단계마다에 행복이 있는 것이다. 목적지로 향해 가는 지금, 여기에 행복이 있는 것이다.

하루를 잘 마무리하고 만족함을 느끼는 저녁시간이 행복한 것이며 오래 기다림 끝에 듣게 되는 좋은 소식에 만족을 느끼고, 1년을 농사 뒤에 거두게 되는 수확에 행복하고, 10년 노력 끝에 달성한 보람에 행복해지는 것이다.

바로 닿을 곳에 있는 목표는 목표가 아니고 목표로 가는 과정일 뿐이다. 목표는 더 높고 더 먼 곳에 두어야 한다. 꿈은 하늘만큼 높은 곳에 고향처럼 먼 곳에 두어야 하는 것이다.

행복이라는 목적지로 가는 과정이 목표이다. 목표 넘어 목표가 있는 끝없는 과정이다. 성공이라는 것도 목표를 이루어가는 과정인 것이다. 제3자의 기준으로 보통사람들이 인정하는 성공, 주관적이며 내가 느끼는 만족, 성공과 만족이 일치하는 것, 이것이 진정한 행복 아니겠는가?

어느 분야에서 성공하는 것, 무엇으로서 성공하는 것, 어느 때에 성공하는 것을 넘는 진정한 성공의 의미, 모든 과정과 끝에 만족과 행복에 있는 것이다.

학생은 학생으로 성공해야 하는 것, 직장인은 직장인으로, 정치인은 정치가로 성공하는 것도 중요하지만 현재에도 미래에도 성공하고 마지막 까지 만족하고 행복해지는 것이 우리 모두의 꿈일 것이다.

모두 꿈이라는 뜻을 세우고 꿈을 위하여 살아야 한다, 꿈을 이루고 만족하면서 행복해하면서 성공적인 삶을 살아야 한다. 파랑새는 쫓아가서 찾는 것이 아니라 거기에 그대로 가까이에 있다.

; 살아남아야 성공한다

개인이든 기업이든 태동기, 성장기, 성숙기, 쇠퇴기가 있고, 생애 기간 중 좋은 시절과 어려운 시절이 반복된다. 모든 제품에도 라이프 사이클이 있는 것과 같다. 해양산업도 현재의 난국과 시련을 극복하고 살아남으면 성장, 발전할 수 있고 성공할 수 있는 것이다. 이것이 한국어판 3S's, 즉 살아남고, 성장하고, 성공하는 것이다. 이 메시지는 여러 번 회의석상에서도 강조한 내용이다.

이를 영어로 표현하면 먼저 살아남는 것, Survive가 우선이다. 난국을 넘어서sur 살아남는 것vive이다. 그리고 유지하는 것, Sustain하는 것이다. 아래로부터sus 유지되는 것tain이다. 그러면 성공할 수 있다, Success하는 것이다. 모든 사람sus의 운수cess로 성공하는 것이다.

잭 웰치가 주장하는 3S's는 기업의 경쟁력, 효율적 조직은 사업절차를 단순화Simplify하고 신속한 의사결정Speed과 할 수 있다는 자신감Self-confidence이 바탕이 되어야 한다는 것이다. 사업이란 투입과 생산의 단순한 과정을 어렵게 만들고 추상화시키지 말라는 얘기이다. 간단한 계획을 세우고, 간단하게 이야기하는 자신감 있는 리더가 되어야 한다는 것이다.

조직의 목표는 높고 크고 분명해야 하며, 불가능한 것을 가능하게 하여야 한다는 얘기도 하였다. 불가능해 보인다는 실제 의미는 불가능하게 만든다는 것이다. 아니면 아무것도 하지 않아 불가능 하게 될 수밖에 없다는 얘기이다. 목표와 꿈을 높이고Stretch, 불가능한 목표를 달성하도록 하는 것이 리더의 역할이고 구성원의 책임이라는 것이다.

불가능하다고 생각하면 이룰 수 있는 것은 아무것도 없다. 가능하다고 믿으면 못 이룰 것이 없다. 지금의 시련을 극복하고, 우리 스스로의 한계를 넘어 살아남고, 일터를 지켜내고, 모두가 더불어 성장, 발전하여 성공할 때까지 노력해야 한다.

세상에는 세 가지 목표가 있다. 조금만 노력하면 이룰 수 있는 목표와 부단히 노력해야 달성할 수 있는 목표, 그리고 아무리 노력해도 도달할 수 없는 목표이다. 조금의 노력으로 이룰 수 있는 것은 목표가 아니다. 최선을 넘는 노력으로 달성할 수 있는 것, 불가능 해 보이는 것을 기필코 이루어 내는 것, 그것이 목표이고 그 목표를 달성하는 것이 성공이다.

⋮ 실행이 우선이다

모든 대기업들이 유행처럼 벤치마킹, 전략계획, BSC, 리엔지니어링, 블루오션 전략, 지식경영, 식스시그마 등 새로운 경영기법을 경쟁적으로 도입하였으나 그렇게 성공적인 결과를 이룬 것으로는 보이지 않는다.

또한 각 기업이 예측하는 경영환경, 업종시황, 이에 따른 경영전략 및 실천계획 등은 서로 유사하며 세부전술에서도 큰 차이가 없는 것으로 경영연구소에서는 분석하고 있다. 그러나 결과에는 기업별로 큰 차이가 날 수도 있다.

성공하는 기업이 있는 반면, 아무리 비전과 전략이 우수하고 업무프로세스와 시스템이 잘 구축되어 있고 훈련된 인력을 확보하고 있어도 실제성과는 매년 나아지기보다는 현상유지에 급급하고 심지어는 퇴보하기까지 하는 사업체도 있는 것이다.

이에 대한 원인은 여러 가지로 분석될 수 있을 것이지만, 문제는 이론과 실제, 정보와 지식, 전략과 실행의 차이에 기인한다고 볼 수 있다.

그렇다. 문제는 실행이고 조직의 경쟁력은 실행력에 달려 있는 것이다. 조직의 리더가 아무리 전략을 얘기하고 성장을 주장해도 조직의 실행력이 이를 받쳐주지 않으면 공염불이 되는 것이다.

아무리 훌륭한 경영지식도 실제성과로 이어지기 위해서는 실행하는 능력이 갖추어져야 한다. 아무리 탁월한 비전과 전략이 수립되어도 이를 실행해 내지 못하면 무용지물이다.

조직의 비전과 전략에 따라 목표가 설정되겠지만 전체 조직역량을 감안하지 않은 목표는 비현실적이고 실행될 수 없다. 그렇다고 목표를 조직역량을 감안하여 너무 낮게 잡으면 다른 회사와의 경쟁을 이길 수 없어 조직이 존속할 수 없게 된다.

그렇기 때문에 먼저 조직의 역량을 강화해야 한다. 실행조직은 강한 팀으로 구성하고 각 팀은 최고의 인재로 이루어져야 한다. 기업의 최고의 인재는 기획이나 관리가 아니라 실행 우선으로 배치되어야 한다. 실행계획은 조직 내 모든 구성원이 목표와 행동, 결과를 공유하면서 수립되고 계획 달성은 조직구성원 스스로 맡은 바 책임을 다함으로써 이루어지는 것이다. 이런 솔선수범이 조직의 문화로 자리잡아야 한다.

조직이 가고자 하는 방향, 기업의 전략에 따라 수립되는 목표는 조직구성원의 행동과 실행, 리더의 추진력으로 도달할 수 있는 것이다. 최선의 노력을 다하는 것으로 그치는 것이 아니라 목표 달성을 위한 노력만이 가치가 있는 것이다. 즉 노력은 결과로 평가받는 것이다.

큰 규모의 조직은 각 분야를 담당하는 기능조직으로 구성된다. 가치사슬 측면에서의 기획, 설계, 조달, 생산, 판매 등 서로 이질적인 요소를 넘어 각 부문의 역할과 실행은 하나의 브랜드로 모아져야 한다. 하나의 조직문화로 통합되어야 하는 것이다.

각 기능조직이 하나로 통합되지 못하면 전체 조직의 역량은 발휘될 수 없으며, 또한 각 조직이 역할을 스스로의 책임으로 수행하지 못하면 조직의 실행력은 발휘될 수가 없고 따라서 조직의 목표는 달성될 수가 없는 것이다.

경영자와 리더의 역할은 조직을 구성하고 조직을 활성화시키고 동기를 부여하여 실행력을 높이는 데 두어야 한다. 또한 자원과 예산을 합당하게 배분해야 한다. 훌륭한 리더와 보통의 조직, 아니면 훌륭한 조직에 보통의 리더로 실패하지 않도록 유념해야 한다. 리더만 앞장서도, 리더 없는 뛰어난 조직도 실행력이 발휘될 수 없는 것이다.

기업의 조직은 클럽이 아니고 일을 하는 조직이다. 경쟁사보다 잘하고 경쟁사와 다른 방법으로 일을 함으로써 차별화되어야 한다. 조직의 경쟁력은 역량 강화로부터 시작해서 경쟁에서 이기는 것이고 궁극적으로는 고객에게 더 나은 서비스를 제공하는 것임을 명심해야 한다.

모든 계획은 실행을 전제로 수립되어야 하고, 전략과 목표는 실행력으로 달성되는 것이다. 리더의 책임은 담당조직의 실행력을 강화하는 것이고 실행력은 조직의 통합된 역량으로 나타나는 것이다. 각 기능조직에서 10%만 잘하면 조직 전체 실행력은 110%로 늘어나는 것이다. 그런 조직은 비전과 전략 달성을 넘어 성장, 발전하는 것이다.

전략과 전술보다 조직의 실행력이 중요하다는 것은 누구라도 아는 것이지만 이를 어떻게 실행에 옮길 수 있는가가 관건이다. 문제는 사람이고 실행력은 사람들의 마음가짐에 달렸다. 사람의 마음이 행동을 낳고 그런 행동이 조직의 문화가 되는 것이다. 실행이 중요하다는 말은 사람이 중요하다는 말과 같은 것이다. 전략에 따라 계획하고 계획대로 실행하라.

조직의 실행력은 개인의 역량과 행동의 합슴이다. 개인의 성공은 생각이나 능력에 달린 것이 아니라 실천력의 결과이다. 목적지를 정하고 이에 도착하겠다는 결심은 신중히 하되 방향이 정해지면 목표달성의 기한을 정해서 즉시 행동해야 한다. 쉬운 일보다는 어려운 일, 긴급한 일보다는 중요한 일을 우선해서 효과적으로 해야 한다.

나와 조직의 목표를 명확히 하고 왜, 어떻게, 언제까지 이를 달성할 것인지에 대한 전략과 전술을 수립하고 실행하는 것이다. 나는 할 수 있고 우리 조직도 할 수 있다는 신념, 어려운 환경은 변화로 이겨내고 부닥치는 장애는 실천으로 극복하면서 될 때까지 노력하면 우리는 무엇이든지 할 수 있다. 무엇이든 해야 하는 것은 해 내는 것이 실행력이다.

⁏ 공사 수행 5단계

우리는 시장을 지키고 고객을 붙잡아야 한다. 그래야 일터를 지키고, 회사를 지킬 수 있다. 뭘 어떻게 해야 하는지 생각해 볼 때다.

대형 공사 수주로부터 완공까지 일어나는 현상을 5단계로 분석해 보면, 1단계는 수주의 기쁨과 환희, 그것도 잠시 2단계는 혼돈과 공황, 허둥대기, 시행착오를 거쳐 우여곡절의 3단계를 넘어, 유책자 찾기 및 징계 4단계, 그래도 시간이 흘러 공사는 끝나가고 그 많은 문제들도 하나둘 해결되어 가면, 중요한 마지막 5단계는 제3자 무관계자 포상으로 파티는 끝이 나고 회사 브로셔의 실적공사 리스트에 기록을 남긴다. 아무도 읽지 않을 해당 공사 백서를 남겨서 서류고에 보관한다.

또한 공사 수행을 위하여 처음 부임해 오는 고객이 겪게 되는 세 가지

놀라움3 Surprisers, 먼저 회사의 면적과 설비, 인력에 놀라고, 공사 초기에 갈팡질팡 엉망인 것에 한 번 더 놀라고, 우여곡절 끝에 어떻게든 공사를 해내는 것에 또다시 놀란다고 한다.

야드 면적이 300만 평이 넘고 선박 건조 도크가 10개나 되고 작업자 6만 명이 동시에 출근하는 거대한 회사에서 일어나고 있는 현상이다. 이러한 얘기가 30년 전에도, 20년 전에도, 지금도 반복되고 있다. 우리 현장에서 말이다.

지금은 어떤가. 한번 고객이 다시 찾고 있는가. 지금 고객이 다음에도 우리에게 공사를 발주하겠는가. 대안이 없으면 다시 찾아오겠지라는 기대, 이런 고객은 다시 안 와도 좋다는 오만함, 다시 오면 그때는 잘하겠다는 무책임한 약속을 고객은 안다. 고객 우선, 고객 제일을 빌리지 않더라도 고객이 없는 생존이 가능하겠는가.

우리는 시장을 지키고 고객을 붙잡아야 한다. 그래야 일터를 지키고, 회사를 지킬 수 있다. 뭘 어떻게 해야 하는지 생각해 볼 때다.

; 우리는 왜 회의를 하는가?

기업의 간부직원이나 임원의 경우, 하루 일과를 보통 회의로 시작하여 회의로 끝낸다. 그러므로 모두 회의전문가가 되어야 한다. 회의를 줄이자, 회의를 짧게 하자가 새해 목표가 되기도 한다. 많은 사람들이 회의의 효용성에 대한 비판을 하고, 회의를 준비하고 주재하는 사람의 낭비도 크기 때문이다.

그럼에도 회의가 계속되는 이유는 무엇인가. 아직 회의보다 나은 수단이나 효과적인 방법을 찾지 못했기 때문이다. 정말 우리는 왜 회의를 하는가?

첫째, 무엇인가를 다수에게 전달하거나 지시를 하달하는 방법이다. 둘째, 개인 간 부서 간 무엇을 협의하거나 조정 또는 동의를 구하기 위한 목적이다. 셋째, 회의 안건에 대하여 의견을 구하고 새로운 아이디어를 얻고, 같이 문제를 해결해 가는 과정이다. 나머지는 누가 무엇을 어떻게 하였으며, 어떻게 할 것인지를 발표하고 선전하는 것이 회의이다. 현황을 보고받거나 보고하고, 남들이 어떻게 하고 있는지를 듣는 회의일 수도 있다. 이런 것을 발표회의라고 할 수 있겠다.

여러분은 매일 어떤 회의를 하고 있는지 생각해 보라. 전달회의, 조정회의, 문제해결회의 또는 발표회의를 매일 주기적으로 하는 것 아닌가. 한 사람의 편의, 몇 사람의 발표를 위하여 얼마나 많은 사람을 회의에 참석하게 하고 졸리게 하는지. 전달은 문서로, 조정은 회람으로, 문제해결회의는 소그룹으로, 발표회의는 서류로 대체할 수는 없는가.

회의에서 본론 15분을 위하여 나머지 45분을 낭비하고 있지 않는지 따져봐야 한다. 회의를 줄이고 서류를 없애라. 비능률을 제거하라. 그래서 모여서 다시 협의해 보자, 내일 18시에 집합하여 회의를 갖는 것으로 결정하지 않는가.

기업 간부는 내부 회의 못지않게 외부 회의에도 많은 시간과 노력을 빼앗기게 된다. 찾아오는 방문객, 찾아가는 고객과의 회의 때문이다. 왜 손님이 찾아오는가. 뭔가 도움을 받고 입장을 설명하고, 자신의 목적을 달성하기 위해서다. 이런 회의에서 내가 줄 수 있는 도움이 없다면 손님은 시간을 낭비한 것이고, 나의 시간도 도둑맞은 것이다. 그래도 손님은 할 말은 하였으니 목적을 달성한 것일 수도 있겠다.

 기업에서, 조직에서 내가 혼자 결정할 수 있는 것이 있는가. 그리고 나를 찾아온 방문객에게 줄 수 있는 것이 있는가. 모든 사안과 업무에는 담당자가 있고 1차 의사결정권자가 있다. 외부 손님은 담당자에게 아니면 담당자의 직속상사에게 가게 해야 한다. 담당자는 자기가 만나야 할 사람을 남에게 넘기면 안 된다. 입장이 애매하다고 피하면 담당자가 아니다.

 내가 찾아가는 고객사나 관계자도 마찬가지다. 그것이 나의 일이면 그 일을 담당하는 사람을 찾아가야 한다. 아니면 그 일에 직접적인 책임이 있는 사람을 보내야 한다. 그렇게 해야 나의 시간, 상대의 시간 낭비를 줄일 수 있다. 회의전문가, 인사전문가, 접대전문가는 시간을 낭비하지 않는다. 왜냐하면 전문가이기 때문이다.

 일전문가는 일을 해야 한다. 회의전문가인 척할 필요가 없다. 모든 회의는 실무회의가 되어야 한다. 해도 그만, 안 해도 그만이면 하지 않아야 한다. 인사가 필요하다면 인사를 하는 방법은 여러 가지가 있다.

 그러나 모든 것의 우선이 고객이고 고객과의 회의이다. 나를 찾는 회의를 내가 거부하면 안 된다. 고객과는 체면도 프로토콜도 맞출 필요가 없다. 고객이 원하고 내가 필요하면 원근불문 회의에 참석해야 한다.

어렵게 회의에 참석한 것, 자신의 직위와 갭은 내가 설명하지 않아도 고객이 알고 있다.

; 출장보고의 책임은 회의 리더에게 있다

해양사업은 수출산업이다. 모든 고객사가 외국 회사이고, 공사 위치는 유전이 있는 5대양의 해상이다. 따라서 해외출장이 해양사업 종사자들의 주요 업무 중 한 부분이다. 출장 목적에서 가장 많이 차지하는 것이 업무출장, 특정 공사와 관련한 발주처 또는 관계사 회의이다.

여기서는 발주처 상대 회의 시 참고하여야 할 사항에 대하여 언급하고자 한다.

먼저 5대 원칙이다. 출장이나 회의 자료는 발표자가 작성하고 준비해야 한다. 남이 만든 자료를 대독하거나 대변하는 것은 금물이다. 발표자는 언제라도 상대편의 3단계 질문, 즉 세 가지 경우의 수는 내다보아야 한다. 회의석상에서는 상대편의 질문을 듣고 이해하고 답변해야 한다. 애매하면 물어보아야 하고, 답이 없으면 내부 협의를 거친 후 답해야 한다. 서둘면 안 된다. 두 가지로 구분하여 설명하라. 정보 전달 목적인지, 아니면 상대를 이해시키고 설득해야 하는 것인지.

완벽한 영어로 설명하는 것이 끝이 아니다. 먼저 이해시켜야 설득할 수 있다. 부연설명은 한 번 내지 두 번으로 충분하다. 상대의 예기치 못한 질문에 대한 답은 팀 리더가 해야 한다. 리더가 할 수 없으면 그때마다 답변자를 지정해 주어야 한다. 중구난방은 금물이다.

섣불리 나서지 마라. 한 사람이 먼저 한 답변이 불충분하다고 보충설명을 하거나 아니라고 번복하지 마라. 대세에 영향이 없으면 그대로 두고, 꼭 필요하다면 다음에 수정하도록 한다. 우리 편을 허수아비로 만들면 안 된다.

회의 준비에 대한 4가지 참고사항이다. 회의 대상자가 우리를 포함한 다수인 경우에는 첫 번째, 마지막은 피하라. 상대가 준비가 안 되어 비효율적이 되기 쉽고, 마지막이면 후속조치를 하고 답변할 여유가 없어진다. 상대의 논쟁을 공격으로 방어할 생각을 하지 마라. 상대는 고객이다. 오로지 방어 계획만 준비해야 한다. 방어에 실패해도 점령당하지는 않는다.

회의는 전쟁이 아니다. 문제를 예상하여 준비하고 사전준비에 만전을 기하라. 필요하다면 몇 번이고 예행연습(리허설)을 하라. 메모도 준비하고 참고자료도 가지고 가되 회의 때에 뒤적거리며 찾는 것은 금물이다. 필요한 것은 외워라.

다음은 출장보고에 대해서다. 중요한 회의와 규모가 큰 회의일 때는 회사 대표자가 있어야 하고, 회의 리더를 지정해 놓고 회의에 임해야 한다. 출장보고의 책임은 회의 리더에게 있다. 보고서는 보고책임자가 직접 작성해야 한다. 출장업무시간 또는 회의시간의 10% 이상을 보고서 작성하는 데 소비하면 안 된다.

출장보고서의 목적은 업무내용의 요약이며 비망록 리스트이고, 후속 조치 때 활용하기 위해서이다. 회의의 중요성을 부각하거나, 전쟁에서 이기고 있다는 보고, 열심히 하고 있다는 것을 보여 주기 위함이 아니다. 출장기록과 출장보고서는 같은 것이 아니다. 읽히지 않는 보고서는 쓰지도 말고 보낼 필요도 없다. 당신이 발표할 자료를 남에게 시키지 않는가.

출장보고서도 다른 사람이 작성하는 경우가 많다. 출장업무보다 보고가 우선이고 출장 내용보다 보고 내용이 더 중요하다고 생각하는가. 당신의 역할과 한 일은 같이 출장간 사람들이 알고, 고객이 알고 있다.

⁞ 해양사업의 인력 쟁탈전

해양사업은 다른 사업에 비해 전문인력 양성 및 확보가 어렵다. 따라서 관리분야, 생산직 부문 업체 간, 공사 간, 지역별 확보 경쟁이 있을 수밖에 없다. 업황이 좋을 때의 이야기이지만.

국내 동종업계 사이에서, 심지어 계열사 간에도 인력이동이 일어나고, 심한 경우 인력 쟁탈전이 발생하기도 한다. 사무직에도 인력이동이 있지만 생산직 특히, 협력사 소속 인원은 상황이 심각하다. 일 년에 5천 명이 가고 5천 명이 온다. 이 결과가 공정과 능률, 공기에 영향을 초래하는 원인이 되기도 한다. 이에 대한 대책이 필요하다.

발주처에서도 공사관리, 감독을 위하여 주재사무실을 운영하고 있으며 필요인원을 외내부에서 동원하고 있으나, 실무인원은 국내 인력의 활용도가 높아지고 있다. 이는 일자리 창출면에서도 좋은 일이다. 문제는 국내 인력 풀의 한계로 인해 업체 간 확보 경쟁뿐만 아니라 계약사 인력이 발주처로 채용되어, 갑자기 자체 인력이 감독관이 되는 담당업무의 역류현상이 발생하고 있다.

발주처는 필요 인력을 확보하기 위한 우대정책으로 유인책을 펴고, 이에 따라 회사의 인사정책에 혼선을 초래하고, 업무추진 과정에서 논란이 발생하고 있다. 이러한 문제는 바람직하지 않은 것으로 쌍방 간에 문제가 발생하지 않도록 사전 조율하도록 해야 하며, 감독관 소요 인력 풀은 별도 운영하여 이해상충을 예방해야 할 것이며, 필요시 상호 스카우트 금지조건을 계약서에 반영하는 검토도 필요할 것이다.

특진과 발탁인사의 평가

특진, 승진 연한과 승진 조건과 상관없는 특별승진, 올해는 예년과 달리 몇 명을 특진시켰다는 보도자료, 발탁인사, 생산직 출신을 임원으로, 여성 임원을, 특별한 성과를 이룩한 누구를 임원으로 발탁하였다는 홍보자료를 낸다. 인사혁신, 모든 사람에게 기회가 부여될 것이라는 등의 설명이 추가된다.

물론 당사자에게 큰 영광이고 노력과 실적에 대한 보상이고, 다른 사람에게도 동기부여가 될 수 있다. 그리고 3년 뒤, 그렇게 요란하던 인사혁신, 개혁적 인사 결과가 어떻게 되었는가. 또다시 특진의 대상이 될 만큼 모범사례가 되고 굉장한 실적을 이루었는가? 아니면 지난날 신동으로 보도된 이후 평범한 사람이 된 어느 천재같이 그냥 평범한 한 사람인가.

특진자, 발탁인사, 누가 누구를 어떻게 선정하고, 영광스러운 특진 이후에 어떻게 되었는지에 대한 관심과 평가가 반드시 있어야 하지 않겠는가. 최소 10년을 내다보는 십년대계는 되어야 하지 않겠는가. 선전과 홍보의 대상이 되고 인재 등용과 인적자원관리의 일회용 사례에 그치지 않았는지 생각해 보아야 한다.

특진을 위한 특진인사는 재고되어야 한다. 인사규정에 따른 좋은 목적의 특진인사일지라도 그 과정에 대하여 소속 조직 내 합의가 있어야 한다. 인사평가에서 개인성과 50%, 조직기여 50%가 가장 바람직하다고 보는가. 전문가의 사례분석에 따르면 50-50 평가가 최악의 결과를 낳는다고 한다.

의도가 좋았다고 좋은 것이 아니다. 인사정책은 일회용이 아니고 장기적이고 연속적이어야 한다. 올해 특진한 사람이 10년 뒤에 어떻게 될 것인지는 지속적으로 배려하고 관찰해야 한다.

⁝ 필요한 사람이 와야 한다

모든 것은 미래를 향해 가고 미래는 지금을 향해 온다. 현재는 과거로부터 온 것이고 미래에서 온 것으로 교체된다. 시간은 가는 것이고 계속 이어져 오는 것이다. 그렇듯 모든 것은 흐르고 변한다. 현재는 과거와 미래가 만나는 순간이고, 내일이면 오늘은 과거가 된다. 내일이 미래의 첫날이다.

기업도 마찬가지다. 되는 기업에는 사람이 온다. 사람이 오면 일이 따라온다. 자산이 늘고 기업이 성장한다. 미래로 간다. 사람이 떠나면 일이 줄고 자산을 처분하면 기업이 간다. 과거로 간다. 기업은 흔적만 남는다.

사람을 오게 해야 한다. 인재가 모이게 해야 한다. 사람이 기업을 흥하게 한다. 기업을 흥하게 하는 것은 선택이 아니고 의무이다. 경영자의 의무요, 임직원의 책임이다.

떠나는 사람도 주시하고 중시해야 한다. 왜 떠나는지 실제 사유를 찾아야 한다. 조직에 부적응이 사유이면 왜 그런지를 알아내야 대책을 세울 수가 있다. 기업에는 사람이 와야 하지만, 필요한 사람이 오게 해야 한다. 하지만 임시 피난처나 도피처, 루저들의 집합소가 되어선 안 된다.

경쟁사 인력이나 경쟁사 출신을 영입할 때는, 그 사람의 능력이나 자질도 중요하지만 그 사람의 평판과 회사와의 관계, 지난 기간 동안의 악연도 조사해 보아야 한다. 적장敵將이나 예전에 해코지를 한 자를 스카우트해서 아군의 지휘를 맡길 수는 없는 것이다.

하물며 회사가 싫어서 떠난 사람을 모셔서 높은 자리에 앉히거나 3, 40년 동안 충직히 일한 사람을 내보내고 다른 회사에서 물러난 사람으로 교체한다는 것은 그럴 이유가 충분하였는지 재고해 봐야 한다.

⁝ 인적자원관리 역량을 높여라

기업에서의 최고 자산인 인적자원에 대한 효과적인 관리가 기업성과에 절대적인 영향을 미친다. 그래서 경영 초점을 인적자원관리H. R. Management에 둔다. 그 시작은 신입사원을 채용하는 것이고, 이는 인재가 필요한 기업은 물론이고 직장을 구하고자 하는 모두의 일생일대의 관심사이다.

신입사원 채용은 불특정 다수를 대상으로 실시되는 정기적인 신입사원 모집, 사전 협의나 조건에 의한 지정인원 개별선임, 부정기적으로 실시하는 수시모집, 경력직, 특수직 채용으로 구분되어 있다.

정기모집의 경우 국내 다른 기업과 동시에 또는 단기간의 시차를 두고 실시되는 것이 통상적이다. 이 상황에서 응시생의 경우 취업을 원하는 기업이나 직종에 대한 자신의 적합성보다는 우선 취업부터 하고 보자는 생각에 피상적으로 알려진 회사, 전공별 모집 분야에 우선 원서부터 제출한다. 어떤 기업인지 어떤 직무가 자신에게 맞는지는 일단 취업부터 하고 나서 생각해 보자는 의도가 작용하고 있기 때문이다.

기업의 경우 응시생이 모집 예정 인원의 10~100배에 이르러 이를 심사, 선별, 채용하는 과정과 절차에 긴 시간이 소요되고 많은 노력과 비용이 투입되고 있다.

응시생의 경우에도 이 회사 저 회사로 몰려다니며 직장을 구하는 과정에서 많은 시간과 비용을 낭비하고 반복적 탈락으로 인한 실망과 좌절에 빠지는 경우도 많다. 일부 우수인력은 복수합격으로 제3자의 취업기회를 빼앗는 경우도 있고, 기업의 경우도 합격해 놓고 취소해 버려 추가모집을 해야 하는 경우도 발생하고 있다.

서류전형, 인성적성검사, 필기시험, 심층면접 등 복잡한 절차와 과정을 통하여 취업에 성공한 경우에도 초기 3개월, 길게는 3년 내 퇴사 또는 전직하는 비율이 50% 이상이어서 이에 따른 개인, 기업, 사회적 손실이 크다고 할 수 있으며, 궁극적으로 인적자원의 효율적 이용에 한계를 보이고 있다.

정기모집이 아닌 수시모집, 경력직, 인재 스카우트 절차로 선발되는 직원도 현업 적응에 어려움을 겪고 있으며 이에 따른 저성과 문제, 이직 또는 전직의 문제가 항시적으로 발생하고 있는 것이 현실이다.

이에 대한 개선 대책으로 고려해 볼 수 있는 방안으로는, 인력 채용단계와 과정을 다변화, 즉 현재 소요인원의 80% 이상을 상·하반기에 공채 모집하는 것에서 정기모집(30%), 수시모집(30%), 사전계약 채용(30%), 기타(10%)로 다양화하고, 채용 전 단계에서 단체, 그룹, 개인별로 자기 회사와 모집분야에 대한 설명과 홍보를 강화하여 응시생이 신중하게 선택하도록 유도하며, 채용조건과 절차를 모두에게 일률적으로 적용하기보다는 해당 직종에 따라 유연하게 적용한다. 모든 직책과 직종에 우등생, 명문대 출신만을 뽑는 것이 항상 최선은 아니다.

또한 채용 후 조기에 인력 전문화, 자산화, 전략화가 이루어질 수 있도록 효율적인 인사관리 대책을 기업경영전략의 우선순위에 두고 반영하여야 한다.

인재 공급처인 대학과 사전합의에 따라 기업이 필요로 하는 인재를 교육, 훈련할 수 있도록 하고, 개인은 본인이 선택한 기업과 직종에 부합되는 자질을 길러 상호이익이 될 수 있도록 하는 것도 적극 검토해 보아야 한다.

결론적으로, 취업을 원하는 사람은 원하는 직장과 직종에 대한 나름대로의 신념과 확신이 필요하다. 물론 입사를 해 보면 내가 선택한 회사가 가장 일하기 어렵고, '하필 회사가 가장 어려운 시기에 입사를 하였구나'라고 생각되는 것이 다반사다. 그러나 내가 선택한 회사는 내가 책임진다는 자세가 필요하며, 내가 할 일은 어려운 일이고 어려운 일을 함으로써 내가 빛난다는 의식과, 회사가 어려우니까 나와 더불어 사정이 나아지고, 나와 회사가 동시에 성장, 발전할 수 있는 기회가 된다고 생각해야 한다.

회사도 복잡한 **절차와 과정을 통해 채용한** 인재가 채용 이후 수년간의 교육과 훈련**에 대한 투자가 낭비되지 않**도록 채용 후 적응, 유지, 효과 발휘로 이어질 수 **있도록 하여야 한다.** 인력 전담 부서보다도 그 인력을 필요로 하고, 실제 일을 하고 있는 현업 부서의 자체 인적자원관리 역량을 높일 수 있도록 지원해 주어야 한다.

회사 입장에서는 채용보다 훨씬 어려운 것이 업무에 잘 적응하고 역량을 발휘하여 조직에 기여하게 하는 것이고, 입사하는 사람도 원하던 직장을 구했다는 생각을 갖고 이것이 나의 바꿀 수 없는 천직 또는 운명적 만남이라는 소명의식을 가져야 한다.

내가 30년 뒤에 무엇이 되어 무엇을 하고 있을 것인가를 생각한다면 하루라도 허투루 보낼 시간이 있겠는가. 이는 회사도 마찬가지다.

⁏ 신입사원 채용의 마지막, 면접전형

신입사원 채용은 1차 서류전형에서부터 인성적성검사, 실무능력평가, 면접전형 그리고 건강검진의 절차를 거친다. 소위 심층면접 대상이 된다는 것은 최소한 3 : 1의 경쟁률을 뚫은 것이지만, 면접 대상은 모집 인원의 3배수 기준으로 되어 있으니 아직도 3 : 1의 고비를 넘겨야 하는 것이다.

입사서류는 서류전형, 인성적성검사 등 면접 전의 전 과정에서 평가 기준에 참고가 되었겠지만, 같은 서류가 면접관에게 제공되고 면접관은 실제 면접 전에 일독을 한 후에 대면면접에 임한다.

통상적으로 면접관은 각 사업부별 임원과 전공별로 조정이 되고, 선임을 위원장으로 하는 면접 팀이 구성된다. 같은 날 피면접 대상 인원수에 따라 면접 팀의 숫자도 정해지게 되는 것이다.

면접관들은 면접이나 인사평가 방법과 오류 및 편견에 관한 지식은 물론 면접 절차와 원칙, 당부사항, 기타 자료를 숙지하고 면접에 임해야 하지만, 실무가 바쁘다는 핑계로 대충 인지한 상태에서 면접에 참여하게 된다.

입사 응시생들도 사전 지식과 정보 및 기타 자료를 참고하여 나름대로 준비한 상태에서 면접에 임하게 되지만, 일부는 그런 여유나 성의도 없이 즉흥적으로 면접에 응하는 경우도 있다.

하루 면접 인원이 120명을 넘고 오전과 오후 시간을 할애하여 6명을 한 조로 했을 경우 조별 면접시간은 20~25분 내외이다. 응시생 개인에게 배당되는 시간은 3~4분인데, 이 짧은 시간에 심층면접이 될 수 있을까 하는 의문이 든다. 또한 이 시간을 면접관 6명의 경우 1인당 3~4분이 주어지게 되어 전체 20분은 효과적인 활용이 불가능하다.

면접관의 질문도 개인별로 신변잡기와 같은 표피적인 것에서부터 거대담론까지 종잡을 수 없을 정도로 다양하다. 질문에 대한 이해도 부족하지만 답변 자체가 방향이 없는 경우도 많다. 대부분 준비된 범위 내에서는 나름대로 답변을 하지만, 모범답안 형태로 총론은 있으나 각론이나 방법론에 대하여는 동문서답하기 일쑤이다.

'법과 절차에 따라야 합니다, 회사 규정에 합당해야 합니다' 등 사훈을 외우고 경영철학과 경영비전, 인재상 등 인지 내용은 발표하듯 하면서도 정작 스스로 무슨 말을 하고 있는지는 모르는 경우가 대부분인 경우가 많다.

어느 회사, 어느 사업부, 어떤 분야에서 일하고 싶으냐는 질문도 문제지만, 이에 대한 답변도 정해진 모범답안 또는 언론기관의 발표나 서류에 따르는 경우가 많다. 진정성은 물론 기본적인 생각 자체에 대한 회의가 들 때도 많다. 학부 전공과 기업에서 요구하는 직종과는 원래부터 일치될 수 없는 것이다.

그러나 입사 절차로 면접과정을 꼭 거쳐야 하고 면접관은 면접을 하고 개인별 평가 결과를 내놓아야 한다. 질의응답 내용이나 면접관과 응시생들의 개별적 차이에도 불구하고 면접결과나 면접평가 내용도 어느 수준, 확률의 범위에 든다는 것은 그래도 나름대로 의미가 있는 과정으로 보인다.

하지만 이것이 면접관의 관록의 결과인지, 응시생들이 자연적으로 분류가 되는 현상인지는 질문으로 남는다. 문제는 특이성이나 장단점을 동시에 갖고 있는 응시생에 대한 평가나 판단에 대하여는 그에 합당한 기준이 있어야 할 것으로 본다.

모든 사람과 만남에서도 그렇지만, 면접장에서 응시생에 대한 첫인상이 결과에 반 이상의 영향을 미치지는 않는다고 본다. 첫인상의 중요성, 이에 대한 응시생의 깊은 고려가 필요하다.

면접에 임하는 면접관이 인적자원관리의 첫 단계인 인력채용에 책임을 진다는 자세로 사전준비는 물론 면접관의 자질을 함양해야 할 것이고, 응시생도 유려한 입사서류보다는 내가 왜 이 회사를 원하는지, 어떤 일을 하고자 하는지에 대한 자기 확신이 우선되어야 할 것이다. 취업 자체를 모든 것에 우선을 두기보다는 내가 내 의지와 책임으로 이 회사를 택하였다는 것을 보여 준다면, 왜 채용이 되지 않겠는가.

인사부문에서는 매년, 매일 순번제로 면접관을 선정하기보다는 면접에 전문지식이나 소명의식이 있는 임직원을 면접관으로 사전에 지명하여 일정기간 임기제로 해서 면접관 풀을 확보하는 것도 고려해야 할 것이다. 신입사원을 채용하는 데 임원만 면접관이 된다는 것은 문제가 아닌가. 실제 신입사원이 근무하게 되는 부서의 상급자 또는 차상급자가 더 나을 수도 있다.

기업의 최고자산은 인재이고 인재의 확보는 신입사원 채용으로부터 시작된다는 것은 누구나 다 알고 있는 명제가 아닌가. 직장생활을 하고자 하는 지원자에게도 내가 가고 싶은 회사를 선정하는 것보다 중요한 것이 있는가.

면접이란 입사 대상을 뽑는 과정이지만 응시생의 회사 선택 여부를 결정하는 절차도 된다. 응시생이 꼭 입사하고 싶은 회사, 회사는 꼭 욕심나는 인재를 발굴하는 그런 현장이 면접의 장이 되어야 한다.

; 퇴직자를 잘 관리하면

회사에서는 연말마다 정년퇴직, 명예퇴직, 전직, 의원퇴직, 계약만료 등 다양한 형태로 퇴직자가 발생하고 있으며, 한 해에 1천 명 이상이 직장을 떠나기도 한다. 짧게는 몇 년 근무 후 퇴사하는 경우도 있지만 대부분 20~30년 이상 장기 근무자들이 퇴사함에 따라, 퇴직자들을 예비인력으로 활용할 수 있도록 예비 인적자원관리가 필요하다.

퇴직자의 회사 발전과 조직에 대한 공헌을 인정하고, 이에 상응한 명예를 가질 수 있도록 대우하여 퇴직자의 불만을 회사 사랑으로 승화시키며, 유무형, 직간접적으로 기업에 보탬이 되도록 하는 정책이 있어야 한다. 이에 대한 개선방안으로 퇴직자를 퇴직 사유별로 분류하고 회사와 조직 기여도를 평가하여 별도 관리하는 것이다.

또한 퇴직자 관리 전담조직을 신설하여 사후관리 업무를 담당하게 하고, 퇴직자 배려를 통하여 사회에 기여하도록 한다. 현직자와 퇴직자 간 자매결연 등의 형식을 통하여 유대를 강화할 필요도 있다. 퇴직자별 모임이 활성화되도록 지원하고, 정기적으로 회사 방문Homecoming Day 등의 행사를 통하여 소속감을 고취시키고, 퇴직자의 경험과 전문지식Know-How이 지속적으로 전수될 수 있도록 분야별 전문가 그룹을 조성하여 수시로 현업 자문을 할 수 있도록 한다.

영업을 하다 보면 신규고객 개발이 얼마나 어렵고, 한번 방문하였거나 주재원으로 근무한 적이 있는 고객을 우군으로 확보하기가 쉽지 않음을 안다. 그러나 우호적인 인사는 여러 가지 어려운 상황에서도 우리 회사에 보탬이 되는 경우가 많다.

장기간 회사에 근무하다 퇴직하는 각종 직급의 인사에 대한 처우를 개선하여 영원한 사우로 확보한다면, 직접적으로 회사에 도움이 될 뿐만 아니라 사회적으로도 회사 평판에 기여할 수 있을 것이다. 또한 퇴직자 입장에서도 소속감을 가질 수 있고 회사가 베푼 예우에 대하여 몇 배로 공헌하고자 하는 회사 사랑의 마음을 가지게 될 것이다.

30년 이상 봉직하고 정년퇴직한 사람의 경조사에 회사 명의의 화환 하나 없다는 것이 말이 되는가?

; 해양의 역사를 이룬 세 지도자

지난 30여 년을 마감하면서 세 분의 훌륭한 선각자에게 우선 감사를 드려야겠다. 대한민국에서 해양사업을 창업하고 발전시킨 닥터 안, 영업의 사표이시며 조직을 덕으로 운영하신 이사장님, 새로운 비전과 가야 할 방향을 밝히신 지도자 동지, 기라성 같은 세 분의 선각자를 모셨고 그분들의 문하생이 되는 영광이 주어졌었다.

시간은 없고 길은 험하고 어두웠지만, 항상 높은 길로 향해 도전적이었으며 성취의 영광도 함께하였다. 닥터 안이 계셨기에 지금의 해양이 있고, 이사장님이 계셨기에 해양이 자리매김을 하였으며, 지도자가 계셨기에 성장, 발전할 수 있었다.

좋은 역사든 나쁜 역사든 반복된다고 한다. 지금은 좋은 시절의 영광은 기억 속으로 사라지고 시련의 시기에 봉착해 있다. 시련은 도전이 필요하고, 난국은 응전으로 타파해야 되지 않겠는가.

해양의 역사를 이룬 지도자가 많이 그립다. 하지만 그분을 다시 모셔올 수는 없다. 그 시대에서, 그 역할을 성공적으로 마감하고 떠나신 것이다. 그런 지도자, 그런 지도자의 역할은 산 자의 몫이다. 지금 현재 모든 것을 책임지고 있는 사람들의 임무이다.

해양은 도전이라고 하였다. 도전은 시련을 겪고 장애를 만난다. 시련은 이겨서 극복하는 것이고 장애는 피하고 돌아가는 것이 아니라 도전하고 돌파하는 것이라 했다.

그 시대에서, 그런 상황에서도 시련을 극복하고 난국을 타개한 지도

자가 있었는데, 지금 우리는 왜 못하겠는가. 여러분이 책임지고 해양을 지키고 살려내야 한다. 그리고 필히 성장, 발전하여 성공해야 한다.

; 동지는 영원하다

직장은 하늘과 같이 울타리를 치지 않고 파벌을 이루지 않는다. 하지만 어려운 시기에 고락을 같이하고 경험과 기억을 공유하는 모임은 권장되어야 한다. 그래서 나의 소중한 동료, 작은 규모지만 꿈과 이상, 하루하루 같이 생활을 하였던 동고동락 모임을 소개한다.

엑슨동지회 : 1985년 당시에도 세계 최대, 지금도 세계 최대 기록의 엑슨 자켓 공사를 위해 함께 일했던 상사, 동료, 후배가 함께하는 모임이다. 지금은 대부분 회사를 떠났지만 모두가 회사를 사랑하고 경험을 공유하는 동지이다.

기술영업모임 : 1994년 기술영업부 창설 멤버들의 모임. 후일에 19세의 꽃다운 나이에 교복을 입고 첫 출근을 했었던 여사원을 포함하여 오랜 친구Old Friend 모임이 되었다. 그때 신입사원이 부장이 되었고 그때 탄생한 생명이 회사원이 되었다.

CMTClub Meditation Trekking : 1999년에 발족한 산행 모임. 매주 일요일

새벽 5시에 마골산을 종주하는 동지들, 한라산에서 설악산까지 함께하였던 동지들이다. CMT는 영업요원으로부터 시작해서 견적요원으로 그리고 전 부문으로 확장이 되었다. 지금은 회사를 떠난 사람들이 많아 사내, 사외로 이원화되었다.

세월은 가고 역사가 깊어 동지 회원 중 회사에 남은 이는 소수지만, 때가 되면 언제나 함께할 수 있는 모임, 이것이 진정한 동지 아니겠는가. 동지들의 우정과 사랑에 감사하며, 우리 모두 회사를 사랑하는 마음은 누구 못지않다.

그리고 직장 밖에서의 모임을 소개하겠다. 이 역시 오래된 동지들이다. 1972년에 성우회城友會라는 이름으로 발족하였으니 40년이 넘었다. 7명으로 시작한 모임이 14명이 되었고, 지금도 계속하고 있다. 동지들 중에 많지 않은 나이에 세상을 떠난 그 사람을 생각하면 참 안타까운 생각이 든다. 이렇게 모두들 공평하게 나이가 들어가고 있다.

동지란 공유하는 경험과 기억의 범위, 양, 가치에 따른 관계인 것이다. 그런 기억을 공유하면서 추억하고, 잊어가면서 그리워하고, 망각하면서 적응하는 것이 아니겠는가. 여기에 다 언급하지 못한 수많은 동지, 평생의 동지, 해양의 동지들이 그립다. 동지여, 영원하라.

⁝ 해양인으로서 얻은 MBA

식사를 같이 하는 것이 가족이고, 손님은 술로 대접하고, 동지는 산을 같이 오른다. 우리는 아침이면 출근을 하고 점심을 같이 먹고 저녁에는 술 한잔으로 위로하며, 주말에는 같이 산에 올라 의기투합하는 관계. 우리는 누구인가, 어떠한 관계인가? 우리는 가족이자 서로 손님(고객)이고, 모두 동지이다.

인적자원관리HRM 과목 중 성과관리 방법에 MBO기법이 있다. 또한 경영학 석사라는 MBA 학위도 있다. 직장에도 MBA 기법에 정통하고 MBA 자격을 가진 사람이 있다. 즉 Management By Alcohol, Master Of Business Alcohol이다.

MBA 자격을 획득하기 위해서는 먼저 BA(비즈니스 알코올, 일명 조은데이Goodday로 대표되는 주류)를 섭취하는 목적이 널리 인간을 이롭게 함이요, 일을 잘 되게 하고 단건양행을 위함이어야 한다. 또한 소비하는 BA의 양과 질, 회수와 시간에도 제한이 있다. 최소로 연간기준 50회, 100시간, 200병, 400명을 상대로 투자를 하여야 한다.

자격 획득도 중요하지만 유지에도 결격사유가 있다. BA 섭취로 인해 출근에 문제가 있거나 업무에 현저한 지장이 있거나 아니면 병원신세를 지거나 불미스러운 일로 파출소를 포함한 관청에 소환되는 일이 있을 경우 자격의 효력이 정지되거나 취소되는 수가 있다.

나는 1994년도부터 MBA 자격을 갖게 되었고, 그 자격은 제3의 기관으로부터 검증되었다. 벌써 MBA 자격을 획득한 지 20년이 넘었다. 이

MBA 자격은 대학에서 수여하는 학위가 아니다. 해양사업에서 해양인으로 종사하면서 취득한 것이다. 그러나 아무나 따라하면 안 된다. 건강을 해치고 시간을 빼앗기는 수가 있다.

위와 같이 MBA는 노력 투자, 시간 투자, 인정 투자 없이는 얻을 수가 없다. 당신은 MBA 자격이 있는가?

⁝ 파계앙망破界揚望

이것은 2015년 1월 1일 해맞이 행사 후 사업부문 임원회의에서 주창한 메시지다. 한정과 한도와 한계에 도전하고 뛰어넘고 돌파하자는 뜻이다. 그리고 목표와 기대와 희망을 높이자는 말이다.

개인이든 조직이든 목표가 있고 희망이 있다. 개인의 한도, 조직의 한계도 있을 수 있다. 그 한도와 한계를 누가 정한 것인가. 다른 사람이 정한 것이 아니고 나 스스로, 우리 스스로가 규정한 것이다. 자기규정효과 Seif-Definition Effect라는 용어와 같이 스스로 대단하다 생각하면 실제로 대단한 사람이 되는 것이다.

이만큼, 이 정도, 여기까지가 아니라 더 잘하고, 더 많이 하고, 더 빨리 하자는 것이다. 우리의 강점과 약점을 분석해서 강점을 활용하여 한계를 돌파하는 것이다. 목표나 꿈을 더 높은 곳에 두고, 그것을 이루어내자는 것이다. 놀라울 정도의 성과를 내는 것이다.

스포츠맨에게는 기록이라는 한계가 있다. 개인에게는 능력이라는 한도가 있을 수 있다. 조직에게는 역량이라는 정도가 있다고 할 수 있다. 그런 스스로의 한계와 한도는 극복하고 뛰어넘으라고 있는 것이다. 그 한계에 도달하면 거기는 또 다른 출발점이 되는 것이다.

꿈과 희망을 한계에 맞추어 정할 수는 없다. 희망과 목표를 더 높은 곳에 두고, 그 목표 달성을 위하여 역량을 키우고 한계를 돌파하여 고지를 점령해야 한다. 의지가 있으면 꿈을 이룰 수 있다.

파계앙망의 반대, 한계를 줄이고 목표를 낮추는 것이다. 우리의 한계를 알고 이에 따라 희망과 기대치를 낮추어 잡자는 것이다. 그리고 낮추어진 목표를 착오 없이 쉽게 달성하자는 얘기가 아닌가.

달리 표현하면 뒤로 물러나고 퇴보하자는 것으로 들린다. 왜 그런 소리들이 있는지 이해가 되는 측면도 있지만, 사람은 앞으로 가는 존재가 아닌가 생각한다.

이는 옳은 방향, 맞는 전략이 아니다. 여하한 경우에도 희망을 높은 곳에 두고 한계를 돌파하여 목표를 달성해야 한다. 다함께 시련을 극복하고 성장, 발전을 이루어 내야 한다. 다함께 멀리 나아가야 한다.

해양사업, 꿈과 도전의 역사

제**3**장

배움에는 끝이 없다

사회인으로, 직장인으로

야간에 석유를 생산중인 FPSO 전경

; 왜 사는가

왜 사는가? 일을 하기 위해 산다. 왜 일하는가? 무엇을 이루기 위해서다. 그 무엇을 이루기 위해 학교에서 교육을 받고 공부를 한다. 그러고 나서 무엇을 하는 사람이 될 것인지를 정하고 그에 맞는 직장을 구하고 일을 한다.

일을 하는 것은 삶의 목표를 달성하고 꿈을 이루기 위한 수단이다. 그 목표의 크기와 꿈의 높이에 따라 빨리 이루기도 하고 더 시간이 걸리기도 한다. 언젠가는 목표에 도달하고 꿈을 이루게 된다. 내가 꾼 꿈을 내가 왜 이루지 못하겠는가. 나는 오늘도 꿈을 향해 목표에 도달하기 위해 일하고 배운다. 꿈을 이루면 꿈 넘어 꿈을 꿀 것이다.

스스로 일하는 사람, 시켜야만 일하는 사람, 아무 일도 하지 않는 사람이 있다. 아무 일도 할 의지가 없는 사람은 사는 목적이 없는 사람이다. 사는 대로 목적이 된다. 불쌍한 존재이다.

시켜야 일을 하는 사람은 스스로 일할 의지가 없는 사람이다. 시키는 대로, 하라는 대로 하는 사람이다. 있으나 없으나 한 사람이다.

스스로 하는 사람은 어떤 일도 할 수 있는 사람이다. 스스로의 의지로 일하고, 스스로 정한 목표를 달성하는 사람이다. 남을 도울 수도 남의 부족함을 메워 줄 수도 있는 사람이다. 이런 사람이 꼭 필요한 사람이다. 이런 사람이 왜 사는가를 알고, 그대로 실천하는 사람이다.

시키면 시키는 대로, 하라면 하라는 대로 하는 사람 중에도 스스로 할 수 있는 사람이 많다. 상사가 지시하니까, "내가 뭐"라는 겸손한 사람에 대한 이야기이다. 겸손해도 할 말은 해야 하고, "제 생각은 다릅니다"라고 말해야 한다. 시키기 전에 스스로 하도록 해야 한다. 시키지 않고 그대로 두면 스스로 할 수 있다. "그냥 시키는 대로 해"라는 사람이 문제이다.

⁝ 배움에는 끝이 없다

새 생명이 태어나면 제일 먼저 귀로 듣고, 눈으로 보고, 입으로 따라 하고, 마음으로 읽기를 배운다고 한다. 우리는 끊임없이 듣고, 보고, 읽고, 배워야 한다. 모든 것을 알고 있다고, 답을 이미 알고 있다고 착각하지 마라.

그리고 내가 예전에 해 본 것이라 생각하지 마라. 당신이 알고 있는 것은 한물간 지식이고, 문제가 바뀌었기 때문에 당신이 알고 있는 것은 이미 답이 아니다. 전에 해 본 것은 과거가 되었다. 항상 무언가 배워야 한다. 적극적으로 듣고 이해할 때까지 들어야 한다. 보이는 것은 보아야 하고, 보이지 않는 것도 찾아서 보아야 한다. 눈으로 읽고 마음으로 읽고 머리로 기억해야 한다. 배우는 자는 이길 수가 없고, 배우지 않고는 앞설 수가 없다.

「법구경」에 "스스로 모른다고 생각하면 이미 지혜를 얻는 것이나, 스스로 안다고 생각하는 것은 어리석음이다"라는 말이 있다. 살아 있는 한 배워라. 어떻게 살아야 할지를 배우고 어떤 방법으로 살 것인지를 배우고 학습하라. 영원히 산다고 생각하고 배워라. 일하라. 내일 죽을지 모른다고 생각하고 일하라.

내일 죽는다면 지금 해야 할 일이, 지금 마무리해야 할 일이 많지 않은가. 배워도 쓸 곳이 없다고? 이제 나이가 들어서 늦었다고? 그래도 계속 배워라. 다 알아도 배워라. 배우면 내가 모른다는 것을 알게 된다. 내일 죽는데 왜 일을 하냐고? 내일 죽는다면 하던 일도 그만두겠다고? 그러면 아무 일도 하지 않고, 하던 일도 마무리하지 않는 사람으로 기억될 것이다. 무용한 사람, 미완성의 사람으로.

배움의 과정은 끝이 없다. 부모님 도움으로, 또한 아르바이트로 벌어서 수업료를 내고 배운 뒤에 드디어 직장을 얻는다. 학생에서 직업인으로 바뀐다. 그리고 느끼게 되는 것, 내가 아는 것, 배운 것에 대한 궁핍, 무엇이든 할 수 있을 것 같은 자신감에서 현장에서 느끼는 부담감과 무력감, 무너지는 존재감, 어렵고 힘든 일. 이것을 초기 직장 스트레스라고 한다.

그래서 우리는 배워야 한다. 수업료 대신 월급을 받으면서 공부를 계속해야 한다. 전공을 넘어 직종을 넘어 한계를 넘어, 읽고 보고 들으며 배워야 한다. 전공이 부전공이 되고 학교에서 배우지 못한 과목을 전공으로 공부해야 한다. 30년의 공부가 30년을 편안하게 한다.

살아 있는 한 배우기를 계속해야 한다. 얕은 지식은 오히려 위험하니 더 많이 배워야 한다. 배움에는 완성이 없다. 사람이 산다는 것은 배움의 연속이 아닌가. 죽은 자는 배울 수 없다. 배우기란 무엇인가? 모르는 것을 아는 것, 즉 학문과 학식을 터득하는 것이다.

늘 알고 있는 것보다 모르는 것이 더 많고 지혜는 항상 모자라고 알고 있는 상식은 일부이다. 배우지 않으면 부족함을 알지 못한다. 바다에 사는 고래가 어찌 산 정상의 호수를 알겠는가. 산에 올라보지 않은 사람이 어찌 산 넘어 산을 알겠는가. 내가 아직 볼 수 있고 읽을 수 있고 느낄 수 있음은 계속하여 배울 수 있다는 뜻이 아니겠는가.

살아가는 것 자체가 공부이다. 잘 살기 위하여 공부해야 한다. 살면서 배우고 사람을 만나며 사람과 대화하며 스스로 생각하며 배운다. 내가 누구인지 알기 위하여 실천하기 위하여 배워야 한다. 모르는 것은 모른다고 생각해야 배울 수 있다. 모르는 것은 모른다고 말해야 인정받는다.

⁝ 책은 닥치는 대로 읽어라

대한민국 성인의 독서율은 65%, 연평균 독서량 9권, 교보문고 고객 상위 0.1%가 읽는 연간 독서량이 200권, 우리나라 국민 35%는 책과는 거리가 먼 사람들이라고 한다.

당신은 어느 부류에 속하는가? 65%, 35%, 0.1%? 왜 책을 읽느냐, 어떤 책을 읽느냐, 어떻게 읽느냐는 각자의 재량이다. 책을 읽는 목적과 독서의 효과는 초등학교에서 배웠다. 옛날 그 시절에는 새해의 중요한 각오가 독서였고, 취미란에는 독서라고 쓰는 학생들이 많았다. 그리고 가장 만만한 특활반이 독서반이었다.

지금도 직장에도, 사회에도, 학교에도 독서동우회, 독서회, 독서경영 자포럼이 있고 독서경영을 사훈으로 하는 기업도 있고, 매년 책을 선물 하는 회장님도 있다. 나는 해외출장 때마다 평균 2권씩을 샀으니 500회 출장에 1천여 권(겨우 0.1% 고객이 5년간에 읽는 정도)을 산 셈이다. 모두 회사 덕분이다.

왜 책을 읽는가? 독서의 중요성, 책 읽는 법, 이에 대한 전문가는 많다. 강좌도 있고, 심지어 책 읽는 법에 대한 책까지 출간이 되었고, 인터넷에서도 관련 정보가 넘쳐난다. 여기 비전문가의 책 읽는 법이 있다.

책을 왜 읽는가? '있으니까 읽는다'가 정답이 아니겠는가. 지식을 찾고 지혜를 얻고, 사람이 살아가야 할 방법을 찾기 위하여 읽는다. 그렇다. 책 속에서 인생의 방향을 찾고 살아갈 길을 찾는다.

책에서 보통사람을 만나고 유명인사도 만나고 스승도 만난다. 책에서 가르침을 받고 대화도 하고 논쟁도 한다. 책은 언어의 장벽이 없는 넓은 세계이다.

태초에 길이 있어서 사람이 지나간 것이 아니라 사람이 지나가면서 길이 되었다. 책 속에 길이 있는 것이 아니라 책 속에서 찾아낸 것이 나의 길이 되도록 해야 한다. 내가 갈 길을 내가 찾아야지 저자에게 묻지 마라.

그럼 책을 어떻게 읽어야 하는가? 전문가의 도서에도 나와 있고 인터넷 블로그에도 책 잘 읽는 법을 소개해 놓은 것이 있다. 하지만 나의 방법은 다르다. 아니, 그 반대이다.

사람은 먹지 않고는 살 수가 없다. 먹는 음식이 사람을 만든다고 한다. 풀을 먹으면 초식동물이고 고기를 먹으면 육식동물이고, 아무거나 먹는 것은 잡식동물이고 사람이다. 책 읽기도 음식 먹기와 비슷하지 않겠는가. 육체를 살리는 것이 음식이고 뇌와 마음을 움직이는 것이 책 읽기니까. 편식하지 말고 닥치는 대로 읽어라.

저자를 따지지 말고 제목과 장르, 부피를 구분하지 말고, 시대 음식과 계절 음식을 즐겨라. 시대별로 구분해서, 계절에 맞추어서 읽으면 더욱 좋다. 배고프면 먹어라. 시간 구분, 아침, 점심, 저녁 구분할 필요 없이 시간 나면 읽고, 읽고 싶으면 읽어라. 시작했으면 끝을 내라. 읽다가 재미없어도 내용이 마음에 들지 않아도 끝까지 읽어라. 양식, 일식, 중식 구분하지 마라. 국내 도서, 외국 도서 구분 없이 읽어라. 미국 경제서적, 일본 사무라이 소설, 중국 고전도 읽어라.

밥 먹고 난 자리는 깨끗해야 한다. 책에 밑줄을 치고 형광펜을 칠하고 딱지를 붙이지 마라. 깨끗하게 읽어라. 더럽히지 마라. 먹고 남은 음식을 냉장고에 보관하듯, 빈그릇은 찬장에 차곡차곡 넣어 두듯, 읽은 책은 책장에 보관하고, 읽고 있는 책은 책상 위 책꽂이에 꽂아 두라.

같은 책을 읽고 또 읽고 세 번이나 읽을 필요는 없다. 건너뛰면서 읽어도 안 된다. 읽기 시작했으면 끝까지 읽어라. 가능한 빨리 읽어라, 다음 책이 기다려지니까.

읽어도 기억이 나지 않는다고 걱정하지 마라. 기억하기 위해 독서노트를 작성하지 마라. 어차피 마지막 책장을 닫으면 내용이야 금방 잊혀진다. 3일, 아니면 100일만 지나면 가물가물하기는 마찬가지다.

당신의 뇌는 컴퓨터 저장장치가 아니다. 내가 읽은 책에 대한 내용은 기억을 넘어 의식과 무의식의 세계에 기록된다. 한계가 없는 계량할 수 없는 용량이다. 나는 기억하지 못할지라도 나의 뇌는 모든 것을 저장한다. 저장되어 있어야 기억해 낼 수 있다. 나의 뇌는 내가 살아가야 할 목표와 방향 그리고 길을 알고 있다.

인천공항에는 CCTV가 2만 개나 있다고 한다. CCTV로 모든 것을 저장하고 기억한다. 단지 문제는 찾아내기이다. 나의 뇌는 CCTV보다 엄청나게 용량이 크다.

⁝ 어울리는 자리

회전의자는 임자가 따로 없고 앉으면 주인이라는 이야기가 있다. 앉는다고 주인이 되는가? 그것도 회전의자 나름이다. 모두들 넓은 터에 큰 집을 짓고 큰 차를 타면서 잘 살고 싶어한다. 터보다 집이 크면 터가 건물에 눌리고, 사람보다 집이 크면 사람이 집에 눌리고, 사람보다 차가 크면 사람이 보이지 않게 된다.

기업에서도 사회에서도 자기 자질과 능력 그리고 적성을 불문하고 큰 자리, 높은 자리를 원하는 사람이 많고, 한 자리를 놓고 경쟁이 치열하다. 자기에게 맞는 자리, 어울리는 자리가 중요하다. 자질과 능력에 버거운 자리에 앉으면 그 사람은 어떻게 되겠는가. 자신도 버리고 조직도 위태롭게 한다.

어울리는 자리, 자기보다 조금 모자라는 자리에 앉으면 어떤가. 능력의 70% 자리가 좋다고 한다. 너무 편하지 않겠는가. 자기 능력을 키우고, 자질도 적성도 고정된 것이 아니고 성숙하고 향상되고 발전하는 것이 아닌가.

지금의 능력 120%가 요구되는 자리는 어떤가. 당장 모자라는 능력은 남에게서 빌릴 수도 있고, 정·부로 나누어 분업할 수도 있다. 그럼 얼마 지난 뒤에는 능력이 배가 되어 있을 것이다.

세상에 그 많던 천재는 다 어디로 갔는가? 몇 사람은 지금도 천재인가. 천재로서 역할을 하고 있는가. 대부분의 천재는 지금 범재, 보통사람이 되었는가? 천재도 노력하지 않고 120% 부담이 없으면 그냥 70%에 안주하면 범재가 된다. 150%의 수재가 100%의 보통사람이 된다.

지능은 쓸수록 높아지고 근육도 움직일수록 강화된다. 지능을 쓰는 자리, 지혜가 필요한 자리, 근육이 요구되는 자리는 구분해야 한다. 나에게 가장 맞는 자리가 내 자리이다.

⁞ 아침형 인간

여러분은 아침 몇 시에 일어나는가? 왜 그 시간에 일어나는가? 습관적인가? 아침 일찍 일어나면 하루를 상쾌하게 시작하고 하루 계획과 일정을 세우는 데도 좋다. 아침 시간은 업무의 황금시간이다. 오전 업무효율이 오후보다 3배 높다는 보고도 있다. 사람의 뇌는 아침에 가장 활발하고, 집중력도 아침이 가장 높다.

긴급하고 중요한 일은 아침에 처리하는 것이 좋다. 창의적인 업무와 집중력이 필요한 일은 오전 10시까지는 끝내야 한다. 귀한 아침 시간에 이메일을 확인하거나 조간신문을 뒤적이고 잡담을 하면서 보내지는 않는가? 어제 회의록이나 별 볼일 없는 장황한 보고서를 들고 아침시간을 보내는 것은 아닌가. 이것은 시간 낭비이다.

인간은 자연에 순응할 때 가장 인간답고 효율적이라 한다. 하늘이 밝아오면 일어나고 어두워지면 쉬는 것이 인간이다. 회사의 출근시간을 계절별로 바꿀 수는 없다. 해가 가장 빨리 뜨는 여름을 기준으로 아침 6시 전에는 일어나야 한다. 5시면 여유가 있어 더욱 좋다. 퇴근시간은 겨울 기준으로 어두워지기 시작하는 저녁 5시이다. 공평하지 아니한가?

오후 업무는 어떤가. 시간이 많이 걸리는 업무, 자료를 많이 찾아야 하는 일, 여러 사람과 의논해야 할 일은 오후에 해야 한다. 중요하지 않은 회의도 오후가 좋다. 식사 후에는 회의, 협조, 부탁하기 좋은 시간이다.

사람은 배가 부르면 여유가 생기고 관대해진다. 예스를 얻어내기에 좋은 기회이다. 그러나 오후 5시 이후는 금물이다. 5시 이후의 업무는 내일로 넘어가는 것이 순리이다. 빨리 해도 오늘 조치할 것은 없지 않는가. 여러분의 퇴근시간은 어떤가. 당신은 마지막에 사무실 문을 닫는 사람인가. 상사가 나가도록 기다리는가. 항상 동료 다음 차례인가. 정시에 퇴근하기, 아침형 인간의 기본이다.

﹔젊은 사람, 나이 든 사람

사람에게는 라이프 사이클이 있고 상품에는 프로덕트 라이프 사이클이 있어 성장기, 성숙기, 장년기, 쇠퇴기로 나뉜다. 생애 주기별로 보면 성장기는 20~30대, 성숙기는 30~50대, 장년기는 50~60대, 그 이후는 쇠퇴기로 볼 수 있다.

일반적인 이론은 성장기에는 아직 시간이 많고 선택지가 많으며, 실패해도 재도전의 기회가 있다고 한다. 따라서 다양한 분야에 관심을 가지고 다양한 시도를 해 보고, 다양한 경험을 해 볼 것을 권장하고 있다. 자신에게 충분히 투자하라고 한다.

반면 장년기에는 남은 시간이 얼마 없으니, 다른 것을 찾고 다른 경험을 갖기보다는 지금 하고 있는 일을 마무리하는 데 최선을 다하도록 해야 한다. 이것저것 헤매지 말고 쇠퇴기에 들어갈 준비(노후준비)에 집중하는 것이 최선이라는 충고이다. 이 같은 일반 시론은 일리가 있기도 하지만 반은 틀린 가설이라고 본다.

30대 전후면 앞으로 할 일과 살아갈 방향에 대한 고민을 끝내고 이제 인생의 목표를 정할 때가 아닌가. 그렇기 때문에 시간 여유가 없고 선택 범위는 제한적이며 재도전의 기회도 한두 번뿐이다. 다양한 시도나 다방면에 대한 관심을 이제는 방향을 정해 좁혀 가야 하는 시점인 것이다.

자신에 대한 투자도 한 곳에 집중해서 더 이상 낭비가 되지 않도록 해야 한다. 졸업을 앞둔 사람은 진로를 정해야 하고, 직장인이 될 사람은 이에 대한 준비에 들어가야 한다. 직장인이 된 사람은 직장일이 힘들고 적응하기 어려울지라도, 이제는 내가 하고 있는 일을 좋아하고 내가 가장 잘하는 일로 만들어야 한다.

그리고 장년기를 넘어 쇠퇴기에도 아직 할 일이 많고 남은 시간도 많다. 지금까지 못해 본 것에 도전해 보고, 가보지 못한 길을 한번 가볼 수도 있다. 생각하기에 따라 노력하기에 따라 마무리할 일보다 벌리고 펼칠 일이 더 많다. 아직 선택할 기회가 있다는 것이다. 실패를 할 수도 있다. 단, 치명적이지만 않도록 하면 된다. 지금이라도 자신에게 투자한다면 충분한 가치를 만들 수 있다.

성장기이면 청춘이다. 청춘은 아프거나 아파할 이유가 전혀 없다. 앞길에 놓인 보석을 찾아내고 없는 길도 뚫어 도로를 만들 의지만 있으면 뭐든지 할 수 있다. 좌고우면, 방황을 끝내고 선택을 하라. 그리고 내가 선택한 것에 집중하면 된다. 기회는 지나가는 것이다. 기회가 올 때까지 기다리지 말고, 지금 밖에 나가 지나가는 기회를 잡아라. 그리고 내 것으로 만들어라.

정년을 앞둔 장년층, 새로운 길을 가고자 하는 나이 든 사람, 아직 시간은 충분히 남았고 할 일도 많다. 젊은 사람이 세상을 바꿀 수는 없다. 살아보지 않은 성장기에 있는 젊은이가 어떤 세상이 좋을지 알고 그렇게 바꿀 수 있겠는가. 나이 든 사람이 세상을 바꿀 수가 있다. 살아본 사람이 어떤 세상이 좋은 것인지를 알 것 아닌가.

술은 익을수록 좋은 것이고 명품은 오래된 것일수록 고가인 것이다. 도전하는 사람은 젊은 것이고 기회는 시도하는 사람에게 주어진다. 나이가 문제가 아니라 생각이 미래를 준비하도록 만든다. 인생에 1막, 2막은 없다. 그냥 인생으로 계속되고 있는 것이다.

⁏ 말을 잘하려면

"말 한 마디로 천냥 빚을 갚는다"는 속담이 있다. 말을 잘하면 어려운 일이나 불가능해 보이는 일도 해결할 수 있다는 뜻이다. 말을 잘하는 것이 인생을 성공적으로 살아가는 데 중요한 조건이라고 할 수도 있다.

그렇다면 말 잘하는 자질은 타고나는 것인가, 학습과 훈련의 결과인가? 55-35라는 이론이 있다.

말을 잘하게 하기 위해서 어릴 적부터 웅변학원에 보내기도 한다. 또 말 잘하기 강의를 듣기도 하고 전문기관에서 훈련을 받기도 한다. 그러나 말을 잘하는 것도 중요하지만 진실한 말로써 사람의 마음을 움직이는 것이 더욱 중요하다. 혼이 없는 달변가보다 진심어린 눌변이 사람을 움직이게 한다.

말을 잘하려면 먼저 생각하기, 두 번째는 글쓰기, 다음은 말하기다. 그래서 웅변학원보다 글쓰기반보다 생각하기 연습이 우선이다. 먼저 말을 듣고 생각해야 한다.

상대를 보면서 생각해야 한다. 생각은 넓게, 이해를 깊게 하고 말해야 한다. 글로 써보고 아니면 말하기 전 마음으로 글쓰기를 해 보아야 한다. 일관성이 있는지, 또박또박 한 자 한 자 써본다는 기분으로 생각해 보아야 한다. 미리 앞서서 생각해 볼수록 좋다.

그리고 말하라. 생각해 보고 글 쓰듯이 다시 생각해 보고 말하라. 듣기 좋고, 이해하기 쉽고, 아름다운 말을 하는 것이 바로 말을 잘하는 것이다. 알아듣기 좋으면 전달이 잘 되고, 전달이 되면 이해가 쉽다. 이해가 되어야 설득이 되고, 아름다운 말이 공감을 얻는다.

말한 뒤에는 행동이다. 말한 대로 행동해야 한다. 상대보다 먼저 행동해야 한다. 내가 행동해야 상대도 따른다.

생각하기, 말하기, 쓰기, 행동하기의 방법, 영어로는 4E's이다. 즉 Think Enrichingly, Write Edgingly, Speak Energetically and Act

Enthusiastically이다. 그러나 각 단계는 동시에 일어나야 한다. 생각하면서 쓰고, 쓰면서 말하고, 말하면서 행동한다. 준비된 말은 누구도 할 수 있다. 말을 잘 못해도 진실하면 소통이 된다. 준비되지 않은 말도 해야 한다.

먼저 생각하고, 따져보고 말해야 한다. 말은 면접용, 웅변용이 아니고 행동하기 위한 것이다.

⦂ 시간을 잘 지키는 사람이 성공한다

시간 지키기는 사회적 약속이다. 세상은 시간과 공간으로 이루어져 있고, 이 세상을 살아가는 우리 모두의 관계는 사회적 약속에 의해 존재하는 사이이다.

모든 행동에는 시작과 끝이 있다. 시작과 끝은 약속이다. 언제 시작해서 언제 마치느냐의 약속, 우리가 살아오면서 의식적·무의식적으로 행하여 온 것이다.

직장생활은 약속을 하고, 그 약속을 지키는 과정이다. 본인과의 약속, 다른 사람들과의 약속, 직장과 회사와의 약속도 있다. 약속 지키기는 시간 지키기로부터 시작된다.

약속한 시간, 약속한 장소에 항상 늦는 사람이 있다. 늦게 도착하고 늦게 마친다. 회의시간은 물론이고 일을 마치는 시간, 서류를 내는 시간, 공항에 도착하는 시간까지 늦는다. 아니면 언제나 아슬아슬하고 위태위태하다. 왜 항상 늦을까?

첫째는 바빠서이다. 왜 바쁜가. 약속을 못 지키기 때문이다. 이런 사람들은 일이 겹친다. 이 일이 끝나기 전에 다음 일을 시작한다. 책상도 복잡하고 머리 또한 복잡하다.

둘째는 자기 과시의 한 형태이거나 상대에게 나를 중요한 사람으로 인식시키려는 의도거나, 나는 바쁘게 일을 많이 하는 사람으로 보이게 하기 위함이다. 아무도 존경해 주거나 인정해 주지 않지만 반복하여 습관이 된 사람이다.

셋째는 내 시간이 중요하다고 생각하기 때문이다. 시간을 아주 타이트하게 활용하고, 급하고, 중요한 용무가 있어 늦었다고 변명한다. 내 시간보다는 남의 시간이, 나 한 사람의 시간보다 다수의 시간이 훨씬 중요하다. 나는 중차대한 일로 늦었다는 핑계는 아무도 들어주지 않는다.

마지막으로는 약속 시간을 잊었다고 한다. 깜박했다고 변명한다. 이 말은 나는 바쁘다는 뜻이거나, 이 약속이 별로 중요하지 않다거나, 기억력에 문제가 있다는 것을 달리 표현한 것이다. 그 외에도 여러 가지 이유와 사정으로 늦는 경우도 있겠으나 더 이상 언급하는 것은 무의미한 것 같다.

직장에서도 세 가지 부류가 있다. 항상 늦는 사람, 시간을 딱 맞추는 사람, 언제나 5분 빠른 사람이다. 당신은 어떤 부류인가. 빠르면 빠를수록 좋다. 그럴수록 존경받고 인정받는다. "시간 안 지키기 세계 제일 푸틴도 있는데"라고 하지 마라. 푸틴을 제외한 모든 대통령은 시간 지키기의 고수들이다.

일찍 일어나고 일찍 출근하고, 밥 빨리 먹고, 말 빨리 하고, 언제나 앞줄에 앉고, 언제나 시간을 지키는 사람은 빠른 사람이 된다. 진급도 빨리하고 인정도 먼저 받고 퇴근도 빨리 할 수 있다.

우리은행 인터넷망에 아버지가 아들에게 전하는 말 1번에 이런 말이 있다.

"약속 시간에 늦는 사람하고는 동업하지 말거라. 시간 약속을 지키지 않는 사람은 모든 약속을 지키지 않는다."

⁏ 내가 선택한 그 길을 가라

어느 시인의 말처럼 두 갈래 길을 만난 사람은 한 길을 선택하게 된다. 그 길이 당신이 가고자 하는 길이니 그 길을 가야 한다. 남들이 가지 않은 길, 내가 선택한 길, 아무리 낯설어도 남에게 물어볼 수 없는 길, 그 길을 가야 한다. 지름길이 아니고 비포장도로라도 좋다. 평지가 아니고 높은 길, 험한 길이라도 좋다. 그 길을 가야 한다. 길이 없으면 길을 내서라도 가야 한다.

포장된 길, 남을 따라가는 길, 편한 길을 가면 새로운 것을 만날 수 없다. 가는 길이 낯설고 두렵지만 새로운 것을 만날 수 있는 그 길을 가야 한다. 혼자 가기 힘들 때는 다른 사람과 같이 가자. 같이 간다고 똑같이 보는 것은 아니다. 그 길을 가야 한다.

그리고 오랜 시간이 지난 후, 지치고 힘들어지면 그 길의 마지막에

닿게 된다. 그때는 돌아와 처음에 훗날을 위해 남겨 둔 길, 그 길로 다시 가야 한다. 새로운 경험을 위해서. 사람이 산다는 것은 선택의 연속이 아닌가. 선택에 후회는 없어야 한다. 내가 내 길을 가는데 무슨 후회가 있겠는가.

세상에는 내가 선택하지 않은 것과 내가 선택한 것이 있다. 누구의 자식으로 태어나고, 금수저로 태어나고, 어디가 고향이냐는 것은 내가 선택할 수 있는 것이 아니다. 그러나 학교, 직장, 직업, 배우자, 내 인생은 내가 선택한 것이다. 선택에는 책임이 따른다. 내가 선택한 것이 내가 가는 길이다.

내가 길을 가면, 내가 길을 내는 것이다. 내가 지난 길은 무수한 다수가 지나갈 길이다. 그렇지만 그런 다수는 누가 먼저 지나간 것인지 알 수가 없다. 다시 보면, 내가 가는 길은 무수히 많은 사람들이 이미 지나간 길이다. 내가 힘들고 어려우면, 그때 그 사람들은 어떠했겠는가.

; 숲을 지키는 나무, 변화와 적응

숲을 지키는 나무

못생긴 나무가 살아남아 숲을 이루고 산을 지킨다고 한다. 못생긴 자갈이 해변을 지키고, 이름 없는 풀들이 산야를 지킨다. 또 이름 없는 생선, 잡어가 양식이 점령한 횟집에서 대접을 받는다.

　우리 회사는, 우리 조직은 어떤가? IQ140, 명문대 출신, 토익 900점인 신입사원들은 어디에 있는가. 비교편향이라는 용어가 있다. 상사보다 못한 부하, 부하보다 못한 부하로 구성된 조직이 뭘 할 수 있겠는가? 좋은 회사는 좋은 인재가 필요하다. 위대한 회사에는 위대한 인재가 있어야 한다. 그런 사람들이 회사를 지키도록 해야 한다.

　살아남은 자, 필요한 자가 회사를 지키고 조직을 이루고 주인이 된다. 필요한 사람은 지능지수가 높은 사람, 출신이 대단한 사람, 외국 유학을 한 사람, 말을 잘하는 사람이 아니라 그냥 보통사람이다. 보통사람도 IQ가 높고 출신이 좋을 수도 있다. 지능지수보다는 EQ가 더욱 중요하다.

변화와 적응

　나무는 항상 그 자리에 있으면서 변화에 적응해 간다. 인간은 움직이면서 변화에 적응해 가는 동물이다. 자연이 만드는 변화, 그것은 사람의 영역 밖이다. 사람이 만드는 변화, 무엇이 변화를 만드는가. 그것은 생각과 행동이다. 앞선 생각과 행동이 변화를 만든다. 무엇이 변화인가. 그것은 움직임이다. 앞으로의 움직임이고 현재에서 미래로 진보해 가는 것이 곧 변화이다.

　생각이 없으면 변할 수 없고, 변하지 않으면 나아갈 수가 없다. 나아가지 않으면 과거가 된다. 내가 생각하지 않으면 남이 생각하게 된다. 변화를 주도하라. 그렇지 않으면 변화에 휩쓸리게 된다. 변화를 만들면 새 역사를 만들고, 변화에 떠밀리면 과거가 된다.

변화에 반응하라. 변화를 읽고 느끼고, 변화에 대비하여 변화가 왔을 때 반응하라. 반응하여야 변화를 넘을 수가 있다. 변화는 움직임이고 움직일 때 기회가 있다. 기회는 잡지 않으면 흘러간다. 변화에 반응하지 못하면 위기가 닥친다.

동식물은 진화라는 방법으로 환경변화에 적응한다. 개인은 생각과 행동을 바꾸어 대응한다. 기업은 혁신으로 변화를 주도한다. 이렇게 변화는 기회이다.

; 최후의 병기, 사표

병자호란, 그 전쟁에서의 최후 병기는 활이었다. 이 시대 직장생활의 최후의 무기는 '사표'이다. 표 4장이 아니라 직책에서 그만두겠다는 뜻을 적어서 내는 문서辭表이다. 조직의 리더는 사표를 품고 살아야 한다.

우리의 사업 목표, 우리가 한 약속을 지켜내지 못하면 책임진다는 최종의 징표인 사표. 우리가 사업 목표를 달성하기 위해서는 이러한 전제가 필수이며, 그러한 조건을 요구할 수 있는 용기, 아니면 직책을 물러나겠다는 각오, 이때도 준비해야 할 것이 바로 사표이다.

옛날 장군들은 출사표를 남기고 전장에 임하였다. 승리하지 못하면 돌아오지 않겠다는 사표師表를 남기고 임지로 떠났다. 매일이 전쟁이 아닌가. 수주도 전쟁이고 생산도 전투이고 현장 설치작업은 최후의 보류이다. 출사표, 사람 없이 전쟁에 임하겠는가. 조용히, 불만이 많지만 이것이 아니라고 생각하지만 좋은 것이 좋다고 하면서 사는 것이 비굴 아닌가. 굴기偏起해야 하지 않겠는가.

밖으로는 이제 그만이라고 하면서 마음속으로 장생을 바라는가, 짧고 길게 살기를. 옳다고 생각하는 것을 옳다고 말하는 용기, 길이 아니면 가지 않는 결단, 방향이 잘못되었다고 생각하면 옳은 방향을 제시하는 행동이 필요하다. 나만의 길이 아니고 모두의 길이기에, 나는 리더이기에. 내가 리더가 될 수 없으면 물러나야 한다. 역사는 계속 되어야 하지 않겠는가. 사표를 준비하라.

직무에 맞지 않는 사람, 직책에 적합하지 않는 사람, 직위에 어울리지 않는 사람은 전사가 될 수 없다. 이런 사람들은 후방 보급이나 지역 방어에 투입하는 것이 맞다. 최고의 실력자로, 최선의 노력을 다하는 사람들로 팀을 구성하라. 그리고 전쟁에 임하라. 백전백승할 수 있다.

; 능동적으로 그리고 적극적으로

세상에는 해야 하는 일이 있고, 하지 않아도 되는 일이 있다. 꼭 해야 하는 일이라면 주도적으로 능동적으로 해야 한다. 이왕 하는 일이라면 적극적으로 해야 한다. 소극적으로 하는 것은 마지못해 하는 것이고 흉내이지, 하는 것이 아니다. 소극적으로 해서 이룰 수 있는 것은 없다.

매사를 낙관적으로 보아야 한다. 가장 행복한 사람이 낙천적인 사람이다. 어렵고 비관적으로 보이는 일도 그 이면에는 낙천적으로 볼 비밀이 숨겨져 있다. 비관적인 사람을 가까이 하면 우울해지지만 낙관적인 사람이 주변에 있으면 나도 낙관적이게 된다. 사람의 기가 사람을 움직인다.

하지 않아야 하는 일, 하기 싫은 일은 하지 마라. 하는 척도 하지 마라. 내가 할 일은 남이 시키기 전에, 다른 사람이 부탁하기 전에 내가 주도해서 하라. 내가 하지 않으면 남이 하는 것을 지켜보아야 한다. 잘 되나 두고 보아야 한다.

2천 년 전 로마시대 네오 황제의 스승인 세네카도 인생도 짧고 시간도 짧다고 한탄하였다. 지금은 인생 100세로 길어졌지만, 여전히 시간은 짧다. 보내는 방법의 차이가 인식의 차이를 낳는다. 그냥 보내는 시간은 길고 길다. 그러나 도전하고 뭔가를 이루는 시간은 짧게 느껴진다. 직장생활 30~40년은 길다. 그러나 올바른 직장인으로 보내는 시간은 짧다.

긴 시간 연습만 하기에는, 하는 척만 하고 남을 탓하며 보내려 하는가. 소중하게, 영광스럽게 보낼 시간은 얼마 남지 않았다. 그 시간은 짧다. 도전할 수 있는 시간은 많이 남지 않았다. 시간을 능동적으로 사용하고 적극적으로 행동하면 남아 있는 시간은 충분하다. 시간이 짧은지 충분한지는 사용하는 사람에게 달려 있다.

⋮ 바람직하지 못한 사람

상대보다 한끝 차로 앞지르는 것을 형용사로 One-up이라 한다. 한술 더 뜨기를 Upmanship이라고 한다. One-upmanship은 언제나 한발 앞서려고 하는 것이다.

이런 사람이 있다. 시간 불문, 장소 불문, 상대 불문하고 대화에 끼어들고, 회의에서 나서고, 주제를 넘어 간섭을 하면서 무엇이든 앞서고, 앞서서 알고 있고, 그렇게 되는 걸 알고 있다고 스스로 생각하는 사람이 있다. 무엇이든 주도해야 직성이 풀리고 그렇지 못하면 불안한 사람이다. 이런 사람은 바로 앞에만 서려 한다. 그래서 항상 외롭다. 당신은 어떠한가?

인상관리Impression Management라는 단어가 있다. 자신에 대한 다른 사람의 인상을 조정하거나 통제하려는 시도이다. 조직 내에서 본인에 대한 다른 사람들의 시각에 영향을 주기 위한 인상관리 전술에 주의를 기울여야 한다. 빨리 출근하고 늦게 퇴근하는 사람, 충직한 사람, 모든 것을 알고 있는 사람, 회사 일을 우선하는 사람, 좋은 부하…. 인상관리 전략이 아닌지 한 번쯤 의심해 보라.

시간보다 중요한 것은 무엇을 하느냐이다. 나에게만 충직한 사람일 수도 있다. 부하가 아닌 상사로서는 어떠한지를 보라. 리더는 공평무사해야 하며 정리의 대상이 되면 안 된다.

조직을 운영할 때 썩은 사과라는 문제 인물을 조심해야 한다. 썩은 사과 같은 사람은 눈치와 기회 엿보기에 능하고, 불평과 불만이 많아 항상 투덜댄다. 문제가 생기면 변명부터 하고, 책임 회피에 급급하다. 동료와의 논쟁을 즐기며 부하에게는 엄격하다.

이런 썩은 사과는 찾아내기가 어렵고 좋은 향기가 나는 수도 있고, 쉽게 드러나지도 않지만 독성과 전염성이 강하며, 언제나 조직에 장애가 되고 손실을 초래한다. 이런 사람은 전면을 보지 말고 뒤를 보고 썩어 있는 사과인지를 찾아내고 그 즉시 들어내야 한다. 남들과 똑같아 보이고, 어떤 점에서는 남보다 더욱 나아 보이는 경우도 있지만, 특유의 썩은 향기에 취하지 말고 그 근원을 제거해야 한다.

나에게는 충성을 다하고, 아부에 능하여 좋은 사과로 보일 수도 있으나, 시간이 가면 알게 된다. 더 시간이 가기 전에, 전체를 망치기 전에 찾아내야 한다. 누가 썩은 사과인지는 동료가 알고, 부하가 더 잘 아는 수가 있다.

항상 자신은 앞선다고 생각하는 사람, 앞서야 직성이 풀리는 사람, 남의 평가에 연연하는 사람, 상사 앞에서는 부하에게는 고양이 같은 사람, 깨진 창문보다 무서운 썩은 사과 같은 사람은 바람직하지 못한 사람이다. 조직에 해가 되는 사람이다.

; 상사가 인정한 사람

동기는 학교에서만 중요한 것이 아니다. 기업에서도 입사 동기, 진급 동기, 같은 출신은 가깝고 서로 의지하고 서로 후원할 수 있는 관계이다. 그러나 경쟁사회, 회사 조직 내에서의 경쟁은 피할 수 없다. 좋은 의미로 선의의 경쟁이지, 사실은 다 걸기 경쟁이 훨씬 많다.

동기가 많을수록 경쟁은 치열해진다. 진급과 승진에서는 양보가 없다. 선의의 경쟁은 평화 시에는 동기의 도움이 필요 없을 수도 있다. 하지만 어려울 때, 위기의 순간에는 동기의 존재 의미를 알게 된다. 필요할 때 친구가 정말 좋은 친구이다.

동기의 범위를 기수에서 입사 연도로, 3년 기간으로 넓혀 보는 것이 필요하다. 한 치의 양보가 없던 진급 경쟁도 시간이 지나면 별것 아닌 것이 된다. 모두 부장이 되어 만나고, 임원이 되면 상무에서 만나고, 그만두면 자문으로, 직장 밖에서 모두가 사장으로 다시 만나게 된다.

조직은 목표가 있고 사람으로 구성되며 운영규정과 체계가 있다. 조직이 목표를 달성하기 위한 직무나 과업을 수행하는 실무자와 이를 지휘, 감독하고 리드하는 상사 또는 경영자가 있게 된다. 여기서 상사와 부하의 관계의 적정선이란 불가근불가원의 관계, 또는 Arm's Length라고도 한다. 상사와 부하가 비슷해도 문제이고 달라도 문제이고 너무 가까워도 문제이다.

그러나 강한 상사에게는 강한 부하가 있기 마련이다. 직속 상사와 부하는 가장 가까운 관계이면서 어려운 관계이다. 목표를 공유하는 지근의 위치지만 사람과 사람으로 사이가 좋기가 어렵다. 기업에서의 보고, 피보고 상대는 한 직급, 한 직책을 건너는 것이 가장 효과적이다. 직속 상하관계는 훌륭한 상사라도 어렵고, 똑똑한 부하라도 어렵다. 같이 뛰어나면 더욱 어렵다. 관계가 어렵다고 해서 꼭 나쁜 것만은 아니다.

사안에 대한 결정은 상사가 하게 된다. 많은 생각과 여러 가지를 감안한 후 결정을 하게 된다. 스스로 판단에 탁월한 결정, 자신 없는 결정, 부담되는 결정의 경우 부하의 의견을 구하게 된다. 위로받고 칭찬받고자 하는 의도인 경우도 있다. 이때 부하는, 2인자는 역린 건드리기에 유념해야 한다. 결정이 된 것이라면, 번복할 수 없는 것이라면 오직 칭찬하고 감탄하라.

상사의 결정에는 그럴만한 충분한 이유가 있다. 부하는 그 결정의 배경을 다 알 수 없으니 "잘한 것 같습니다"라고 하는 것이 정답이다. "잘 모르겠습니다"는 답이 아니다. 그러나 진정으로 상사가 물어올 때는 답할 준비를 하고 있어야 한다. 위임받은 결정은 내가 해야 한다.

어설프게 상사에게 충고하지 마라. 상사는 부하보다 훨씬 더 많이 생각하고 고민한다. 항상 다양한 정보와 참고자료를 가지고 있다. 그러나 항상 물음에는 답하고, 아니라고 생각되면 자신의 의사를 표현할 준비를 해 두어야 한다. 나에 대한 평가는 상사가 하는 것이다.

상사는 아무에게나 의견을 묻지 않고 답을 요구하지도 않는다. 당신이 상사의 질문을 받았다면, 당신은 상사가 인정하는 사람인 것이다.

⁞ 만나고 싶은 사람

매년 퇴임식은 회자정리會者定離, 사람은 만나면 헤어지고, 거자필반去者必返, 헤어지면 다시 만나게 된다는 단어로 시작된다. 그렇다. 우리는 회사에서 만난 사람들이다. 같이 근무하는 동안 동료, 파트너, 상사 또는 부하였다. 그리고 헤어지면 그립고, 다시 만나고 싶고, 먼저 연락해 보고 싶은 사람이 되어야 한다.

그런 사람이 되기 위해서는 함께 있을 때 즐거웠던 기억, 도움이 되었던 사람, 회사와 조직에 기여한 사람, 좋았던 사람으로 기억되어야 한다. 내가 떠난 뒤 누군가 나를 그리워해 준다면, 그런 사람이 여럿이라면, 나의 직장생활은 성공적이었다고 할 수 있다.

먼 옛날 이집트, 그리스, 로마 그리고 중국, 조선은 신들이 축의시대 Axial Age를 거쳐 오늘날의 영웅이 되었다. 영웅은 현명하고, 힘이 세고, 빠르고, 날기까지 한다. 잘생기는 것은 기본이었다. 지금은 G2 시대, 중국과 미국의 시대이다. 중국의 영웅은 장렬하게 최후를 마친다. Herotic Death이다. 사마천의 사기에 등장하는 150명 중 130명이 비극적인 인물이라 한다. 우리 삼국유사에 등장하는 영웅도 죽어서 이름을 남겼다. 독립투사도 순국하였다. 미국의 영웅은 마지막에 승자가 된다. 서부영화의 무법자도 죽지 않는다. 역할이 끝나면 죽지 않고 사라질 뿐이다. 삼국지의 영웅은 역사가 되었고, 미국의 영웅은 어벤저스에서 단체로 부활하였다.

미국의 영웅, 언제나 대의를 위해 악당에 맞선다. 정의를 세우고 마지막에는 늘 승리하는 미국의 상징이다. 지금 우리는 모두가 영웅이다. 온갖 무기와 장비로 무장하여 쎄고 빠르다. 우주선으로 지구 밖까지 날기도 한다. 성형외과 덕택에 모두 미인이 될 수 있다. 지난날 영웅이었던 우리는 오늘에 부활한 영웅이 되었다. 지구를 지키고 나라를 지키고 기업을 부흥하게 할 영웅적인 일꾼으로. 회사를 떠났지만 우리는 영웅으로 남았다.

현업에 있는 여러분들은 살아 있는 영웅이 되어야 한다. 새로운 영웅이 될 사람은 현업에 들어서야 한다. 만나고 싶은 사람, 영웅이 된 사람은 과거 사람이지만, 현재와 미래에 올 사람들도 영웅이 되어야 한다.

; 1만 시간을 투자하면

미국의 언론인 겸 작가인 말콤 글래드웰은 『아웃라이어』에서 1만 시간을 투자하면 그 분야에서 일가를 이루고 성공한 사람이 된다고 하였다. 하루 3시간, 10년에 1만 시간의 투자로 모차르트 같은 작곡가, 훌륭한 무사, 금메달을 딴 아이스하키 선수, 성공한 기업가가 될 수 있다면 나는 왜 못하겠는가.

소주 1만 병은 어떠한가. 일 년에 200병, 50년이면 1만 병, 한 해에 400병이면 25년이면 달성할 수 있는 목표가 아닌가. 한 가지로 어려우면 맥주도 좋다. 소맥 1만 병의 법칙, 우리는 할 수 있다. 기본 주량이

1회 1병이 안 되는 사람, 몇 병째인지를 기억하지 못하는 사람, 무취하는 맹꽁이, 음주운전자는 제외하고. 1만 병 투자의 효과, 이를 친절하게 설명하지 않아도 이해할 수 있지 않을까?

사람은 공부하는 존재이다. 공부란 배우는 것이다. 일하면서 배우고 생각하면서 학습하고 사람을 만나면서 대화하면서도 알아간다. 책은 사람을 만나게 하고 대화를 하게 하고 생각을 하게 한다. 책에서 배우는 것이다. 책을 1만 권 읽어서 배운 자, 깨달은 자가 되자. 30세 전에 학교에서 교과서와 참고서, 잡지, 만화, 소설 기타를 포함해서 5천 권을 읽은 것으로 치자. 그리고 나머지 30년 아니면 40년 동안에 5천 권을 읽자. 1년에 125권, 한 주에 2.5권을 독파하자. 그러면 배운 자, 깨달음을 얻은 자, 부다Buddha가 될 수 있지 않겠는가. 이 독서 1만 권의 법칙은 두보의 시詩에서 얘기하는 남아수독오거서男兒須讀五車書와 상통하는 것이다.

내가 담당하는 직무를 위해, 나의 직위에 마땅한 역할을 위해, 나의 직책에 어울리는 자질을 위해서 얼마의 시간을 투자하였는가. 1만 시간은 투자해야 전문가가 될 수 있다. 하루 4시간, 7년이면 달인이 될 수 있다. 직원에서 간부로, 간부에서 임원으로, 임원에서 경영자로 4개 분야에서 28년이면 성공한 직장인, 성공한 경영자가 될 수 있다.

위에서 얘기한 1만 시간의 집중, 1만 병의 법칙, 1만 권의 책읽기 또는 1만 시간의 투자 중 한 가지를 선택하여 집중하자. 그러면 자기 분야에서 일가를 이루어 전문가가 되고 앎을 깨우쳐 도道에 이르고 문리文理를 터득하고 무한덕후의 경지에 도달할 수 있다.

하루 1시간, 60분을 할애하여 어떤 공부를 하면 30년이면 1만 시간을 투자하는 것이고 그 분야에 전문가가 될 것이다. 울창한 숲이 30년 전에 누군가가 심은 작은 나무들로 이루어진 것과 같이 어떠한 역할도 할 수 있을 것이다. 결심만 하면 충분히 이룰 수 있다. 1만 시간을 옳게 투자하면 어떤 목적도 달성할 수 있는 것이다.

; 칭찬은 고래만 춤추게 하는 것이 아니다

우리가 스스로를 평가하고 외국 사람들이 한국 사람의 감성과 행동에 대하여 평가하는 말이 크게 차이가 나지 않는다고 생각한다. 우리는 예의 바르고 친절하며 성실하다. 그리고 감정에 치우치기 쉽고 자기표현에 서툴고 군중심리에 약한 경향이 있다. 이러한 한국인의 품성은 농경문화, 대동단결의 사회성에서 기인한 것이라고 볼 수 있다.

한국 기업과 직장문화는 서구식 유목민적, 바이킹적 전통, 십자군으로 표현되는 기독교 정신이 가미된 문화적 바탕에 동양적인 집단사회 의식이 혼재되어 있다고 할 수 있다.

직장은 조직이고 조직구성원 간에는 상하 관계가 성립된다. 기업은 어떤 목적을 위한 구성이고 구성원은 각자 또는 공동으로 주어진 임무를 완수해야 하는 책임이 있다.

상사는 부하직원에게 임무를 부여하고 부하가 직무를 수행하면서 조직에 주어진 목표를 달성하게 하는 것이고, 부하는 상사의 지시에 의거 또는 고유한 직무를 수행하여 조직의 목표 달성에 기여하는 것이다.

이러한 과정에서 상사는 부하의 일이나 성과에 대하여 만족할 경우에는 칭찬을 하게 되고, 부하의 행동이나 업적이 마땅치 않을 때는 야단을 치게 된다.

부하도 상사의 성품이나 리더십, 업적에 대하여 평가하게 되고 결과에 따라 상사를 칭찬할 수도 있고 불만을 표현할 수도 있다. 그러나 상사든 부하든 칭찬, 야단, 자기의사 표현에 익숙하지 않거나 인색할 수도 있어 상하 간에 소통이 이루어지지 않는 사례가 많다.

칭찬의 목적은 잘한 것을 잘한다고 하여 더욱 잘하게 하는 것이며, 야단을 치게 되는 이유는 잘못을 되풀이하지 않도록 하거나 잘못한 것을 잘하도록 하는 데 있다. 표현하지 않는 칭찬이나 야단은 효용가치가 없는 것이다. 또한 상사가 부하한테, 부하가 상사에게 자기의사를 표현하고 상대를 설득하는 과정에 익숙지 못하여 이러한 의사소통이 생략되는 경우가 많다. 이런 경향으로 인해 창의적인 아이디어가 사장되고 조직의 방향에 착오가 생기고, 내부 소통의 부족으로 오해가 일어나고 궁극적으로는 효과적인 조직운영과 활동이 되지 못하는 경우가 있다.

상사는 부하의 일과 성과를 칭찬해 주는 문화, 부하는 상사의 리더십과 업적을 평가해 주는 분위기, 부하의 실수나 오류를 즉시 바로잡아 주고 잘못된 것은 시정할 수 있도록 하는 것이 필요하다.

칭찬은 윗사람이 아랫사람에게 하는 것으로, 야단은 상사에서 부하로의 일방적 흐름으로 보고, 상사의 의견이나 지시에 순응하는 것이 부하의 의무라는 오류를 벗어나도록 해야 한다. 사람은 획일적인 존재가 아니다. 칭찬은 쌍방향 흐름이고, 야단은 부하의 잘못에 대한 나무람이면서 상사에 대한 자기의사 표시로 승화시켜야 한다.

칭찬에 인색한 이유 중 하나는 우리가 일방적 칭찬에 익숙한 것, 칭찬받는 것에만 숙달되어 있고 칭찬하는 것에 대한 어색함이라고 볼 수 있다. 또한 야단은 상대의 마음을 상하게 하는 것으로, 그냥 참는 것이 만사에 좋다는 의식도 작용한 것이라 하겠다. 칭찬과 야단에 익숙한 조직이 목표 지향적 조직이고 효과적인 조직이다.

칭찬을 받으면 기분이 좋아지고 칭찬은 감정과 관심의 또 다른 표현이다. 칭찬을 받으면 감동하고, 칭찬을 받으면 더 잘하게 된다. 칭찬은 그때 그때 아니면 모아서 해도 좋고 개인적으로 또는 모든 사람들 앞에서 하여도 좋다.

칭찬하기 위해서는 대상부터 찾아야 한다. 당연한 업무와 의무적으로 하여야 하는 일들도 칭찬 대상이다. 당연히 해야 하는 일을 잘하는 것, 의무적인 것에 추가로 한 일, 목적대로 성과를 거둔 일, 예상보다 나은 결과를 만들어 낸 것도 물론 칭찬의 소재이다. 지난번보다 잘한 일, 다른 사람보다 나은 성과 등도 칭찬받아야 할 일인 것이다. 조직에서 일상적으로 하고 있는 일을 더 잘하도록 하게 하는 것이 리더의 역할이다.

야단은 칭찬과 같이 관심과 감정의 다른 표현이다. 야단은 기대이며 상사에 대한 평가이다. 야단은 의사를 전달하는 방법이며 일을 잘하게 하는 절차이다. 야단은 모아서 하는 것이 아니고 즉각적이고, 그 대상은 구체적이어야 한다. 야단은 개인적으로, 개별적으로 하여야 한다.

서로 칭찬하는 조직, 서로 인정하고 평가하고 잘하도록 하는 조직이 강한 조직이다. 야단이 없는 조직, 자기표현이 없는 일방적 조직은 강한 조직이 될 수 없다. 칭찬과 야단에는 명분도 필요 없고, 체면손상도 없는 것이다. 서로가 잘되기 위한 것이며 상대가 잘하기를 바라는 것이다. 잘했다고, 큰일 했다고, 대단한 일 했다고 칭찬하자.

⠿ 아이와 직원에 대한 투자

보통 집에서 자식을 키우고 훈육해 보면 어릴 때는 모두 뛰어나 보인다. 천재는 아니어도 여러 가지를 종합해 볼 때 대단한 아이로 기대를 갖게 된다. 그러다 어느 나이가 되면 공부와 관련해서 세 가지로 구분된다.

첫째는 공부를 잘하는 아이이다. 시키지 않아도 열심히 하지 않아도 잘하는 것이다. 둘째는 시키면 잘하는 아이이다. 그대로 두면 그럭저럭 중간쯤은 간다. 셋째는 공부를 못하는 아이이다. 억지로 시켜도 진전이 없는 경우이다.

공부를 잘하는 아이의 부모는 더 잘하도록 공부를 시킨다. 국어를 잘하면 산수도 시키고, 음악, 미술 과외도 하고 온갖 공부를 시킨다. 아이가 잘 따라하니 더욱 많이 시킨다. 아이는 지치면서도 꾸역꾸역 따른다.

시켜야 잘하는 아이의 부모도 모든 것을 잘할 것으로 믿고 여러 가지를 시킨다. 아이는 하나를 배우면 그 과목을 잘한다. 하지만 다른 과목에 치중하면 지난 과목은 잊어버린다. 그래도 여러 가지를 번갈아 시킨다.

공부를 못하는 아이 부모도 역시 아이에게 여러 가지를 시킨다. 아이는 따라가지 못하지만 부모는 안타까운 마음에서 교육에 더욱 집중한다. 나중에는 아이도 지치고 부모도 지치게 된다.

투자와 효과면에서 첫째 경우에는 낭비이다. 그냥 두어도 잘할 수 있는데 과하게 시키니 낭비인 것이다. 아이의 취향과 재능이 강압적인 통제로 사라지는 경우도 발생하니 손해가 되는 수도 있다.

둘째 경우에는 투자한 만큼 효과가 나지 않는 과잉투자이다. 부모도 아이도 노력을 많이 하지만 효과는 제한적이다. 일정부분은 효과가 있으니 나름대로는 가치가 있다고 할 수 있지만, 효과적인 방법은 한 곳에 집중해 투자해서 그것이라도 아이 스스로 잘하도록 하는 것이 최선이다.

셋째 경우는 아이도 고생하고 부모도 많은 노력과 투자를 하지만 효과는 없는 경우로 투자 실패이다. 아이의 적성과 수준에 맞는 분야를 찾는 것이 가장 효과적인 대책이 될 것이다.

기업의 인사관리, 자원관리도 마찬가지다. 스스로 하는 사람, 뭔가를 찾아서 해내는 사람은 그냥 두면 된다. 방향만 제시해 주고 필요한 지원만 해 주면 역할을 한다.

시키면 시킨 만큼 하는 사람은 계속해서 지시하고 확인하고 통제가 필요하다. 지시도 구체적으로 해 주어야 하고 결과에 대한 피드백도 상세하게 해 주어야 한다.

아무것도 못하는 사람은 문제이다. 무엇을 해도 오류나 실수가 우려되어 맡기기가 어렵다. 이런 사람은 업종 전환이나 전직을 검토해야 한다.

그러나 현실은 일 잘하는 사람에게 지나치게 간섭을 하여 의지를 상실하게 하거나 아니면 방해가 되고, 구체적인 업무지시가 필요한 사람을 알아서 하게 하여 부담을 주거나 아니면 실수가 반복되게 하여 의욕을 상실하게 하고 위기소침하게 하는 경우도 있다.

반면 뭔가를 할 수 없는 사람에게 기대를 갖고 교육과 훈련을 하고 억지로 되지 않는 일을 시켜 낭비를 하고 잘못하면 엉뚱한 사고를 치는 경우도 발생한다. 다른 사람에게 나쁜 영향을 미치는 수도 있다.

기업인사에서 가장 많은 낭비를 하는 곳이 시켜야 하는 사람을 스스로 하도록 하는 투자이다. 형식적으로는 효과적인 투자로 보이나 실제적인 효과를 보기는 상당히 어렵다. 투자 대비 효과가 제한적이라는 얘기이다.

자식은 바꿀 수가 없으니 어쩔 수가 없다. 적성에 맞추고 능력에 따라서 교육하고 훈련을 시켜 스스로 살아가게 해야 한다. 하지만 기업은 다르다. 채용하기보다 어려운 것이 해고이다. 그렇기 때문에 채용 때 옥석을 가릴 수 있도록 인사 시스템을 구축하고 인선에 최선을 다해야 한다. 채용 후에는 개별적으로 적성에 맞게 배치해야 한다. 문제 그룹에 대하여는 조직이나 주변에 악영향을 초래하지 않도록 인사관리에 주의해야 한다.

조직의 힘, 역량, 실행력은 조직구성원 능력의 총합임을 감안하여 인적자원 관리가 되도록 해야 하는 것이다. 태도는 교육으로 바꿀 수 있지만 자질과 능력의 반은 타고난다는 것에 유의해야 한다.

; 성공과 실패, 심리학 용어들

기업체나 조직, 단체, 사회에는 성공한 사람과 성공한 사업가가 많다. 반면에 성공하지 못하였거나 실패한 사례도 많이 있다. 아니면 성공과 실패, 실패와 성공이 되풀이되는 경우도 많다.

이렇게 피하지 못하고 반복되는 성공과 실패의 근원을 심리학, 사회심리학, 인지심리학 관점에서 찾는 경향이 있고, 이에 대한 많은 이론과 논문, 서적들이 출판되기도 하였다.

상황판단과 의사결정은 합리적이고 논리적으로 하고, 해야 하는 일과 하지 말아야 할 일을 구분하고, 편견이나 오류에 빠지지 말고, 반대의견을 경청하고 모든 아이디어에 개방적이어야 한다는 등 많은 이론과 사례들이 제시되고 있지만, 여전히 여러 가지 형태로 개인이든 조직이든 실패를 피하지 못하고 성공과 실패가 되풀이되는 경우가 목격되고 있다.

이는 지식으로 알고 있고 이론으로 인지하고 있지만 이것이 일상적인 생활이나 추진업무, 정책이나 의사결정, 상황판단 및 대처방향 결정에 효과적으로 영향을 미치지 못하기 때문으로 보인다. 사안이 발생하고 문제가 커진 후에나 그 사유나 원인분석의 배경으로 인용되는 것으로 거치는 경향이 많은 것이다.

여기에서는 실제업무 수행과정에서 또는 문제 발생시 이에 대한 원인분석으로 인지한 내용, 기타 일반이론으로 실무에 영향을 미치는 경우가 많은 사례들에 대하여 언급해 보고자 한다.

먼저 휴브리스hubris 문제이다. 경영자나 리더의 과신과 오만으로 인해 저지르게 되는 과오이다. 리더는 불가능이란 없다. 어떤 목표라도 불가하지 않다는 리더십이면 탁월한 성과를 낼 수도 있다. 하지만 지나친 자신감은 자만심으로 변하면서 치명적 결과를 낳을 수 있다. 이를 휴브리스 효과라 한다.

사람은 심리적으로 사회적으로 비교하는 경향이 있다. 이러한 경향이 앞선 기업이나 뛰어난 사람에 대한 질투와 경쟁심을 유발하게 된다. 이렇게 뒤처질 수 없다, 이겨야 한다는 심리가 고무적인 결과를 이끌어 낼 수도 있다. 하지만 너무 집착하게 되면 오류에 빠지게 되고 감당할 수 없는 결과를 낳게 된다.

기업 경영자는 합리적 · 논리적 의사결정을 할 것이라는 전제가 기준이 된다. 따라서 대부분 적절한 의사결정을 하게 되지만 때로는 합리적으로 예상할 수 없는 어떤 상황이 발생하면 잘못된 의사결정을 하게 되고 이로 인해 치명적인 문제가 발생할 수 있다. 이렇게 합리적 판단을 하지 못하는 사유를 심리학적으로 편견, 프레이밍 효과, 휴리스틱스로 대별하기도 한다.

편견은 과신, 지나친 낙관, 확증편향으로 구분되고 프레이밍 효과는 인식의 틀에 얽매임, 관점의 차이, 관례나 타성, 고정관념에 의존하는 것으로 해석한다. 휴리스틱스는 어림원칙으로 분석보다는 직감에 의존하거나 일부를 전체로 보는 경향, 실제로 존재하지 않는 원인을 찾는 형태로 이해할 수 있다.

의사결정의 근거로 관련 정보나 지식이 인용된다. 말이나 글로써 요약된 지식을 경험에서 얻은 지식보다 우선시하는 경향이 있다. 실제적 경험으로 축적된 지식은 평가절하 되고 일반적인 이론이나 주변부의 의견이 판단의 배경이 되면 잘못된 의사결정을 하게 된다.

정보에 대한 편견으로 최근 정보 우선, 처음 얻은 지식 중시, 유리한 정보만 채택, 불리한 가설은 외면, 보고 싶은 것만 보고 믿고 싶은 것만 믿는 편향, 많은 정보가 더 나은 의사결정을 하게 된다는 정보편향 등으로 인해 오류를 범하는 사례가 많다.

또한 지나친 자기긍정, 즉 우월성 추구가 문제가 되기도 한다. 나는 할 수 있다, 나는 알고 있다, 나는 강하다는 심리가 일을 그르치게 할 수 있는 것이다. 자기를 있는 그대로 인정하고 수용해서 하지 못한다는 그대로 받아들일 필요도 있는 것이다. 한계를 인정하고 한계를 뛰어넘는 대책을 마련해야 하는 것이다.

또한, 어떤 결정이나 판단이 나쁜 결과에 직면하거나 잘못된 것으로 결론이 날 때 이를 중단하거나 방향을 바꾸는 데 주저하게 된다. 지금까지 노력이 헛수고가 되는 두려움, 판단이 잘못되었음을 인정하는 부담, 지금까지 투입된 비용(매몰 비용)에 대한 미련, 가능하지 않는 것에 대한 기대감 등이 비합리적 행동을 하게 하는 것이다. 이런 후회에 대한 두려움, 매몰 비용에 대한 오류를 벗어나야 한다.

모든 경영자나 조직의 리더는 합리적이고 적절한 판단을 할 것이라는 기대에 바탕을 두지만, 어떤 특정한 상황에서는 의사결정을 잘 못하게 되는 경우도 있다. 그렇게 하지 않을 수가 있었고 그런 착오를 하지 말았어야 했지만 그렇지 못한 경우에는 그 결과로 조직이나 기업에 상당한 부담을 초래하게 된다.

문제가 발생한 뒤에 수습하기보다 문제발생을 예방하는 데 모든 지혜를 모아야 한다. 필요한 정보를 수집하고 이를 지식화해서 합리적 의사결정, 개인보다는 조직우선 이론보다는 실제 경험을 바탕으로 판단하여야 하는 것이다. 또한 집단사고groupthink, 즉 유능한 자문그룹, 아니면 고위층의 결정은 옳다는 의식을 벗어난 리더의 현명한 판단이 필요한 것이다.

; 협상의 목적

살아간다는 것은 인간관계를 출발점으로 한다. 세상에 태어나는 것도 나와 부모와의 관계로 시작되는 것이다. 그리고 인간관계의 8할은 협상이라고 볼 수 있다. 일반 상거래는 물론 사회생활, 직장생활, 심지어 가정생활까지도 8할은 협상이다.

협상의 목적은 무엇인가. 사람과 사람 관계에서 자신에게 유리한 결과를 만들고자 하는 것이다. 협상을 통해 무엇인가를 얻고자 하는 것으로 볼 수 있다. 또한 손실을 최소화하는 것도 협상의 목적이 될 수 있다.

협상에 임할 때는 협상에 영향을 미치는 다섯 가지를 먼저 생각해야 한다. 제일 중요한 것이 사람, 진정성, 절실함, 절박함이다. 내가 누구인지, 상대가 어떤 사람인지, 내가 얻고자 하는 것이 얼마나 절실한 것인지, 내가 얼마나 진정성을 갖고 협상에 임하는가가 중요하다.

두 번째는 준비이다. 준비되지 않은 협상은 하지 말아야 한다. 협상에 대한 준비가 된 후에 협상을 요구해야 하고, 내가 준비가 되고 나서 협상에 참석해야 한다. 상대도 마찬가지다. 준비가 덜된 상대와의 협상에서 얻을 수 있는 것은 제한적이다.

셋째는 지식과 정보이다. 내가 알고 있는 지식, 내가 갖고 있는 정보의 양과 질이 협상을 좌우하게 된다. 기업에서의 상사와 부하는 갖고 있는 정보의 차이로 구분되는 것과 마찬가지다.

네 번째 협상은 거래이고 결과는 힘의 우열에 영향을 입게 된다. 바게닝 파워가 협상의 주도력이 된다.

마지막으로 시간도 협상의 중요한 요소이다. 시간에 이기는 자가 협상에서 성공하게 된다.

협상에서 일반적으로 유념해야 할 팁 10가지를 제시하고자 한다. 이는 전문적 지식이나 학술적 배경에서 나온 것이 아니라 일상생활에서, 대인관계에서, 직장생활에서 체득한 지식이라 할 수 있다.

먼저 협상에 임하는 상대의 예측이다. 나의 제안은 상대의 예측을 벗어나야 하고 상대의 추정범위를 넘어서야 한다. 상대의 예측과는 정반대의 방향에서 접근하는 방법도 생각해 보아야 한다.

전례, 사례, 관례는 협상에 유리한 수단이 된다. 협상에 들어가기 전 사전준비단계에서 전례를 수집하여 파악하고 유사사례에 대한 검토가 선행되어야 한다.

협상 상대와 서로의 운신의 폭, 수용의 한계를 살펴야 한다. 내가 움직일 수 있는 만큼 상대도 움직일 수 있다고 생각하라. 실권이 없는 상대와의 협상은 시간낭비이고 전략노출이 될 뿐이다.

협상에서 공격을 할 수도 방어에 치중할 수도 있다. 상대를 설득할 수도 있고 상대에게 설득당할 수도 있다. 협상에는 상대가 있고 협상은 한 방향, 일방적인 것이 아니다.

주고 주고받는 원칙을 따르라. 작은 것을 여럿 주고 큰 것을 얻는 것이 유리한 협상이다. 나에게는 큰 것이 상대에게는 작은 것일 수 있다. 상대에게는 실리인 것이 나에게는 명분일 수가 있다. 명분과 실리 중 어느 것을 얻는 것이 협상의 목적인지 알아야 한다.

내가 강하다고 상대를 밀어붙이지 말고 상대가 약해 보인다고 함부로 하면 안 된다. 상대를 강하게 느끼도록 해야 한다. 가진 자가 강한 자이며 강한 자는 넘겨줄 것이 있다. 양보는 약한 자가 하는 것이 아니라 강한 자가 하는 것이다.

협상과 거래에 감정을 개입시키지 않아야 한다. 서로가 위임을 받은 입장임을 고려하면서 협상에 임해야 한다. 인신공격, 개인감정이 개입되면 협상에 성공할 수 없다. 나의 체면보다 회사이익이 우선임을 잊으면 안 된다. 웃으면서 시작하고 웃으면서 마무리하는 것이 협상이다.

상대에게 우리 패를 먼저 내보이지 않아야 한다. 협상과정을 예상해서 우리 조건을 제시해야 한다. 뭔가 추가하여 내놓을 것이라는 인상을 주지 않도록 주의해야 한다. 협상은 인내하면서 기다리는 것이고 차츰 범위를 좁혀가는 것이다. 그리고 타협의 범위가 넓어지면 신뢰를 잃게 되니 유의해야 한다.

협상은 무산될 수 있다는 것을 전제로 임해야 한다. 고착상태에 빠지면 먼저 출구를 찾지 말고 상대가 문을 열게 해야 한다. 합의에 이르지 못하는 것도 합의이다Agree to disagree. 협상의 목적은 협상 중에도 바뀔 수 있다고 생각해야 한다. 협상도 상황이고 상황이 반영된 목표치는 변해야 하는 것이다.

완벽한 합의만이 합의는 아니다. 의도적인 애매성이 있는 합의도 일방적인 합의나 결렬보다는 나을 수 있다. 협상은 결렬될 수도 있지만 먼저 결렬시키지 않아야 한다. 여지를 남기고 여유를 갖는 것이 협상이다. 불리하면 미루는 것도 방법이다.

모든 협상을 유리하게 할 수는 없다. 피해를 최소화하는 것도 협상이다. 합의에는 위험감수, 양보도 포함되는 것이다. 위험을 감수하는 것도 전략이고 양보하는 것도 협상이라 생각하라.

위의 내용에 추가하여, 해양공사에서 고객사인 석유회사와의 협상에서 유의해야 할 협상전술과 방법에 대하여 생각해 보고자 한다. 통상 고객은 갑이고 계약자는 을의 입장인 것이 해양사업에서의 고객과의 협상이다.

해양사업은 단위공사의 규모가 크고 복잡하며 장기공사이면서 고가이다. 따라서 시공 중에 여러 가지 문제에 부닥치는 것을 피할 수 없다. 협상 대상이 되는 사안 발생시 합리적이고 중재적이며 우호적인 의견을 줄 수 있는 상대 조직 내 우군을 확보하고 있어야 한다. 그만큼 평소의 대인관계, 신뢰구축이 중요하다.

협상에 임하기 전에 고객의 예산, 협상 상대의 전결 한도, 상대의 합의 일정에 대하여 알아야 한다. 지식과 정보개념으로 파악할 수도 있고 협상을 하면서 추정해 볼 수도 있다.

계약자가 되었다는 것은 다른 경쟁사보다 유리한 조건을 제시하였다고 볼 수 있다. 따라서 우리와 계약을 함으로써 고객이 얻은 이익에 대하여 주목해야 한다. 우리와 경쟁사와의 가격이나 조건의 차이를 알면 협상의 툴로 이용할 수 있다.

협상에는 시간이 필요하다는 것을 알아야 한다. 서둔다고 빨리 합의에 이를 수 있는 것이 아니다. 매 건을 분리하여 협상할 수도 있지만 모아서 패키지 딜로 하는 것이 유리할 수도 있다. 이 경우에는 협상 규모가 커지게 되어 상위층 간 협상으로 올라갈 수도 있다.

우리보다 고객에 여유가 있음을 알아야 한다. 한 번 이기고 여러 번 어려워지는 게임이 되게 하면 안 된다. 상대가 갑임을 인정하고 협상에 임해야 한다. 도와 달라, 부탁하고 읍소하는 것도 전략이 된다.

기한을 정해서 최후통첩을 하는 것도 방법이다. 이 경우 파생되는 리스크도 감수해야 한다. 시간에 쫓긴다는 인상을 주면 불리해진다. 계약 조건에 따라서, 즉 합의 전에는 이를 이행해야 할 의무가 없을 경우에 시간은 우리 편이라는 전술도 도움이 된다.

협상에서 밀릴 수도 있다. 그렇다고 약해 보이지 말고, 절대 위로 패스하거나 아래로 넘기지 말아야 한다. 내가 협상의 주체임을 명심해야 한다. 쌍방이 동의할 경우 협상을 상위층으로 올릴 수도 실무선으로 내릴 수도 있다.

선의goodwill, 신의good faith, 호의ex gratia, 계약 외out of contract 등의 의도적 전문용어에 유의해야 한다. 이런 어휘는 서로에게 해석의 오해를 낳을 수 있다. 아니면, 전적으로 갑의 처분에 맡기는 것으로 될 수 있다.

시간에 쫓기지 말고, 나중 합의보다 지금 합의가 낫다는 유혹에 빠지지 말고, 작은 것을 얻기 위해 큰 약속을 하지 않도록 해야 한다. 내 다음에는 다른 사람이 협상에 나설 수 있고, 공사가 끝나고도 협상은 계속된다는 것을 알아야 한다.

협상으로 해결하지 못하는 문제는 중재나 법정으로 가는 것을 두려워하지 말아야 한다. 조건이 애매해서 발생한 문제는 법정해석이 약자이고 소비자인 을에게 유리할 수 있다. 큰 회사와 작은 회사 간의 분쟁이 발생하면 큰 회사의 피해가 더욱 큰 것이다.

여러 번 하는 얘기지만, 협상은 이기는 데 목적이 있는 것이 아니다. 협상은 선택에 대한 기회이다. 선택의 대안도 협상의 대상이 될 수 있다. 협상을 통해 무엇이든지 얻을 수 있다고 생각하라. 협상은 무슨 수를 쓰든 이기는 것이 아니라 서로 이익이 되도록 하는 것이라는 것을 알아야 한다.

협상은 전쟁이다. 협상이라는 전쟁에서 이기는 것은 상대를 궁지에 몰아넣거나 어려움에 빠지도록 하는 것이 아니라 목적한 바를 얻는 것이다.

; 메모보다는 기억을 하라

메모광, 수첩공주, 수첩인사라는 말이 회자된 적이 있다. 이는 늘 메모를 하고 그 메모를 바탕으로 일을 처리하는 사람을 두고 하는 말이었다. 이 외에도 일상에서 메모하기의 중요성을 말하는 얘기들이 많다.

메모란 지난 것을 기억해 내고, 아이디어를 얻고, 정보를 확인하기 위한 유용한 방법임에는 틀림이 없다. 메모하지 않고도 필요한 순간에 필요한 기억을 찾아낼 수 있다면 이보다 더 나은 방법은 없을 것이다. 아무리 컴퓨터 저장용량이 크고, 아무리 기억 메모리 분량이 커도 처리 속도는 사람의 뇌를 따를 수 없다. 하물며 메모가 기억을 대신할 수 있겠는가.

메모를 하고 기록으로 남기게 되면 안심이 되어, 정보가 기억 이면으로 숨어 버린다는 얘기가 있다. 기억에 숨어 버리면 필요한 순간에 찾을 수가 없다. 그 많은 메모 내용을 뒤져서 찾아내려면 시간이 걸린다. 여유가 있고 정확성을 기하는 일, 서류를 만들고 보고서를 작성하고 자료를 정리할 때는 메모에 의지해도 상관이 없다.

그러니 어느 순간, 어느 장소에서 필요한 것은 메모에서 얻을 수가 없다. 의사결정의 찰나에 메모는 이미 늦다. 간단한 질문에 간단한 답을 하기 위해 메모를 뒤지고 노트를 찾는 사람들을 많이 보았다. 아무리 시급해도 그날 결재는 보류되었다. 필기를 잘한 학생이 공부를 잘하는 것은 아니다.

메모를 잘한다고 일을 잘하는 것이 아니다. 메모하지 말고 기억하라. 외우지 말고 기억하라. 기억한 것을 메모하라. 메모하고 잊어버릴 바에는 메모하지 마라. 내가 마지막 퇴근을 할 때 유일하게 갖고 나온 것은 노트 50권이었다. 지금도 그 많은 수첩을 보관하고만 있을 뿐, 한 장도 열어 본 적이 없다.

집무실이나 업무공간을 서류와 파일로 가득 채워 놓은 경우를 보았다. 1년이 지나도, 몇 년이 지나도 서류를 찾아본 흔적은 보이지 않았다. 그 서류와 파일을 위해 투자한 시간을 생각하면 아깝다는 생각이 든다.

⁏ 아직 청춘이다

여러분은 이제 막 출발선상에 서 있는 청춘인가. 아니면 직장생활에서 이것이 정답은 아니라는 생각에 이직을 준비하고 있을 수도 있다. 직장을 떠나지는 못하지만 뭔가 다른 방향을 찾고 있을 수도 있다. 현 직장에 만족하면서 하루하루를 보내고 있을 수도 있고, 최근에 직장을 그만둔 사람 또는 은퇴자일 수도 있다. 지금 어떤 위치에 있든, 무슨 생각을 하고 있든, 중요한 것은 우리는 아직 젊다는 것이다.

젊은 사람은 무엇이라도 할 수 있는 것이다. 80년을 건강하게 산다고 보고 평생을 24시간으로 보면, 당신은 40세, 아직 낮 12시, 얼마나 많은 시간이 남았는가. 지금 나이 구분은 70을 기준한 것이라 한다. 당신이 50세인가. 100세를 산다고 보고 70을 곱하면 35세, 아직 젊지 않은가.

2050년에는 수명이 120세로 늘어난다고 한다. 당신은 60세, 1.2로 나누면 미래 나이로 50세, 아직 많은 일을 해야 하지 않겠는가.

지나온 연수를 헤아리기보다 앞으로 살아가야 할 기간을 보라. 지난 30년보다 다음 30년을 보라. 우리는 아직 젊다. 아직 끝나지 않았다. 끝내기까지 남은 시간이 많다. 그렇다면 새로운 시작, 뉴스타트, 또 다른 출발을 해야 하지 않겠는가. 오늘이 내일을 만든다. 내가 살 내일은 내가 만들어야 하지 않겠는가.

세월과 나이듦이 저절로 지식과 지혜를 가져다주지는 않는다. 살아 있는 한 배워야 하고, 공부해야 한다. 배우는 사람은 젊은 사람이다. 아직 할 일이 많은 사람이다.

⁏ 책임지는 사람이 주인이다

기업에서 경영층의 재가가 필요한 중요한 의사결정을 할 때 상급자의 의견과 지시 그리고 결재를 받게 된다. 이 과정에서 '내가 책임진다'는 얘기를 듣게 된다. 결재를 하였으니 책임져 줄 것이라고 믿는다.

현실은 어떤가? 나중에 문제가 생겼을 때 책임져 줄 상사가 있는가? 많은 상사가 퇴직 또는 전직, 보직 변경이 될 수도 있다. 아니면 그때 보고받은 기억이 없다, 피결재자를 믿고 결재하였다는 말뿐, 책임을 져주지 않는다. 모든 책임은 내가 지게 된다. 모든 문제는 나의 문제이다. 이왕 지게 되는 책임, 화끈하게 지자.

기업에서 가장 중요한 일은 의사결정이다. 직장생활은 의사결정에서 시작하여 의사결정으로 끝난다고 해도 과언이 아니다. 어찌 보면 사람 산다는 것이 의사결정의 연속 아닌가. 몇 시에 잠자리에서 일어나느냐 부터 언제 지구를 떠날 것인가까지.

의사결정은 혼자 하는 결정도 있지만 대부분 2인 이상, 많을 경우 수 많은 사람이 관계자일 수도 있다. 주주총회, 모든 주주가 참여하는 의사 결정 회의이다. 의사결정에는 책임이 따른다. 책임이 없는 의사결정 참 여는 그냥 칸 메우기에 그치는 것이다. 책임은 보고서든 결의서든 품의 든 서류에 결재 또는 서명을 함으로써 성립되는 것이다. 그렇다고 5명 이 연명으로 서명했다고 해서 나의 책임이 20%, 1/5이 되지는 않는다. 나의 책임은 무한대, 100%다. 비록 의견을 주기註記를 남겼다고 해서 면 책되는 것은 아니다. 당신은 얼마의 책임으로 의사결정에 참여하는가.

책임지는 사람이 곧 주인이다. 책임자는 책임지는 직위나 직책을 맡 게 된다. 책임은 회피하는 것이 아니고 지는 것이다. 극단전인 경우, 기 업이든 사회든 국가기관의 대표자가 본인은 책임이 없다고 하는 것, 또 는 모든 책임을 지겠다면서 투신으로 목숨을 버리는 경우도 종종 있다.

죽음으로는 책임을 질 수도, 면할 수도 없다. 책임을 감수한다면 살아 남아서 책임을 져야 한다. 본인은 책임이 없고 그 사실과 무관하다면 살 아남아서 이를 입증해야 한다. 최종 책임은 살아남은 사람의 것이고, 모 든 책임은 현재의 보임자가 맡게 되어 있다.

기업에서의 의사결정의 어려움과 그에 대한 무한책임을 생각해 본 다. 미래에 발생할 경우에 대한 책임까지도 생각해야 한다.

፧ 충신과 역적은 누가 만드는가

혁명이냐 반란이냐. 반란이 성공하면 혁명이 되고, 혁명이 실패하면 반란으로 기록된다. 충신과 역적, 성공한 신하는 충신이 되고, 실패한 신하는 역적이 된다. 혹 신하로는 성공하지 못하였으나 주군으로 성공한 사례는 있지만.

제조산업에는 시황산업과 수주산업이 있다. 시황산업은 경기변동, 시장형편과 연관이 있고 생산 후 수요처가 결정되지만, 수주산업은 수요처로부터 주문을 받아 생산을 개시하는 사업 분야이다.

수주산업의 시작은 수주로부터 시작되며, 수주를 예측하여 사업계획을 수립한다. 사업 집행은 수주로부터 시작되고 생산으로 마무리되는 가치구조이다. 또한 수주는 경쟁력이다. 문제는 수주 성공이 사업 성공으로 이어지는 것이 아니라는 것이다. 수주가 축복일 수 있지만 재앙이 될 수도 있다.

당신은 수주를 성공으로 만드는 사람인가, 아니면 재앙으로 만드는 사람인가, 그리고 모든 것을 수주 탓으로 돌리는 경영자인가?

어려운 공사를 맡아 성공시키는 경영자도 있고, 쉬운 공사로 시작하였으나 끝에는 실패하는 조직도 있다. 또 어려운 공사를 쉽다고 믿고 시작하는 사람이 있고, 쉬운 공사를 어려운 공사로 보고하고 착수하는 사람도 있다. 누가 최종적으로 성공할 것인가. 어려운 공사지만 성공할 수 있다고 약속하고 최선을 다하는 사람이다.

수주단계에서의 충신이 공사 중간단계에서 역적이 되고, 공사가 완료

된 뒤에도 역적으로 남고, 초기에 무리하게 공사를 담당한 사람은 부실 책임을 지고 물러나고, 중간에 교체된 사람이 공사 성공의 과실을 얻어 충신이 되는 경우에도 불만은 없다. 끝이 좋으면 다 좋으니까.

¦ 수오훈 水五訓

사무실 밖을 내다보면 동해바다가 보이고, 산을 오르면 옆으로 실개천이 함께하고, 길을 걸으면 멀리 태화강이 보인다. 매주 협력사 대표, 현장관리자, 안전요원들과 가졌던 안전행사도 한마음 호수를 빙 둘러 걸으면서 시작하였다. 그렇게 물은 개천으로, 강으로, 호수로, 바다로 이어지고 있었다.

중국 명대 사상가 왕양명의 수오훈을 기억하면서 우리 회사를 생각해 본다. 물은 항시 멈추지 않고 흐른다. 우리 회사도 쉬이 없고 현재를 기준으로 미래로 이어진다.

물이 있어 생명이 있는 것이다. 흐르는 물은 살아 있는 것이고, 물속에도, 물 밖에도 온갖 생명이 살게 한다. 우리 회사가 있어 모두가 더불어 사는 것과 같다.

흐르고 변하고 나아가는 것은 많은 것을 만나고 여러 상황에 부닥치게 된다. 물이 장애물을 만나면 잠시 쉬며 힘을 모아 돌파한다. 회사의 긴 역사는 위기와 기회, 장애와 돌파의 과정이었다. 호수, 강, 바다는 물이 모인 곳이다. 여러 갈래의 물, 흐린 물, 맑은 물, 모든 것이 모여 흐르면서 정화되고, 모든 것을 받아들여서 자정하고 맑게 한다. 온갖 사람들이 모여 온갖 일을 같이 하면서 스스로 맑아지고 정화되고 하나가 되어 우리 회사가 된 것 아닌가.

물은 계절마다 변화하고, 시간에 따라 흐르고, 증기가 되어 올라 구름이 되고, 비로 눈으로 내려서 내를 이루어 강으로 흘러간다. 물의 본성은 형태는 변화무쌍하나 변화가 없으니 '상선약수上善若水'라 하였으리라. 우리 회사도 우리 일터도 100년을 이으면서 변화하고 성장해 갈 것이나, 어찌 본성의 변화가 있겠는가.

흐르면서 변하고, 변하면서 나아가는 것이 물의 본성이 아니겠는가. 우리도, 우리 회사도, 우리 사회도 쉼 없이 시간과 공간을 흐르면서 생명을 얻고 성장하고 발전하면서 내일로 이어지는 것이리라.

┋ 적당히 화내는 법

세상에는 화낼 일이 많다. 회사에서는 더욱 그러하다. 직장 밖에서는 가기 싫으면 가지 않고, 하기 싫은 일은 하지 않고, 보기 싫으면 안 보면서 화나는 경우를 피할 수도 있지만, 직장에서는 그렇게 할 수도 없는 노릇이다.

직장생활을 하다 보면 화나는 것도 많고 화낼 것도 많다. 서점에는 '화내지 않는 법'에 대한 책도 나와 있다. 하지만 화가 날 때는 화를 내야 한다. 화를 참으면 그것이 쌓여서 불안해지고 우울하고 면역력이 저하되어 화병이 된다. 화병에는 약도 없다 하지 않는가. 화나는 것은 내가 조절할 수가 없다. 화가 나는 것을 어떻게 하겠는가.

그러나 화를 내는 것은 다르다. 화내는 것은 내가 내는 것이고 그래서 내가 조절할 수 있고, 할 수 있다면 조절하여야 한다. 화를 내면서 화를 조절하는 방법도 있다.

화를 내는 상황을 관찰해 보면 세 가지 형태가 있다. 첫째는 화나는 상대에게 화를 내는 것이다. 둘째는 혼자 화를 내는 방법이다. 마지막은 사람이 아닌 어떤 대상, 사물을 상대로 화를 내는 것이다.

사람을 상대로 화를 내면 상대가 나를 인정해 주거나, 두려워하거나, 자기 잘못을 시인하고 인정하기를 기대하지만, 그렇게 되지 않으니까 더욱 화가 나게 된다. 또한 화가 상대에게 전이되어 상대도 화를 내게 된다.

혼자 내는 화는 어떠한가. 고함을 지른다, 자해를 한다, 주먹으로 친다, 화장실에 가서 손을 씻는다 등 여러 가지 형태가 있을 것이다. 사물에 대하여 화내기, 분풀이하기와 유사하다. 무엇을 던진다든지, 그릇을 깬다든지, 발로 차는 경우도 있다.

문제는 화를 내는 방법이다. 참다 참다 화가 나면 혼자 화를 내거나 아무것도 하지 않고 가만히 있기, 숫자 세기, 창 밖 하늘 보기, 면벽하기를 15초만 하면 화는 빠져나간다. 또한 찢고 던지고 파괴하기보다는 종이에 숫자 쓰기, 물 마시기, 종이 구기기도 좋다.

이 사람 저 사람, 이 일 저 일, 이것 저것 때문에 화가 날 때는 화를 내자. 화를 내되 내 화로 인해서 남이 화를 내지는 않도록 하는 방법을 찾자. 파괴적이 아니면서 남이 피해를 입지 않도록, 나중에 후회하지 않도록 하는 방법을 찾자.

모든 화는 열을 받아서 나는 것이고 15초면 가라앉힐 수 있다고 한다. 적당히 화를 내면 5초면 열이 식기 시작한다고 한다. 하지만 상대에 대하여 화를 내면 그 화를 식히는 데 최소 15분이 소요된다고 한다.

화를 참고 있는 사람 옆에는 15초 이후에 가고, 화를 내고 있는 사람 곁에는 15분 이후에 가야 안전하다. 화를 참다 몸 다치지 말고 적당히 화를 내도록 하자. 적절한 분노는 자기보호의 감정이다. 화가 나의 생각, 행동, 온몸에 미치는 영향을 최소화하자.

; 각론에 충실한 삶

어릴 때부터 지금까지 자주 듣는 질문을 기억해 보면, 먼저 어릴 때 초등학교 중급반쯤에서는 "커서 무엇이 되려 하느냐", 신입사원과의 대화에서는 "신입사원 때 임원이 될 거라는 꿈을 꾸었느냐", 정년을 앞두고 있는 사람에게서는 "장차 뭘 할 것인지 계획이 있는가" 등이다.

이에 대한 모범답안 중 하나는 훌륭한 사람이 되겠다, 열심히 일해서 회사에서 필요한 인재가 되겠다, 준비된 본부장은 없다. 본부장이 되고 나서 본부장이 되었다고 생각했다, 여유를 갖고 천천히 생각해 보겠다일 것이다.

신입사원 연수과정 마지막 날, 회장님과의 대화시간에 회장님이 한 신입사원한테 한 질문 "자네의 꿈이 뭔가", 답변 "10년 내 임원이 되겠다." 그렇게 답한 사람이 임원이 되었다는 소식은 듣지 못했다.

초등학생 중에 '대한민국의 훌륭한 대통령이 되겠다' 는 꿈을 가진 친구가 많았다. 하지만 훌륭한 대통령이 된 사람은 없었다. 그렇다. 사람이 세상에 태어나서 자라고 어른이 될 때까지 꿈과 희망, 총론은 필요하다. 총론은 일반적 이론이고 전체적 내용이다. 사명일 수도 있고 철학일 수도 신념일 수도 있다. 그러나 각론이 없는 총론은 그냥 꿈인 것이다.

꿈이 절실하고 희망이 아무리 높아도 행동하지 않고 매일매일 각론에 충실하지 않으면 이룰 수가 없다. 먼 곳에 다다르고 싶어도 지금 움직이지 않고 매일매일 나아가지 않으며 도달할 수가 없는 것이다.

각론이란 구체적 이론이며 세부적 내용이다. 각론은 일과 생활이다. 시간, 하루하루, 한해 한해의 합이 각론이다.

천리 길도 한 걸음부터이고 태산도 한 계단부터 오르는 것이고 꿈도 이루어 가면서 꾸는 것이다. 모든 것이 순서와 절차, 과정을 통하여 달성해 가는 것이 계획이고 목표이다.

신입사원의 꿈이 사장이면, 직업을 잘못 택한 것이다. 사장이 되고 싶은 사람은 창업을 하는 것이 낫다. 히말라야의 최고봉을 오른 등산가도 뒷산 오르기부터 시작하였다.

직장에서 신입사원의 꿈은 임원이 되는 것이 아니라 먼저 대리가 되고 과장이 되는 것이다. 차장을 거치지 않고는 부장이 될 수가 없다.

임원이 되겠다는 4급사원은 직장을 바꾸어야 꿈을 이룰 수 있을 것이다.

내가 부장이 되면 뭘 할 것인가, 임원이 되면 어떻게 할 것인지를 미리 걱정하고 앞서 준비하는 것이 아니다. 하루하루 생활에 충실하고 각론에 최선을 다하면 충분한 것이다. 부장이 되고 나서 임원으로 명령을 받고 난 뒤에 뭘 어떻게 할 것인지 생각해도 늦지 않다. 그런 자질과 능력을 갖춘 사람만이 승진의 기회가 주어진다.

나를 포함한 많은 사람들이 그렇게 20년, 30년을 직장인으로 살아왔다. 자의든 타의든 정년이든 직장을 떠나는 사람은 그 후에 뭘 할 것인가를 구상하면 된다. 직장을 그만두고 뭘 할 것인가를 생각하면서 직장에 다니는 것은 나를 위해서도 직장을 위해서도 마땅하지가 않다. 다음에 뭘 할 것인지 계획이 선 사람은 바로 사직서를 준비해야 한다.

총론은 시작점에서 바라본 끝점이다. 각론이 없는 총론은 존재할 수도 이룰 수도 없다. 사람은 시뮬레이션을 할 수 있는 동물이다. 미래를 예측할 수 있는 존재이다. 긴 미래가 아닌 짧은 미래를. 나이별 예측 가능한 연수를 계산할 수 있는 공식, 연령대에 아홉을 곱한다. $40 \times 9 = 36$, 30대는 6년을 내다볼 수 있는 것이고, 40대인 경우($50 \times 9 = 45$)는 5년을 예측해 볼 수 있다. 80대는 1년을 임의대로 할 수 있는 것이다.

10년 뒤에 어떻게 될 것인지, 30년 뒤에는 어떤 사람이 될 것인지 생각하기보다 오늘, 이번 달, 올해를 어떻게 보낼 것인지에 초점을 맞추는 것이 각론에 충실한 것이다. 한치 앞을 내다볼 수 없는 것이 인생이라 하지 않는가.

❙ 감사하고, 웃고, 사랑하고

우리가 사는 목적은 행복해지기 위해서라고 한다. 우리는 웃기 때문에 행복해지기도 한다. 모든 것이 감사하기 때문에 행복해지기도 한다. 사람을 사랑하면 행복하다. 그래서 감사하고, 웃고, 사랑해야 한다.

감사는 수용하는 것이고 고마움을 돌려주는 것이며, 받은 것에 만족하는 것이다. 매사에 감사하면 모든 것이 아름답고, 매시간이 행복하다.

즐기고, 기뻐하고, 만족하면 웃게 된다. 웃으면 모두가 반갑고, 모든 일이 즐겁고, 어떤 것이든 만족스럽다. 더 이상의 모자람은 없게 된다.

모두를 좋아하고, 누구라도 그리워하고, 가까운 사람을 생각하는 것, 그것이 사랑이다. 가까이 곁에 있는 모두와 멀리 있는 모두를 그리워하고 사랑하면 행복해질 수밖에 없다.

가족을 사랑하고 직장에 감사하며, 내가 자주 웃고 남을 자주 웃게 하고, 만나는 모두를 칭찬하면 우리 모두가 행복하게 된다. 남이 행복하면 나는 저절로 행복하게 된다.

기대를 낮추면 만족이 커진다. 예상을 벗어나면 웃음이 난다. 먼저 사랑하면 크게 사랑받는다. 모든 것을 적극적으로, 주도적으로 낙관적으로 하자.

무언가 부족하고 아쉽고 섭섭한 것이 많고, 슬픈 사연과 우울한 소식이 많고, 좋아할 만한 구석이 없더라도 다시 생각해 보면 만족하고 기뻐하고 이해가 된다. 그럼에도 감사하고 웃고 사랑해야 한다. 이를 반복하면 더욱 행복해진다.

⁏ 우선 멈춤, 가끔 정지

움직여라, 더 빨리 더 높이! 이것은 현대인의 삶의 방식, 즉 경쟁하여 살아남고 성공하기 위한 방식이다. 개인이나 조직, 기업, 사회에서는 더욱 절실하기에 문제도 더욱 심각하다.

'움직이면서 생각하라'를 넘어 움직이고 나서 생각하라고 얘기한다. 일단 움직이고 나면 다음은 빨리, '전속력으로 더 빨리'를 외친다. 더 높은 계단으로, 더 높은 곳으로 정상을 향하여라고 다그친다.

'생각하고 나서 움직이고, 움직이기 전에 방향을 정하도록, 방향은 목적을 향하도록'이라는 말은 시대에 뒤떨어진 고어古語가 되었다. 생각의 속도, 빠른 자만이 살아남는다는 구호 속에 자전거 속도를 넘어 시속 100km의 차량 속도, 고속열차 속도, 항공기 마하로 가속이 되고 있다.

정상이란 모든 사람이 함께 다다를 수는 없는 곳이고 정상이라는 자리는 좁다. 곧 다음 사람을 위하여 비워 주어야 하는 자리이다. 그러나 모두가 '위로 향하여 높은 곳으로, 정상에서 만납시다'를 외치고 있다.

움직이지 않는 것은 정지이고, 정지는 바로 퇴보라는 생각에 모두들 움직이고 있다. 움직이지 않으면 넘어지는 자전거처럼, 앞선 발이 빠지기 전에 다음 발을 움직이면 바다도 건널 수 있을 것처럼 독촉을 하고 있다. 아니면 침몰인 것인가.

속도 전쟁에서 앞선 자만이 살아남고, 아차 하는 순간에 바뀌는 순서가 승패를 좌우한다. 뒤처지지 않기 위해서는 속도를 높인다. 무조건 앞으로 빨리 나아가려 한다.

높은 곳을 향하여 사다리를 오르고 정상을 향해 산을 오르고, 남보다 앞서기 위해 먼저 오른다. 뒤를 돌아보고 아래를 살펴볼 여유도 없이 오르고 또 오른다. 이윽고 내가 있는 곳이 구름 속이고 앞이 아득해지면 정상이 가깝다고 생각하고 앞으로만 간다.

혼자가 아니고 모두 같이, 집단으로 중독이 되어 앞으로 속도를 높여서 움직인다. 목적지는 잊은 지 오래 되었고 오로지 앞만 보고 가는 것이 목표가 되었다. 목적지를 벗어난 방향으로 움직일수록, 높은 속도일수록, 목적지와는 멀어지는 거리와 높은 곳으로만 향하였기에 힘은 더 들고 머지않아 한계에 도달한다. 한계 다음에는 허탈과 외로움이다. 자기파괴, 집단 우울증에 빠지기도 한다.

작은 조직에서는 앞장서서, 중간 조직에서는 중간에서, 큰 조직에서는 뒤에 서서 '전진 앞으로'를 외치며 전속력으로 앞으로 나아갈 때는 내가 움직이는 것이 아니라, 움직임이 나를 움직이게 만든다. 내가 일하는 것이 아니라 일이 나를 일하게 만든다.

움직임에서 벗어나고 무리에서 떨어져 나와 바리볼 필요가 있다. 멈춤이 아니라 정지해 볼 필요가 있다. 넘어지지 않을 정도로 속도를 낮추어, 아래로 내려가보기도 하고 뒤를 돌아볼 필요가 있다. 그래야 못 보던 것을 볼 수 있고 방향을 찾을 수 있고 목적지를 기억해 낼 수 있다. 나를 찾을 수 있고 내가 주인이 될 수 있다. 나의 시간을 찾아야 나의 노력도 아낄 수 있고, 모두의 노력과 시간의 낭비를 없앨 수 있다. 모두에게 각자의 시간을 돌려줄 수 있다.

축구경기의 패널티킥을 11미터 떨어진 곳에서 막아야 하는 골키퍼는 생각하기 전에 움직여야 하는데, 이때 뛰어난 골키퍼가 공을 막을 수 있는 확률은 20% 이내라고 한다. 조직에서 공격 앞으로 사즉생의 각오로 두세 번은 승리할 수 있을 것이다. 그러나 우리는 매번 이겨야 하고 살아남아야 한다. 그러면 전속력으로 전진하는 것이 해답이 아닌 경우가 아닐까를 생각해 보아야 한다.

목적지를 확인하고 목표를 정하고, 움직이고 다함께 멀리, 올바른 방향으로 갈 수 있는 최적의 속도로 나아가야 한다. 2보 전진하면 1보를 뒤를 돌아보면서 위치를 확인하고, 아래를 내려다보고 높이를 확인하면서 전진하여야 한다.

일을 위해, 일에 파묻혀 사는 사람은 우선 멈춤, 잠깐 정지를 할 줄 알아야 한다. 일반적인 일은 하루를, 중요한 업무는 2~3일, 매우 중요한 사안은 5일을 넘겨서 생각하면 안 된다. 업무의 중요도를 분류하고 생각하는 시간의 한도를 정해 두어야 한다. 그 한도를 지켜야 옳은 생각, 옳은 판단을 할 수 있다. 그 한도를 넘으면 생각도 움직임도 일단 정지하여야 한다. 그렇게 해 정신도 마음도 두뇌도 원상을 회복할 수 있다. 한도를 넘는 것이 무리이고 무리는 모든 것을 그르칠 수 있다.

주기적이 아니면 가끔이라도 움직임을 멈추고 속도를 늦춰 아래와 옆을 보면서 쉬어 갈 필요가 있고, 멍해질 시간도 필요하다. 멍해지기 위한 방법은 각자 개발해야 하는데, 운동도 좋고 명상도 좋고 자기만의 취미도 좋은 방법이 될 것이다.

⋮ 거안사위居安思危

　　3년 전 '거안사위'라는 제목으로 리더십에 대한 강의를 한 적이 있다. 그때만 해도 사업은 성장궤도에 있었고 사업계획도 달성되고 있었다. 거안사위, 위기를 생각하면 사즉유비思則有備, 즉시 대비를 해야 하며, 유비무태有備無殆, 준비하는 한 위태로움은 없다는 춘추시대 고사성어이다.

　　그러나 거안사위라고 한다고 해서, 아니면 나름대로 대비한다고 해서 위태로움에서 벗어날 수 있는 것이 아님을 배웠다. 또 누군가 선각자가 있어 방향을 일러줄 수 없다는 것도 알았다.

　　그렇다. 안전하고 편안할 때 닥쳐올 위험을 생각해야 한다. 나 혼자서 생각만 하는 것이 아니라, 조직 전체가 깨어 있어야 한다. 직원 모두가 위험을 느껴야 한다. 위험을 미리 생각해도 대비를 하지 못하면 무책이다. 위기에 앞서 대비하고 극복할 준비를 하여야 한다. 그렇게 사전준비를 하는 사람과 조직은 미래의 위태로움에서 벗어날 수 있다.

　　현실은 어떠한가. 모든 것이 위기이고 위기는 예고가 없다. 위기의 방향과 내용을 몰라 대비할 수도 없다. 대비가 없으니 항상 위태로움 속에 있는 것 아니겠는가. 태풍의 정도를 느끼고, 태풍의 방향으로 항해할 수 있는, 태풍을 이용할 수 있는 선장이 진정한 리더가 아니겠는가. 그냥 엎드려서 태풍이 지나가길 기다린다면, 그 이후 피해 복구를 위해 뭘 할 수 있겠는가. 위기를 위기로 느낄 수 있는 사람, 위기를 감지하면 바로 대비할 수 있는 사람이 곧 리더이고 지도자이다.

⦂ 남자들이여, 밖으로 나가라

　세상 사람의 반은 남자고 여자이다. 혼자일 때는 남녀의 구분이 없고 생각의 차이가 없고 본성의 틀림도 없다. 남녀를 구분하는 것은 차별이니까. 사회적으로 둘 이상 모이면 나타나는 차이, 남자는 서열을 정하되 여자는 언니, 동생을 정한다. 남자는 발언 순서가 정해져 있으나 여자는 동시다발적이다. 남자는 계산을 선착순으로 하고 여자는 평등하게 한다. 남자는 오래 머물지 않으나 여자는 무한정이다. 남자는 시간이 남고 여자는 언제나 부족하다.

　당신은 남녀의 차이점에 대해 얼마나 알고 있는가? 혹시 10개 정도를 들 수 있다면 당신은 관찰력과 인지력이 있는 사람이다.

　부부유별夫婦有別, 남편은 남자의 본분이 있고 아내는 아내의 본분이 있으니 별別을 지켜야 한다. 청소년 때는 학교 일이면 모든 것이 용서되었고, 남편은 직장 일이면 모든 것이 이해되었다. 학교 우선이고 직장 우선의 혜택은 남성의 특권이었다.

　그 다음, 남자의 이상은 담대하고 훌륭해야 한다. 지구의 온난화, 환경문제에 관심을 가져야 하고 태양계, 행성계에 흥미를 가져야 한다. 그리고 수심이 제일 깊은 해구로의 탐사계획을 세워야 한다. 요리 공부를 하고, 아들딸 학교에 보내고, 가계부를 들여다보고, 사랑한다는 말을 입에 달고 사는 것은 남자의 별이 아니다.

여자의 직업에 참견하지 말아야 한다. 이 본분을 지켜야 남자가 유리하고 행복해질 수 있다. 여자들이여, 자상하고 좋은 남편을 기대하지 말고, 담대하고 훌륭한 남자를 대우하라.

남자들이여, 세상에는 여자가 반 이상이고, 모든 직책과 직위에 여성의 진출이 눈부시다. 잘못하면 남녀차별방지법에 저촉될 수 있다. 부부간에도 남자가 져주어야 평화롭다. 점점 남자들이 살아가기가 어려워지고 있다.

새롭게 시작하는 남자들이여, 여자와 다른 정체성을 알고 본성을 찾아야 한다. 냉장고를 지배하고 요리에 도전하면서 서재에 머물기보다 밖으로 나가야 한다. 나가서 친구도 찾고 옛 동료도 보고 새로운 사람도 만나야 한다. 항상 국가와 민족이 우선이다. 어디서든 무엇을 하든 국가와 민족에게 이롭도록 해야 한다.

그리고 매사에 주인이 되어야 한다. 수처작주隨處作主, 어디서든 무엇을 하든 주인이어야 한다. 주인은 인사성이 밝아야 한다. 기다리지 말고 먼저 인사하자. 젊은 사람에게도 먼저 인사하자. 인생은 공부이다. 산다는 것은 공부하는 것이다. 자신에 투자하자. 자격증에도 도전하고 책도 읽으면서 스승도 만나고 아름다운 사람도 만나자. 항상 '나만 국민 주인공임'을 잊지 말자.

; 다시 시작하는 새해를 맞으며

2015년 연말에도 전국의 새해맞이 하기 좋은 곳에 대한 광고가 요란했다. 이전에는 이런 기사와는 무관하게 살았다. 10년 이상을 회사 내 가장 좋은 곳에 위치한 영빈관에서 모두 함께 새해를 맞고, 떠오르는 해를 보면서 기원을 했다. 올해는 좋은 일들만 가득하기를, 사업 목표를 달성할 수 있도록 태양신의 가호를 빌었었다.

올해는 경주에서 2015년 마지막 날을 보내고 봉길리 앞바다 문무대왕릉 너머 솟아오르는 새해를 맞으러 갔다. 문무대왕의 유언을 따라 다시 태어난 해룡이 하늘을 날 때 새날의 새해는 밝았다. 남쪽 멀리, 방어진 바다 쪽에서 모두의 염원을 모은 우렁찬 구호가 들리는 듯했다. 우리 회사를 위하여, 난국을 벗어난 창창한 발전을 위하여. 새삼 새해가 새롭다.

올해, 새해 새날은 의미가 남다르다. 회사를 떠났으니 회사와 무관한 나의 새해 계획에도 충실해야겠다. 그러나 마음은 회사를 벗어나지 못하였으니 회사 생각으로 가득하다. 좀더 시간이 지나면 이중적인 낯설음에도 차츰 익숙해질 것이다.

그러나 아직은 새해를 맞아 밖에서라도 회사를 위한 염원으로 가득하다. 2014년, 2015년의 부실을 털어내고 2016년은 흑자 달성으로 사업 정상화가 이루어지기를 빈다. 누구의 잘못, 세계 경제 문제, 시황 탓으로 돌리기 전에 신명을 다하여 사업 정상화를 시켜놓고 보아야 하지 않 겠는가.

하늘은 스스로 돕는 자를 돕는다고 한다. 우리가 최선을 다하면 하늘 도, 태양도 가피를 내려주지 않겠는가.

제 4 장

나는 정말로 행복한 사람이다

오늘의 나를 있게 한 일들

속삭임, oil on canvas, 145.5×97.0, 주미향 作

; 나는 반半은 이루었다

1981년 8월 빈손으로 울산에 와서 첫 출근을 한 후 35년 동안 한 회사, 한 사업본부에서 하고 싶은 일을 열심히 해 온 나는 행운아였다. 그동안 가정을 이루었고 아들과 딸도 다 성장했다.

1982년 어머니를 여의고, 2002년 아버지가 세상을 떠나시고, 장인과 장모도 많지 않은 나이에 하늘나라로 가셔서 모두 그리운 사람들로 남았다. 그리고 이제 나도 회사를 떠났다. 하지만 나는 여전히 건강하다.

지난 35년 직장생활을 하면서 만났던 많은 스승들을 기억하고 은인들을 잊지 않았으며, 함께한 선배, 동료, 후배들이 고맙다. 그분들은 내가 뭘 몰라, 길을 못 찾아 헤맬 때 손잡아 가르쳐 주고, 내가 힘들 때 옆에 있어 주었고, 쓰러질 것 같을 때 붙잡아 주고, 자신없어 할 때 자신감을 심어 주었다. 내가 이만큼 이루도록 도와준 것이다.

나는 머리가 좋은 사람도, 똑똑한 사람도, 일 잘하는 사람도 아니었다. 모두에게 그렇게 기억될 리가 없다. 욕심이라면 말로 상처를 주지 않았고, 개인적으로 불이익을 주지 않았고 인간적으로 무시한 적이 없는 사람으로 기억되고 싶다. 모두에게 가끔은 그리운 사람이 되고 싶다.

나는 좋은 시절에 태어나 좋은 세상, 좋은 회사에서 하고 싶은 일을 할 수 있어 행복했다. 그때 그 시절, 그 좋았던 때에 있었던 이야기들을 이렇게 한 권의 책에 담고 있다. 나의 이야기를, 우리 '해양' 이야기를. 그리고 나는 언제까지나 행복할 것이다. 특히 35년을 함께한 현대중공업에 감사한다.

그리고 나는 아직 못 이룬 일들이 반이나 남았다. 지난 30년도 어려웠지만 행복했듯이, 다음 30년도 쉽지 않겠지만 소망은 이루어질 것이라 믿는다. 또다시 공부를 시작하고, 생각하고 배워서 다음의 반을 위한 준비를 해야겠다. 살아 있는 한 어떻게 살 것인가에 대한 배움은 계속하라는 세네카의 가르침을 실천해 나가겠다. 나의 꿈의 반¥은 미완이다.

﹔나는 누구인가

나는 누구인가. 나는 아들이고 형제이며 남편이고 아버지 그리고 할아버지이다. 나는 부모님에게는 언제나 귀하고 장한 아들이었으며, 형제자매에게도 형과 오빠였다. 특히 부모님으로부터 넘치는 사랑을 받았으니 이제는 나누어 줘야 한다.

지난 30년도 그렇고 다음 30년도 남편으로서 살아갈 것이다. 어떤 남편이었는지 평가하기에는 너무 이르다. 옳은 평가를 받으려면 30년은 더 기다려야 한다.

딸이 있고 아들이 있으니 나는 아버지이다. 손자, 손녀가 있으니 할아버지이다. 자식으로 평가받는 것이 아버지 아닌가. 또 자식은 그의 자식으로 평가를 받고. 어머니가 자신보다 사랑한 아들이었으니, 나는 행복하였다.

그럼 직장에서 나는 누구였던가? 신입사원에서 관리자로, 경영자로서 어떤 사람이었는가. 많은 사람들이 직장을 견디기 힘든 곳, 그러나 무엇을 해야 할지 모르기 때문에 떠나지 못하는 곳이라 한다. 왜 견디기 힘들까? 일과 삶의 불균형 때문인가. 내가 잘하는 것과 내가 좋아하는 것의 일치, 일과 삶의 일치, 잘했던 것과 정말로 좋아하는 것의 일치, 이것이 운명의 영역Area of Destiny 이다.

나는 35년을 한 직장에서 행복하였으니 나와 직장은 운명적 만남이었다. 부모와 자식의 만남처럼. 내가 자식이었나, 직장인이었나, 사랑으로 따지면 내가 회사의 부모였지 않았을까?

인간은 정치적·사회적 동물이라고 했다. 그럼 사회인으로서의 나는 누구인가. 35년간 사회의 보살핌을 받으면서 직장인으로 살았고, 이제 평범한 주민으로 살아야 한다. 사회규범과 질서를 지키고, 사회가 정한 절차에 따라 살고, 세금을 납부하고, 모든 보통사람과 같이. 기업의 사회적 책임, 개인의 사회적 책무 그리고 국가와 민족사회에 봉사하는 삶, 나는 그렇게 살아왔고 또 그렇게 살아가야 한다.

나는 1954년 김해군 내부 끝단 마을에서 태어나 김해읍 하발치 동네에서 자라고, 부산에서 중·고·대학을 마쳤다. 그리고 빛나는 공군 ROKAF에서 군복무를 마치고 직장인이 되었다.

지난 시간을 돌이켜보면, 크게 가난했던 기억은 없다. 그 시대의 보통 부모들과 같이 우리 부모도 모진 시련과 가난의 한파를 겪었을 것이나, 그렇게 느끼지 못한 것은 부모님의 배려 때문이었으리라. 자식을 위해 모든 것을 희생하는 부모, 그런 환경에서 나는 자랐다.

우리 집이 부자라는 생각을 하지 않았지만 그렇다고 궁핍함이나 어려움을 느껴본 적은 없다. 말﹖, 시간, 돈 등 모든 것을 절약하고 심지어는 정情까지도 아끼는 부모님을 보고 자랐다.

그때는 지금 유행하는 금수저니 흙수저니 하는 용어도 없었지만, 따지고 보면 대부분 흙수저로 태어났지 않았겠는가. 그러나 작금의 3포 세대, 5포 세대가 되기보다는 모두 열심히 그리고 처절하게, 절대로 포기하지 않는 젊은 시절을 보냈다.

1979~1980년, 10·26, 12·12, 5·18사태 등의 격변기에 서울역 앞에 본사를 둔 대우그룹에 입사하여 새한자동차 부평공장으로 출퇴근을 하면서 약 2년 동안 서울 생활을 하였다. 1981년 울산에 있는 현대중공업으로 이직하여 35년간 근무하면서 4급사원에서 10단계를 올라 부사장이 되었으며, 해양사업부의 본부장, 대표를 거쳐 2015년 1월 퇴임하였고, 자문으로 호칭이 바뀌었다. 그리고 지금은 또다시 경영대학원 학생이 되었다.

나의 성은 김이요, 본관은 김해, 자란 곳은 부산, 근무지는 울산. 나는 울산 출신이 되었고, 울산에서 가장 오래 살고 있는 것이다. 그리고 거기 그대로 살 거냐고 물으면 그렇다고 답한다. 지금부터 어디서 어떻게 살지는 생각해 봐야겠다. 나중에는 오래된 나의 꿈을 이루기 위해 내가 태어난 고향으로 가고 싶다. 같이 갈 사람은 준비가 되지 않았다.

⁝ 본격적인 직장생활을 시작하다

군복무를 마치고 1979년 4학년으로 복학하였다. 졸업 후 대학원에 진학해 학교에 남을 것인지 취업을 할 것인지 망설이다가 취업을 하기로 결정하자, 2학기 개학과 동시에 취업 바람이 불었다. 대기업들의 입사 설명회가 연이어 이어졌고 학교 우편함에는 각 회사들로부터 온 입사 지원서가 가득했다.

나는 대우그룹을 선택하였었다. 입사시험이 없다는 장점도 있었지만 당시 대우그룹은 한창 떠오르는 기업이었고, 무언가 다른 회사들과 차이가 느껴지는 그룹이었다.

1979년 10월 대우그룹에 입사하여 대우가족이 되었고 몇 주간 그룹연수를 마치고 당시 새한자동차로 배치되었다. 입사연수 교육 중 10 · 26사태 뉴스를 들었고, 12 · 12사태일은 연수가 끝나는 날이었다.

한국 최초의 자동차회사였던 '신진자동차'가 미국 GM과의 합작으로 GM코리아가 되었다. 1978년 대우그룹이 50% 지분을 인수하여 새한자동차가 되었고 GM의 자본 철수로 대우자동차가 되었으며, 또다시 2002년 GM이 인수하여 한국지엠GM Korea이 되어 지금에 이르렀다.

새한자동차 신차(X-car) 기획팀에서 부품개발업무를 담당하다 대형차로 옮겨 자재구매기술부에서 근무를 했다. 1980년 말부터 경제 불황으로 자동차 판매가 감소하자 국내 자동차 3사 모두 무척 어려워졌다. 이때 현대중공업으로 이직을 결정하였다.

1981년 7월 말 '인재를 찾습니다' 로 시작된 현대중공업 사원모집 기사를 보고 지원하여 그해 8월 경력사원으로 입사하였다. 짧은 연수교육을 받고 당시 철구사업부와 플랜트사업부의 모듈사업부문(P3)을 합병한 철구사업본부, 연이어 해양사업본부로 개칭된 본부의 모듈 프로젝트부에 배치되었다.

당시에 해양영업은 현대종합상사에서 담당하고 있었는데, 그해 10월 말레이시아 셀사로부터 수주한 SSBF23 모듈 제작공사를 담당하게 되었다. 모듈 3기, 3,300톤 규모로 계약가는 1,500만 달러, 프랑스 회사 ETPM가 원청사로 설계, 구매, 운송, 설치를 담당하고 우리 회사는 제작 하청으로 참여하였다. 1980년에 수주한 브루나이, 쉘에서 수주한 BSP, Champion 공사와 더불어 최초의 톱사이드 모듈 공사였다.

자동사회사에 잠깐 근무하다 입사한 사람이 말은 경력사원이었지만 뭘 알았겠는가. 입사하자마자 모든 것이 문제였고, 모든 것이 긴급이었다. 일할 사람은 몇 명을 제외하고는 현대양행, 현대자동차에서 전직한 사람, 갓 입사한 경력사원들, 현대공고 졸업예정자들이 전부였다.

그때 처음으로 외국인을 감독관으로 만나 영어로 대화를 하게 되었다. 30% 정도 알아들었을까? 묻고, 공부하고, 배우고, 그래도 모르는 것은 상상을 하면서 일하였다. 그야말로 닥치는 대로 일을 하였고, 토요일까지 포함해 저녁 10시 이전에 퇴근하는 경우가 드물었다. 기계를 담당하다가 자재관리, 통관, 공정관리 등 이것도 저것도 모르면서 여러 가지 일을 해냈다.

공사점검회의는 사업본부장이 안전모로 회의 테이블을 치는 것으로 개시되었고, 그때 감독관들도 놀라서 도망가곤 했다. 1982년 10월 계약 후 12개월 만에 공사가 완료되어 바지선에 싣고 말레이시아로 출항하였다.

1981년 8월 24일 입사하여 연수교육을 받고 몇 주를 근무하고 나서 9월 초 집에 가서야 어머니가 병중임을 알게 되었고, 회복하기 어렵다는 의사의 진단 소식을 들었다. 그야말로 청천벽력이었다. 하늘이 노래졌고 머리가 먹먹할 따름이었다.

그 후 1981년 10월 첫 봉급을 타서 봉투째 병상에 계신 어머니 손에 쥐어 드렸다. 매주 토요일 마지막 버스를 타고 부산에 가서 어머니 간호 아닌 불침번을 서고, 월요일 첫차를 타고 출근을 하곤 했는데, 12월 16일 추운 겨울날 어머니는 홀연히 세상을 떠나셨다.

무진년에 태어나 무진일 생일날 아침에 내 품에서 운명하시었다.

이렇게 나의 신입사원 시절이 끝나고 경력사원으로서 직장생활이 시작되었다.

⦂ 이력서는 이렇게 써라

이력서, 프랑스어로는 Resume, 영어로는 CV's Curriculum Vitiates, 미국에서는 Personnel History라고 쓴다.

나의 이력서, 대학 졸업 예정을 앞두고 입사한 신입사원이 무슨 이력이 있었겠는가. 나는 이력서 없이 지난 37년을 살았다. 직업보도를 하는 헤드헌터들이 찾는 인재들의 이력서, 훌륭한 이력서가 없는 사람은 아예 검토대상이 못 된다. 출신학교, 학위, 자격증, 멤버십은 물론 지금까지 한 일들의 기록이 그렇게 찬란할 수가 없다.

경험으로는 인도 사람들의 이력서가 가장 화려하고 다음이 영국인, 우리 한국 사람과 일본 사람들이 가장 간략하다. 지금은 외국에서 학위를 획득하고 찬란한 이력서를 가진 내국인도 늘고 있다.

이력서를 관리하라. 꼭 직장을 바꾸고 소속을 변경해야만 이력서가 다양해지는 것은 아니다. 한 가지 사업군에 한 가지 업무에 매진한 것도 대단한 이력이다. 그렇지만 교수나 연구원은 연구논문으로 이력관리가 되지만 직장인은 본인의 노력으로 다변화된 지식과 자질, 능력을 함양해야 하고 보직을 바꾸면서 담당업무를 다양화해야 한다. 연한과 직급, 직책에 따라 전문가가 되고 팔방미인이 되어서 실적을 내고 목표를 달성해야 한다. 이것을 기록한 것이 이력서이다.

젊은 사람들의 취업 준비와 마찬가지로 직장을 떠날 준비, 퇴직 준비도 이력서와 자기소개서를 쓰는 것으로 시작한다고 한다. 여러분도 지금 이력서를 써보자. 출신학교 한 줄에 입사일 언제, 회사 이름이 전부인가.

지금은 자기 PR시대이다. 개인 PR은 이력서가 대신한다. 지금이라도 학위를 받고 자격증을 취득하고, 협회에 가입도 하라. 그리고 직장 내 이력도 서술적으로 나열하여 기록하라. 최소한 5페이지는 되어야 할 것 아닌가.

나는 다시 이력서를 쓸 일은 없을 것 같다. 필요하다면 이 책으로 나의 이력서를 대신하면 되지 않겠는가.

⁝ 호적 나이 덕을 보게 된 사연

우리나라에 호적제도가 정립된 것은 오래전 일이지만, 1950년대에는 실제 태어난 날과 주민 등록된 날짜가 차이가 있는 경우가 많았다. 나도 그 중의 한 명이다. 호적신고가 늦은 이유는 당시 아버지가 참전용사이셨기 때문이라고도 하고, 귀한 2대 독자인데 병치레를 많이 했기 때문이라는 어머니의 설명이 있었다. 이 영향으로 동생들의 출생신고도 1~2년씩 순연될 수밖에 없었다고 한다. 나의 생년 운세는 '초년에는 불리하고, 장년에는 유리하며, 노년에는 좋다'고 하는데 일견 맞는 측면이 있다고 본다.

나는 만 4년 7개월에 초등학교에 입학하였고, 본의 아니게 최연소 졸업을 하였다. 장유유서의 문화로 손해를 본 적도 많고, 동급생으로부터 "나는 너의 형님이다"라는 얘기도 많이 들었다. 무엇보다 힘들고 귀찮은 것은 나이가 적다고 잔일을 해야 하는 것이었다.

대학 3학년을 마치고도 군대 영장이 나오지 않아 공군에 자원입대했다. 당시 육군은 교련교육으로 군복무 6개월 단축 혜택이 있었으나, 공군인 나는 36개월을 근무하고 제대하였다. 남들보다 애국근무를 반년 더 한 것이다.

직장생활을 할 때는 나이순에서 밀리는 경우도 있었고, 남이 가기 싫어하는 파견이나 출장 등의 업무를 맡기도 하였다. 진급심사에서 나이에 밀려 누락될까 조마조마한 적도 있었다.

나의 생일은 7월 31일이라서 7월 방학기간에 열리는 행사와 음악다방에서, 해운대 해수욕장에서, 술집 등에서 진행된 7월 말 행운권 추첨 행사에서 여러 번 당첨된 기억이 있다.

회사에서 퇴임자를 나이순으로 선정할 때는 유리한 경우도 있었다. 장년이 되어서는 더 이상 나이가 많은 게 좋은 것이 아니라 적은 게 유리한 경우가 많았고, 나는 그 혜택을 제대로 누렸다.

노년에는 동기들보다 더 건강하고 오래 살 수 있지 않을까 하는 기대도 하고 있다. 그러나 나이 60을 넘으면 열 살 이내는 동기라고 하니, 더 이상 호적의 혜택을 보기가 쉽지는 않을 것 같다.

지난날 아버지께서 나를 호적에 늦게 등록하신 것을 불만스럽게 생각할 것이 아니라 고맙게 생각했어야 했음을 이제야 나는 알게 되었다. 아버지, 고맙습니다.

⁝ ID 'Kyungpha'

1960년대 어느 날 들은 이야기이다. 어머니가 태몽을 꾸셨는데 높고 푸른 하늘, 넓고 넓은 바다, 끝없이 펼쳐진 들판, 마치 옛날 PC 바탕화면 같은 풍경이 펼쳐져 있었다고 한다. 이 이야기를 듣고 도사님이 주신 호칭이 경파였다.

1970년대 여름 바닷가에서 만경창파를 보며 경파 한자어를 찾아보았다. 경파鯨波. 그 뒤로 내 개인 별칭으로 ID를 경파로 정하였다. 그리고 나중에 훌륭한 사람이 되면 '경파'를 자호自號로 해야겠다는 생각을 했다.

경파, 넓고 큰 파도, 생명의 근원이자 모든 것을 포용하는 바다. 그 바다가 살아 있음은 푸른 물결, 쉼 없는 움직임, 파도 때문이지 않겠는가. 그래, 파도가 되자. 파도 넘어 파도가 되자.

어찌 보면 어머니의 태몽이 적중했나 보다. 1970년까지 전기가 들어오지 않았던, 낙동강 지류인 조만강(지금 보면 샛강이다) 끝단의 농촌에서 태어난 내가 오대양을 사업장으로 하는 '해양인'이 되었다는 것은 경파라는 의미와 통한 것이 아닌가. 해양사업의 심벌이 돌고래인 것 또한 우연 아닌가. 어머니는 해양이 무엇인지 모른 채 세상을 떠나셨고, 지금도 나를 큰 회사의 사원으로만 알고 계실 것이다.

; 선택권은 곧 책임이다

    삶은 선택의 연속이다. 하지만 부모, 가정, 가족, 건강과 지능은 나에게 선택권이 없다. 학교와 전공도 내 의지가 아닌 수능점수를 기준으로 선택한다.

    그러나 직장, 직업, 배우자, 친구 그리고 남은 인생 30년을 어디서 어떻게 살 것인지는 나의 선택이고 나의 책임이다. 30년 이후의 생활도 내가 선택한 것의 결과이다. 인륜으로 천륜으로 주어진 것도 바꿀 수 없는 나의 선택으로 인정해야 한다. 그래서 더욱 선택에 신중해야 한다. 나에게 주어진 기득권은 없다. 선택권은 곧 책임이다.

    1979년 단수여권으로 처음 출국한 이후 (그때 우리 가문에서 처음으로 외국에 간 것이다) 1982년 2년 유효기간의 여권을 발급받아 시작된 출장 목적의 미국 휴스턴으로의 해외여행 이후 35년, 얼마나 많은 도시를 얼마나 많이 돌아다녔는지 기억할 수가 없다. 1천 회는 넘을 것이다. 대한항공 탑승기록으로 남은 것이 250만 마일, 전체로는 300만 마일은 족히 넘었으리라. 이는 지구를 120바퀴 이상 돈 여정이다.

    어떤 경우에는 미국에서 브라질, 파리에 도착한 후 현지에서 항공기표를 구입하여 앙골라, 남아공을 거쳐 귀국하기도 하고, 영국에서 나이지리아, 두바이를 거쳐 김포공항으로, 공항에서 여행가방을 바꿔서 바로 호주로 출국한 경우도 있었다. 한 번 출장으로 7개국을 여행한 적도 있었다. 항공 마일리지로 2만5천 마일, 지구를 한 바퀴 비행한 거리이다.

해외출장 횟수도 많았지만 출장으로 보낸 날짜도 헤아릴 수가 없다. 그리고 항공료만으로도 얼마나 많은 지출을 하였겠는가.

그 덕분에 직장생활 35년 동안 많은 사람들을 만났다. 다양한 국적의 사람들 또한 부지기수로 만났다. 외국의 국왕, 대통령, 수상, 장관, 총재를 포함해서. 나이지리아의 경우엔 3대에 걸쳐 대통령을 알현하는 영광도 있었다.

고객이 있는 곳, 자원이 있는 곳, 일이 있는 곳이면 안 가본 곳이 없을 정도였다. 그래서 영업전문가, 출장전문가가 되었다. 높은 사람도 많이 만났다. 이는 가문의 영광이 되었다.

; 울산광역시 동구 주민

1981년 입사와 동시에 독신자 숙소로 기숙사가 주어졌다. 2인 1실로 입사 동기가 룸메이트였다. 입사하자마자 연장근무를 밥 먹듯 하고 어두운 밤에 퇴근을 하면 갈 곳이라고는 선술집뿐이었다. 자정 통금시간에 맞춰 서둘러 1차를 끝내고, 2차는 숙소로 향하는 것이 통상적인 관례였다. 아침에 신문 떨어지는 소리를 듣고 자리를 파하는 경우도 많았다.

결혼 후에도 기숙사 생활을 몇 달 계속하다가 방어진 종점 뒤에 있는 개인주택 2층을 빌려 이사를 하였다. 전세보증금 600만 원은 아버지가 보태 주셨다. 그때 내 통장 잔액은 60만 원 정도였던 것으로 기억된다. 첫딸이 그 집에서 태어났다. 아버지의 지원이 없었더라면 방 한 칸에 부엌 한 칸인 곳에서 시작하였을 것이다.

그 후 몇 번의 이사를 거쳐 1986년도에 24평짜리 무림맨션 5층에 전세를 들었다. 그렇게 커보이고 자랑스러울 수가 없었다. 기쁜 마음에 엑슨 감독관들을 초청하여 몇 번이고 집들이를 했었다. 그 당시 아파트는 매매가격과 전세값의 차이가 거의 없었고 심지어 역차이가 나는 경우도 많았다. 집주인의 은행융자금에 대한 납입 지연으로 은행으로부터 독촉장이 몇 번 오고, 같은 값에 아파트를 등기이전 받으라는 주인의 권유가 있었으나, 은행의 압류가 겁이 나서 다시 다른 개인주택을 얻어 이사를 해 맨션에서의 생활도 끝이 났다.

옮겨 간 일산동의 2층 집에서 아들이 태어났고, 연탄보일러를 석유보일러로 교체하여 문화생활을 하게 되었다. 그 집에서 몇 년을 살다가, 신청 8년 만에 사택 공급 대상자가 되어 당시 회사에서 제공한 아파트 중 가장 현대식이었던 금강아파트 28평으로 이사를 하였다. 1987~1988년 노사분규로 인한 파업과 공장폐쇄 기간을 이용해 운전면허증을 땄고, 드디어 자가용을 샀다. 그때 직급은 차장이었고, 1992년도였다.

입주의 기쁨도 잠시, 사택의 재개발계획이 확정됨에 따라 다시 남목동 32평 아파트로 이사를 하였고, 그 집에서 8년을 살았다. 거금 7,300만 원을 지출하였다. 2001년에 임원으로 승진을 하고 2년 뒤인 2002년 5월 전하동 42평 신축 아파트로 다시 이사를 하였다. 아버지는 아들이 새 집으로 이사가는 것을 보고 싶어 하셨으나 2002년 3월에 세상을 떠나셨다. 아버지가 아껴 모아 지원해 주신 거금 1억 원으로 결혼 18년 만에 현대식 아파트에 살게 된 것이다.

2008년 서부동에 있는 회사에서 제공해 준 아파트인 사택으로 이사를 하여 2015년까지 거주하였다. 이 얼마나 큰 회사의 배려이고 큰 혜택인가. 최상층 25층에서 창문을 내다보면 회사 전경이 한눈에 들어왔고, 여름엔 아침 5시가 되면 밝아오는 동해를 먼저 볼 수 있었다.

1984년에서 2015년까지 이사를 10번 넘게 하였으며 이사할 때마다 집도 커지고 경제사정도 나아졌다. 다운계약서가 뭔지도 몰랐고 부동산 투자에도 관심이 없었지만, 주민등록부상에는 주소변경 내용으로 빽빽하다. 시작에서 끝까지 좁은 동구 땅에서 회사와 더불어서 살았다. 회사에서 해방이 되자 나는 동구를 떠났다. 동구 염포산과 마골산, 아파트와 회사 창문 너머로 항상 볼 수 있었던 동해가 그립고 회사 전경이 지금도 아른거린다.

부동심不動心

'부동심' 이란 마음이 어떤 외부 영향에도 흔들리거나 움직이지 아니하는 상태를 말한다. 맹자는 "하늘의 기운과 항상 일치하여 흔들림이 없음"이라 하였다. 하늘의 기운, 천기와 천운은 모든 가치 위에 있다 한다.

부동심은 한번 결심을 한 뒤에는 추호의 흔들림이 없음이라는 의미이다. 나를 세상에 있게 한 하늘의 기운과 일치하게 뜻을 세우고 각오를 하고, 좌고우면에서 벗어나 결연한 행동을 위하여 그 뜻을 이루는 것에 필요한 것이 '부동심'이다.

부동심이면 어떤 시련이 닥치더라도 그 시련이 오히려 기회가 되고, 어떤 불행도 행복으로 옮겨 뜻한 바를 이룰 수 있다. 사람은 먼저 뜻을 세워야 한다. 그 뜻이 신념이 되고 의지가 되어 흔들리지 않도록 해야 한다. 그러면 무엇이든 뜻한 바를 이룰 수 있다. 그것이 천의天意다.

내 사무실에는 '부동심'이라 쓴 액자가 걸려 있다. 부동심이란 움직임이 없는 마음이 아니라, 천의로 천운과 일치된 마음가짐과 그런 정신으로 세상을 살아가야 한다는 의미의 맹자의 교훈이라고 생각한다. 그러나 시간 따라 바람 따라 움직이는 마음을 어찌하겠는가.

⁝ 지란지교를 꿈꾸며

특기는 직업으로 삼을 만큼 잘하는 것, 취미는 직업 외에 즐기기 위하여 하는 일을 말한다. 선진국가인 미국, 유럽의 중산층이란 문화인, 문화생활을 하는 계층을 이른다.

문화인의 기본은 취미생활, 최소한 악기 두 가지 이상은 다루어야 하고 두 가지 이상의 스포츠에 조예가 있어야 한다. 그 악기와 스포츠도 고가의 장비가 필요한 것에 한한다고 한다. 이름은 모르지만 10만 달러 이상의 악기, 수백만 달러가 드는 요트, 승마, 경비행기, 스포츠카 등등.

고객들이 취미가 뭐냐고 물었을 때 대답하기 곤란한 적이 많았다. 종교가 뭐냐는 질문과 같이 그냥 없다고 대답하면 이상하다는 듯 다시 쳐다보는 시선을 느끼곤 했다.

나의 취미는 내세울 건 없지만 남이 하지 않는 것, 국내 인구 0.1%의 동호인을 가진 난 기르기다. 취미란 시간과 노력과 정성이 필요한 것, 적절한 지출이 투입되는 것, 최소급여의 10% 투자, 그런 정도라면 나의 취미는 난 기르기가 맞다.

나는 1987년부터 동양란을 기르기 시작했다. 그때는 매주 1분씩 사가지고 부산에서 울산까지 버스를 타고 집으로 모셔왔다. 2000년까지 몰두하였던 동양란에서 풍란 재배로 바뀌었다. 그리고 지금에 이르렀다. 동양란은 거의 처분하고 풍란만 남았다. 동양란 100분에서 풍란 100분으로. 보통 선물로 주어지는 키 큰 동양란은 취미의 대상이 아니다.

난이 왜 취미가 되는가. 크기가 작고 희소가치가 있고 아름답기 때문이다. 분갈이가 어렵고 물주기가 까다롭기 때문이다. 그리고 고가이다.

난은 뿌리가 보기 좋고 잎이 고우며 꽃이 아름답고 향기가 좋다. 그래서 난향 천리라 하지 않던가. 가장 친한 친구에게는 키우던 난을 선물하고 동호인은 난 교환으로 이루어진다. 지란지교芝蘭之交인 셈이다.

난 기르기, 나무도 아닌 것이 풀도 아닌 것이 난이다. 난은 고생대 식물로 기생식물이다. 원래 나무나 바위에 붙어 산다. 뿌리가 굵고 길어 공기 중에 있는 습기와 영양을 빨아들여 살기에 적합하다. 지금은 인공 재배에 익숙하여 화분에 식재로 심겨져 살고, 풍란은 수태(물이끼 뭉치)에 붙여서 기른다.

난은 고통을 주어야 생장을 한다. 물과 거름을 장기간 주지 않아야 뿌리를 내리고, 싹을 틔우고, 꽃을 피운다. 고생을 하고 위기를 느껴야 살기 위해 노력하고, 후세를 준비하는 것이다.

물을 자주 주고 거름을 많이 주면 잎은 무성하여 보기 좋으나, 뿌리가 약해져 점점 약화되어 죽게 된다. 죽는 데도 2~3년은 걸린다.

나는 지란지교를 할 수 있는 친구가 있었으면 좋겠다. 난향 천리를 넘어 인향 만리, 향기가 나는 인간이 되기를 소망한다.

다음은 풍란 엽예품 사진이다.

; 분갈이도 순서가 있다

난 기르기에서 겨울의 끝자락인 2월, 즉 봄이 오기 전이 분갈이의 적기이다. 발코니에는 작은 화단이 있다. 옆으로는 분재도 있고 선인장류도 있다. 그러나 제일 주인은 풍란이고, 다음은 동양란이다. 나머지는 작은 화단에 심어져 있어 분갈이가 필요없으며, 흙만 보충해 주면 된다.

분갈이의 첫 순서는 분을 고르는 것이고, 식재는 선택하는 것이 아니라 똑같은 것으로 확보하면 된다. 분을 고르는 것, 크기를 정하는 데는 세 가지 고려 조건이 있다. 키울 것은 약간 큰 화분에, 현상 유지할 것은 같은 규격으로, 세력이 약해진 것은 작은 분에 심어야 한다. 난보다 화분이 크면 화분의 기에 눌려 난이 쇠약해진다. 약해진 난은 좁은 분에 심으면 세력을 회복할 수가 있다. 키우고 그 가족을 늘려 분주할 것은 큰 화분에 심는다.

난은 작은 것이 아름답고 아름다운 것일수록 잘 크지 않고 늘어나지 않아 희소가치로 가격이 정해진다. 사람도 마찬가지 아닌가. 크는 아이들은 한 치수 큰 것으로, 체중을 줄일 때는 한 치수 작은 사이즈 옷으로, 노인들은 자식이 사주는 대로.

사람의 자리도 같은 것이다. 더욱 크게 될 사람은 높은 자리에, 현상 유지만 할 사람은 지금 자리에, 그대로 물러나야 할 사람은 낮은 자리로 옮겨 주어야 하지 않겠는가. **사람이** 자리에 눌리면 건강을 해치고 추해진다. 다음은 한국 춘란 화예품 사진이다.

모우고 또 모우고

인간은 수집하는 동물이라 했던가. 지난 30여 년간 역마살 직업으로 살아온 나의 직업병 중에 수집병이 있다. 해외 주재 경력 없이 오로지 국내파로 살아온 30년, 이후 해외출장 전문인으로 살아온 여정, 해외여행 400회, 국내 출장 100회는 될 것이다.

출발시의 버릇은 공항에서 구두 닦기, 3천 원 투자에서 느끼는 용전 효과, 광나는 구두는 당신을 빛나는 세계로 인도한다Shining shoes take you to shining places. 그리고 출국 때와 귀국 때 출장 1회 평균 2개의 넥타이를 산다. 만 원짜리부터 십만 원 이상 고가품까지. 그렇게 모은 것이 1천

개쯤 된다.

귀국하면서 사는 물건, 남을 위한 선물이 아닌 직업병으로는 처음 10년은 꼭 담배, 특이한 이름의 담배를 수집용으로, 다음 10년은 티스푼, 지금까지 500개는 될 것이다. 그리고 10년 외화 모우기, 동전 한 박스, 지폐 한 봉투, 가치로는 100만 원쯤 될까. 러시아 루블, 나이지리아 나이라, 유럽 각국의 화폐 등 휴지가 된 것도 많다.

그리고 닥치는 대로, 눈에 보이는 대로 모은 것이 장식용 접시, 성냥갑, 위스키 미니어처, 크리스털 소품, 볼펜 등 가지가지다. 1968년부터 5년간은 우표를 모으는 데 많은 투자를 하기도 하였다. 모으기만 하고 관리는 하지 않아서 많은 것들이 없어져 버렸다. 물론 보관할 장소도 마땅치 않았다.

출장 직업병의 근원은 뭘까? 분명 축재 목적은 아닌데 나갈 때의 두려움, 들어올 때의 안도감. 아무튼 지금은 쓸모없는 수집품들로 가득하다. 나는 그것들에서 얘기를 듣고 추억을 다듬는다.

; 골프라는 운동

이제 골프는 많은 사람들이 즐기는 대중 스포츠가 되었다. 골프인구가 500만 명을 넘고 골프 관련 지출 비용이 연간 25조 원이라고 한다. 이쯤 되면 골프채를 들지 않으면 장애인 소리를 들을 만하다.

왜 골프를 하는가? 스트레스 해소에 최적이고, 남녀노소 누구나 즐길 수 있고, 사교적인 운동이며, 경기장이 다양하고, 가끔 실수로 버디도 하고 홀인원도 가능하고, 신사적인 스포츠이고…. 이유가 백 가지도 넘는다.

나도 그 많은 권유를 뿌리치고 독야청청하다가 자의반 타의반 드디어 입문을 하였다. 2013년 60세에. 그 뒤에 손바닥에 피가 나는 노력을 하고, 팔목 뼈의 고통을 견뎌 내면서 버티고 버티었다. 도합 500시간을 연습에 투입하였다.

골프계의 금언, 60세 넘어 입문하는 사람, 60세에 융자내서 골프 치는 사람, 60세에 골프채 바꾸는 사람, 60세에 비거리 향상을 위해 프로의 코칭을 받는 사람을 팔자 좋은 사람이라고 한다. 지난 6개월 동안 그렇게 해 보았다. 드디어 깨달음의 시간이 왔다.

2016년 1월 14일, 경치 좋은 경기장에서 라운딩 도중에 불현듯 든 생각, 찰나의 깨우침, 나는 비적합자이다. 나는 골프에 적합하지 않다. 왜 시간과 돈, 노력을 하고 또 하여도 진척이 없다. 500시간을 훈련하였어도 오른쪽으로 향하는 공의 방향을 조절할 수가 없었다. 계속된 골프 공정 지연으로 도통 즐겁지가 않았다. 그렇구나! 나에게는 골프가 부담이고 스트레스였다.

사람이 잘하는 것, 좋아하는 것만 하고 살 수 없으니, 잘 못하는 골프, 부담되는 운동도 나쁘지만 않다는 것도 배웠다. 남이 즐거워하고 잘하는 것을 따라해 보는 것도 좋은 일 아닌가. 그늘집 시간, 게임 뒤의 번외 시간에 강한 나의 진면목을 보여 줄 기회도 있었으니까.

이렇게 스스로 위로하면서 마음으로부터 골프 철수를 결심하고 난 뒤 느끼는 안도감, 일말의 아쉬움을 뒤로하고 다음 할 때까지 중단하기로 하였다. 골프클럽을 가방째 차에서 내렸다. 그러고 나서부터는 시간이 남기 시작하였다. 여유가 생겼다. 이 책을 써야겠다고 결심했다.

그러나 결코 포기한 것은 아니다. 감이 잡히면 다시 시작할 것이다. 그때가 언제인지는 모르지만.

; 다이어트가 전부가 아니다

2002년 회사에서는 419운동이 진행되고 있었다. 4시에 일어나서 한 시간 운동하고 한 시간 공부하여 토익 900점 달성 운동이었다. 나는 새 날부터 다이어트 프로젝트를 시작하였다. 먼저 술을 끊는다. 비만의 시작, 배불뚝이의 주범인 술을 절주가 아닌 금주. 저녁을 먹지 않는다. 배고픔을 참고 저녁 9시 전에 잠자리에 든다. 운동을 한다. 4시에 일어나 매일 한 시간 새벽 산행을 한다.

다이어트 프로젝트 시행 4주, 매주 4~3~2~1, 합계 10kg 감량에 성공하였다. 얼굴, 목, 가슴, 제일 마지막은 뱃살이 빠졌다. 누가 다이어트가 어렵다고 했나. 체중 감량에 대한 부작용은 안색이 검어지고 얼굴과 목에 주름살이 잡히기 시작한다. 남의 이목, 저렇게 모진 사람인가, 어디 아픈가 하는 우려의 시선이 느껴지기 시작한다. 수주가 안 되고, 능률이 떨어지고, 수익이 줄기 시작한다. 덤으로 옷값 지출이 많아진다. 넥타이와 신발 빼고는 전부 다시 사야 한다.

감량도 어렵지만 유지가 더욱 어렵다는 것을 직감한다. 이때의 변명은 감량의 단점 10가지를 내세우며 인생에 다이어트가 전부가 아니지 않는가 건강하면 되지. 작심 한 달 만에 기본으로 자연으로 돌아갔다. 규칙적인 본래의 삶으로. 국가와 회사를 위해 다이어트를 중단해 달라는 동료들의 청원도 영향을 미쳤다.

여러분도 과체중인가? 초과체중 판정기준에 동의하는가? 미국에 가보라. 한국 뚱보는 뚱보도 아니다. 그 사람들은 3배, 150kg은 되어야 비만이라 한다. 두 자릿수 체중이면 건강한 것이다. 99kg 이하라면.

동물실험 결과 억지로 다이어트를 시키면 성격이 포악해진다는 보고도 있으니 유의해야 할 것이다. 고작 10kg 때문에 포악한 사람이 되어서는 안 되지 않겠는가.

; 나는 눈물이 많다

나는 감성적인 사람인가, 약한 사람인가. 나는 눈물이 많다. 영업목표를 세우고 낮밤을 지새우면서 준비하여 입찰에 참여했는데 낙찰되었다는 소식을 들으면 눈물이 난다. 혹한, 혹서기를 불문하고 현장에서 그렇게 고생하는 사우들, 이역만리 해외현장에서 일하는 우리 일꾼들을 만나면 목이 메고 눈물이 났다.

그렇게 힘들게 공사를 완료하고 갖는 출항식에서도 눈물이 나고, 우리가 만든 플랫폼이 선적된 배가 방파제 너머로 떠나는 것이 보여도 눈물이 났다. 공사현장에서 사람이 다쳐도 눈물이 나고, 안전행사 구호를 들을 때도 눈물이 났다. 회사를 떠나는 동료를 배웅할 때도 눈물이 났다.

나는 언제나, 지금도 어머니 생각을 하면, 어머니라는 소리만 들어도 눈물이 난다. 어머니의 자리가 비어 있던 결혼식에서, 울면서 입장하고 울면서 물러날 만큼 나는 남자답지 못하였다.

딸의 결혼식에서도 그렇게 참으려고 했는데 왈칵 눈물이 나서 멈출 수가 없었다. 나는 눈물의 가치와 효용을 안다. 그리우니까 눈물이 나는 것이고, 슬퍼도 눈물이 앞을 가리는 것이다. 눈물이 나지만 울지 못할 때도 많다. 그때는 마음으로 꺼이꺼이 울 뿐이다. 나는 울보이다.

사무엘 베게트가 '고도를 기다리며'라는 연극에서 "이 세상에 흐르는 눈물의 총량은 같고, 또한 웃음의 총량도 같다"고 한 것과 같이 나는 흘린 눈물만큼 웃음도 많았다. 어느 시인은 "눈에 눈물이 있어야 영혼에 무지개가 뜬다"고 하였다. 나는 웃고 울고 그렇게 무지개같이 살았다.

⁏ 웃는 사람에게 복이

웃으면 복이 오고, 웃으면 젊어지고, 웃으면 건강해진다고 한다. 웃으면 뇌가 활성화되어 창의력도 배가 된다고 한다. 이렇게 좋은데 어찌 웃지 않고 살겠는가.

직장생활이든 사회생활이든 웃지 않고 싶어 웃지 않는 것이 아니라 웃을 일도, 웃을 기회도 없어서라고들 말한다.

웃음에는 두 가지가 있다. 무의식적으로 웃는 것, 본능적으로 웃음이 나는 것, 누구나 웃는 진짜 웃음이다. 다른 하나는 의식적으로 웃는 것, 억지로 웃거나 가짜로 웃는 것이다.

무의식적 웃음도 모두에게 같지는 않다. 똑같은 상황에서도 웃는 사람도 있고 그렇지 않은 사람도 있다. 젊은 사람은 박장대소하지만 어른들은 어리둥절하기만 한 경우도 있다. 하늘에서 돈이 떨어져도 웃는 사람이 있고 심각한 사람도 있다.

의식적인 웃음은 웃고 싶어 웃는 것이다. 슬플 때도 웃을 수 있고 화가 나도 웃을 수 있다. 기가 차도 웃고 한심해도 웃을 수 있다. 웃을 일이 없는 것이 아니라 웃지 않으니까 웃을 일이 없는 것이다.

생각과 감정의 표현이 웃음이다. 혼자 웃을 수도 있지만 여럿이 있을 때 더욱 많이, 자주 웃게 된다. 세 배나 더 많이 웃는다는 통계도 있다.

웃음은 호감이고 긍정이고 인정이다. 웃음은 전염이고 소통이다. 소리를 내지 않으면 미소이고 소리를 내면 웃음이 된다. 말이 미소로 전달되고 이해는 미소로 표현된다. 이것이 염화시중의 미소이다.

미소 띤 얼굴, 웃는 모습이 아름답다. 잠을 깨면서 웃고, 출근하면서도 웃고, 일하면서도 웃고, 웃으며 퇴근하는 것이 행복한 직장생활이다. 웃으면서 일하면 그만큼 더 행복해진다.

웃는 방법은 각자의 개성이고 각자의 표현이다. 웃는 모습의 프로가 되지 말고 자주 웃는 프로, 웃음을 전달하는 전도사가 되어라. 직장에서는 물론 사회에서의 성공도 보장된다. 웃으며 보고하면 웃으며 결재한다. 웃으며 부탁하면 웃으며 도와준다. 단, 슬플 때는 웃지 마라.

슬픈 사람 앞에서 웃지 말고 외국 사람과 대화할 때도 조심하라. 부정적일 때, 반대할 때, 미안할 때, 쑥스러울 때는 웃지 말고 심각한 표정을 지어라.

웃으면 행복하다. 웃는 자는, 이기는 자는 크게 웃는 자이다. 나는 자주, 많이 웃는다. 그래서 행복하다. ㅋㅋㅋ 웃지 말고 ㅎㅎㅎ 웃자.

; 두 번째 죽을 고비를 넘다

1987년 6·29선언을 기화로 사회와 정치가 요동을 치고 전국적으로 노사투쟁과 민주화투쟁이 들불처럼 일어날 때였다. 담당하고 있던 엑슨의 하모니자켓 공사도 우여곡절을 거쳐 본격적인 마무리 단계에 접어들고 있었다. 그리고 한 해 뒤에 있을 1988년 서울올림픽의 분위기가 달아오르고 있을 때 갑자기 허리가 아프기 시작했다. 통칭 디스크라는 증상이었다. 소염진통제도, 신경외과 치료도 받고 물리치료와 한방치료를 받아도 별 차도가 없었다. 마지막에는 민간요법 처치도 받아보고 침도 맞고, 허리에 좋다는 그 독한 고량주로 만든 뱀술을 공복에 들이키기도 했다.

1987년 12월 겨울, 예비군 훈련 중에 고통이 심해져서 오른쪽 수족이 마비되기 시작했다. 동네 병원에서 처치를 받고 링거주사를 맞는데도 숨을 쉴 수가 없었다. 밤새도록 딸꾹질을 하며 아침을 맞았다. 큰 병원으로 가라는 의사의 처방에 따라 울산시내에서 가장 큰 동강병원으로 이송되어 갔다.

병원에 도착하자 다시 온갖 검사를 받고 링거주사를 맞다가 숨이 가빠져서 중단하기를 수차례 반복하다 보니, 몸은 점점 쇠약해져 갔다. 입원실 표찰에 쓰인 병명은 'UFO', 불명이란다. 무슨 치료인지 해 보다 두고 보기가 며칠 계속 되었다. 급기야 부산에서 아버지가 오시고, 주치의 상담이 있었다. 결론은 언제든지 앰뷸런스를 내어 주겠으니 더 큰 병원으로 가라는 거였다. '전격성 간염' 같다는 말을 하면서 의사는 안절부절이었다. 병실 옆을 지나가는 사람들이 "젊은 사람이 안됐다" 하는 소리가 들렸다.

다시 앰뷸런스를 타고 부산으로 후송되어 갔다. 태화강을 건널 때 다시 울산으로 올 수 있을까 하는 생각이 들었다. 내가 죽으면 그때 갖고 있던 증명사진을 영정사진으로 써야 하나 하는 생각이 맴돌았다. 백병원에 도착했으나, 병실이 없어 응급실에서 하루를 대기하였다. 그때 외부에서 전문의가 도착하여 백병원 의사와 공동 진찰을 한 결과 전격성 간염은 아닌 것 같으니 두고 보자였다.

아버지는 또다시 병원을 옮기기로 결정하시고, 바로 메리놀병원으로 이송하여 병실에 입원하게 되었다. 그때 백과사전에서 찾아본 전격성 간염이란, 불명의 사유로 발생하는 급성간염으로 3일 이내에 사망에 이를 수 있다는 거였다. 그런데 나는 벌써 3일을 지나 5일째로 접어들고 있었다.

아무것도 먹지 못하고 절대금식, 양이 많은 주사액 처방은 금지되었으나 점점 몸무게가 늘어갔다. 소변량은 점점 줄어들어 아무것도 나오지 않는 단계가 되었다.

일가친척, 처가, 친구, 직장 동료 등 많은 사람들이 면회를 다녀갔다. 하나같이 침울한 얼굴로 측은한 표정을 지으면서. 그렇게 2주가 가고 3주가 지났다. 직장 동료들이 병문안을 왔다가 돌아가서 회사에 병가 휴직처리를 해 주었다.

지금 기억나는 의사 진단은 간, 신장, 위 등 모든 장기가 부전, 작동을 안 한다는 것이었다. 배는 점점 불러오고, 얼굴과 온몸이 누렇게 변하고, 점점 숨쉬기가 어려워졌다. 아침이 되면 살 수 있겠다, 살아야겠다는 욕망이 생기고, 저녁이 되면 긴 밤이 걱정되었다. 7년 전 우리를 떠난 어머니를 만날 수 있다는 것이 유일한 위안이 었다. 그렇지만 살고 싶었다. 몇 년이라도 조금만 더.

1989년 1월 말 내과과장 회의에서 신장투석을 해 보자는 결정이 났다. 신부전상태가 만성으로 될 수도 있다는 설명과 함께 그 무시무시한 신장투석실에 들어가서 6시간에 걸친 투석치료를 받았다. 신장투석 후 몸무게가 15kg 정도가 줄어들었다. 물이 15kg이나 빠졌다는 얘기였다.

모든 것이 정상으로 돌아오는 것 같은 느낌이 들었다. 숨 쉬기도 한결 나아졌고, 그 태산 같았던 배도 정상으로 돌아왔다. 오줌도 방울방울에서 점점 양이 늘어갔고 미음도 먹기 시작하였다. 그리고 일주일, 병세는 하루하루 나아졌다, 기적처럼. 꿈에 어머니가 오셔서 머리맡에 한참을 기도하시는 모습으로 계시다가 아침이 되자 사라지셨다.

신장이 움직이기 시작하면서 독성물질과 노폐물이 빠지자 간이 살아

나고, 위가 작동되기 시작하면서 점점 나아지는 것 같았다. 허리 고통도 더 이상 느껴지지 않았다.

그리고 설날에는 외출을 해도 좋다는 의사의 의견이 있었다. 그믐날 오후, 나는 집으로 외출을 나갔가 차례를 모시고 이틀 뒤 재입원을 했다. 그런 다음 일주일 후 퇴원을 하고, 주말을 집에서 온 가족과 함께 보내고 나서 울산으로 돌아왔다.

부산-울산 간 직행버스를 타고 태화강을 건너서 방어진으로 갔다. 살아서 돌아온 것이다. 며칠 뒤 의사진단서를 첨부해서 복직신청서를 제출하였다. 그때가 1989년 2월 말경이었다. 휴직기간은 13일이었다. 그야말로 죽음의 문턱과 산을 넘어 90일 만에 살아서 복직을 했다. 옛날 어머니가 얘기해 준, 내 나이 여섯 살 때 이름 모를 병으로 죽음의 언덕을 넘고 다시 살아난 이후 두 번째 환생이었다.

그 긴 시간 동안 온갖 짜증과 고통, 분노와 좌절, 두려움과 원망을 묵묵히 받아주고 다시 살아 돌아올 수 있도록 기도해 준 모든 분들과 특히 우리 집사람이 참 고맙다. 벌써 죽을 고비를 두 번이나 넘겼으니 지금부터는 건강해야겠고 다시는 아프지 않아야겠다. 잘못하면 우리 아들이 유복자가 될 뻔하였다.

아프기 전인 1987년 12월에는 하루에 담배 두 갑을 피우고, 일주일에 소주 10병을 마시곤 했는데, 그 후 담배도 끊고 술도 더 이상 마시지 않았다. 의지가 강해서가 아니라 살기 위해서였다.

1989년 11월 인도 히라Heera 공사 설치현장에 파견되었다. 맥주 없이는 38°C의 날씨를 견뎌 낼 수가 없었다. 그렇게 나의 음주는 정상으로 회복되었다. 그러나 그때 이후로 지금까지 금연은 지켜오고 있다.

⁚ 주성酒聖이 되는 길

은하계의 술자리별에서 술별酒星이 지구로 떨어져 술샘酒泉이 되고, 주천에서 쏟아져 나온 술과 지구에 뿌려진 술이 모여 술내酒川가 되고, 술강酒江이 되었다. 유유히 흐르던 강이 범람하여 술이 둑을 넘어 인간세계로 스며들어 주당과 주신, 주성을 낳았다. 그리고 모두가 기뻐하며 술로 축배를 들어 하늘에 감사하였다.

이것은 간단한 술의 역사酒史이다. 이 내용은 울산시 남구 '수을'이라는 주가酒家에 벽화로 남아 있다.

술에 강한 나라, 술을 권하는 사회, 술맛 나게 하는 회사, 우리가 꿈꾸는 세상 아닌가. 자기 자신을 찾고자 할 때, 친구를 만나서도, 소통을 위하여, 건강과 장수를 위한 것도 술이다. 약식주동원藥食酒同原이고 백약지장百藥之長이 술이다. 입사 축하 회식에서도 필요한 것이 술이다. 공사 계약식에도 술이 있어야 하고, 철판 절단식에도, 안전기원제에도, 출항식에도 술이 있어야 한다.

기쁠 때도, 슬플 때도, 그리울 때도, 후회될 때도 술은 치료제이고 약이다. 내가 누구인지, 둘이서는 우정을 위하여, 여럿이 모여서는 즐거움을 위하여, 단합을 위하여, 송년회도, 신년회도, 나이 들어감을 축하하는 파티에서도, 죽은 자를 위한 예식에서도 술이 없으면 안 된다.

애주가는 술과 안주의 궁합에 연연하지 않으며, 미추를 불문하고 원근을 구분하여 앉는다. 그냥 다다익선이 불역낙호不亦樂乎이다.

조지훈 시인이 술꾼의 급에서 논한 3급 이하는 1차만 하고 귀가하는 것이 좋다. 급에서 단으로 올라가는 것은 무척 어렵기 때문이다.

아래에 계속해서 주격도유급酒格道有級에 대하여 논한다.

주격과 주도에도 급이 있다. 술을 마실 준비가 된 상태, 술을 마시는 목적, 분위기, 시간 등에 따라 구분하고 술을 아끼고 사랑하는 정도를 고려하여 주격酒格과 주급酒級을 나누면 12급, 즉 12가지 급級으로 분류할 수 있다.

먼저 술에 입문하는 과정으로 3단계 중 시급試給은 성년의 나이가 되어 선인들로부터 주도酒道에 대한 기본지식을 학습한 후 술에 입문하는 사람이다. 유급幼級은 술은 싫어하지 않지만 스스로 마시지는 않고 남의 강권에 따라 소량을 취하는 단계이다. 치급稚級은 간혹 남 따라 부정기적으로 술맛을 보는 사람이다.

술에 가까워지는 과정으로 술시戌時 이후 주가酒家에서만 마시는 부류로 초급, 중급, 상급이 있다. 초급은 이유와 목적이 있고 동료가 있어야 마시는 사람이다. 중급은 친구가 한잔하자고 하면 흔쾌히 동참하는 사람이고, 상급은 때때로 술자리를 주도적으로 마련하기도 하는 사람이다.

다음은 술을 사랑하고 술의 가치를 알면서 혼술도 즐길 줄 아는 고등단계, 즉 고급, 등급, 월급이다. 고급高級은 시간에 연연하지 않으나 안주는 있어야 된다. 안주가 술을 부르는 격이다. 등급等級도 안줏거리가 있으면 술을 찾는 사람이고, 안주는 남을 수 있으나 술은 남기지 않는 사람이다. 안주보다 술을 귀하게 여긴다. 월급越級은 시간 불문, 안주 불문, 독작 불문 구속되지 않는 애주 단계에 이른 사람으로 급의 단계를 넘어 단의 경지에 들어가는 수준이다.

또 술의 도를 깨치고 술을 넘어서는 달인의 단계로 단급, 신급, 성급이 있다. 단급段級은 급의 단계를 초월하여 술을 우선시하는 사람으로 항상 술 가까이에 거한다. 현인으로 통한다. 신급神級은 술과 일치된 상태로 몸 가는 대로 마음 가는 곳에 술이 거한다. 일명 주신이라는 칭호를 갖는다. 성급聖級은 세인트saint급으로 술에서 깨달음醒을 얻은 성인이다. 즉 S-1단계에 든 사람으로 주성이라 존경을 받는다.

12급으로 나눈 주급과 주격酒格을 넘어서는 무아의 단계, 무아지급無我之級, 일명 S-0급으로 칭하는 무위의 경지에 이른 도인으로 마셔도 안 마셔도 다름이 없는 초아의 급이 있다. 주력酒歷으로는 30년 이상, 주록酒錄으로 소주 1만 병, 그림자를 친구 삼아 달빛을 벗 삼아 자작할 수 있는 무소위의 사람이다. 술 대신 물로써도 차이가 없는 차원이다. 주선으로 모두가 우러러 모신다.

이와 같이 주급의 구분은 주량과는 무관하다. 몸과 마음과 뜻이 어떻게 술과 합일하는가에 달린 것이다. 술을 사랑하는 것이 인류를 위하고 세계를 위하는 것과 통한다. 항상 술을 가까이 하고 술에서 세 가지를 따지지 말고 오로지 술을 사랑하며 술을 지배하며 술에 지배당하며 사는 것, 이것이 자연의 이치에 따르는 것이다. 부동심의 경계에서 주덕을 이루었으니 자족하지 않겠는가.

여기서 주성지도酒聖之道, 술과 성자의 도를 소개한다. 덕인불양주德人不讓酒요, 주격도유급酒格道有級하니, 주성즉주덕酒聖卽酒德하여 천배도대도千杯到大道하고 만병통달관萬瓶通達觀하리라. 덕이 있는 자 술을 사양하지 않고, 주격과 주도에도 급이 있는바 술로써 성자의 반열에 드는 것이 술로 덕을 쌓는 것이라 헤아릴 수 없는 잔으로 도에 이르고 이윽고 만병으로 달관의 경지를 이루리라.

이 이론은 저작권자의 승인 없이 상업적으로 사용하거나 맨정신으로 인용하거나 비판하는 것이 불용됨을 첨언하는 바이다.

; 용이 못 된 이무기

최고의 꿈은 용꿈이다. 태몽으로 용꿈 꾸기를 바라고, 개천에서 용이 나기를 소망하고, 가뭄이 들면 용에게 기우제를 지낸다. 그러나 아무도 바로 용이 될 수는 없다. 이무기를 거치지 않는 용은 없다지 않는가.

뱀이 아니었던 이무기는 없다. 알이 아니었던 뱀은 없다. 뱀으로 300년을 살고 이무기로 천 년을 살고 여의주를 얻어야 용이 된다 하지 않는가. 나는 무엇인가? 뱀인가, 이무기인가. 언젠가는 용이 될 수 있는가, 왜 용이 되려고 하는가. 스스로 용이 될 수 있는가, 남들이 용으로 만들어 주는가, 여의주는 어떻게 얻는가?

어떤 조직과 사회, 국가 경영에도 2인자가 있고, 2인자의 역할이 있다.

충실한 2인자가 있었기에 성공한 1인자가 있을 수 있는 것이다.

2인자에는 두 가지 경우가 있다. 2인자로 만족하며 2인자 자리에 맞는 사람이거나, 1인자가 되기를 포기한 사람이다. 다음은 1인자가 되지 못한 2인자이다.

또한 1인자 같은 2인자도 있다. 조직의 대표는 2인자이면서 1인자이다. 권한을 행사하고 책임을 지고, 목표를 정하고 달성하면 1인자 아닌가. 일인지하 만인지상은 어떤가.

모든 이무기가 용이 되는 것은 아니다. 이무기가 천운을 만나야 용이될 수 있는 것이다. 용이 못 된 이무기도 제 나름의 역할은 있다. 그 역할이 끝나게 되면 용이 못 된 이무기는 사라지는 것이다. 이무기가 못된 미꾸라지도 많고, 이무기를 부러워하고 질시하는 뱀도 많음을 기억해야 한다.

나는 이무기의 사주를 타고났다고 한다. 용이 못 되어도 이무기라도된다면 전생을 고마워해야 한다. 그래서 가끔 절간에 가서 큰 절을 드린다.

; 늘 그립고 자랑스러운 두 분

열일곱 살에 시집오신 우리 어머니는 2남4녀의 어머니로 사셨다. 어머니는 항상 기도를 하셨다. 벽장 속에 모신 조상 할머니께도, 정지 속

조왕신에게도, 성주 신에게도, 장독대에서도 기도를 하셨다. 염불도 하시고 경전도 읽으시면서 두 손을 모으셨다. 자식이 아프면 무당이 되기도 하셨다. 그 기도의 중심에 항상 내가 있었다.

나의 모든 행동은 어머니가 원하는 대로 하는 것이었다. 잘한 일도 잘못한 일도 어머니는 항상 칭찬을 하셨다. 나는 어머니의 기도로, 어머니의 칭찬으로 오늘의 내가 되었다.

그런 어머니가 1981년 54세를 일기로 세상을 떠나셨다. 외할아버지께서 필必자를 넣어서 어머니 이름을 지으셨다 한다. 그만 망단하고 막내가 되라고. 어머니는 막내였다. 그리고 나를 포함하여 2남4녀의 어머니가 되었다. 어머니보다 열 살이나 많은 지금의 나는 아직도 어머니가 가장 그립다. 어머니 생각만 하면 눈물이 난다. 지금도.

1928년에 태어난 우리 아버지는 열일곱에 동갑내기 어머니를 만나셨고, 한국전쟁(1950~1953)에 참전하셨으며, 교전 중에 부상으로 전역을 하시어 나를 낳으셨다. 평생 국가유공자임을 자랑스러워하셨고, 농부에서 상업으로 서비스업도 하셨다. 그리고 우리 6남매를 길러내셨다. 정돈된 삶을 사셨으며 계산에 정확하셨고, 한량 기질로 멋있게 사셨다. 엄한 아버지이면서도 정이 깊은 분이었다.

54세에 혼자 되시어 6남매를 홀로 키우셨다. 그때 우리는 아버지의 외로움, 가장으로서 얼마나 힘드셨는지 알지 못했다. 할아버지는 아버지 이름에 길할 길吉 두 자가 모아진 철喆자를 넣으셨다. 앞쪽이 길하라고.

나는 아버지가 자랑스럽다. 좀 더 노력하여 아버지만큼 되도록 해야겠다. 아버지는 국가와 사회, 가정에 길한 삶을 사셨다.

; 나의 가족 이야기

나는 2남4녀 중 장남으로 태어났다. 1981년 12월 어머니가 세상을 떠나실 때 형제 중 셋은 학생이었다. 지금은 모두 가정을 이루었으며, 공평하게 둘씩 자녀를 두어 사촌들이 모두 12명이다. 조카들은 모두 대학을 졸업하였거나, 대학에 재학 중이다.

나는 형제를 대표하여 부모님의 배려와 사랑을 독차지하였고 장남으로서의 권위도 누렸지만, 형제들이나 조카들에게 해 준 것이 없어서 항상 미안한 마음이다.

1981년 울산으로 직장을 옮겨 온 것이 인연이 되어 지금의 집사람을 만났고, 1984년 더운 여름날 결혼을 하고, 1남1녀를 두었다. 처가 형제는 1남3녀이며 장인, 장모님은 세상을 떠나셨다. 처가에도 해 드린 것이 없어 항상 마음이 무겁다.

나의 집사람 주미향은 울산을 벗어나 전국구로 알려진 서양화가가 되고자 하며 열네 번의 개인전을 가진 바 있다. 나의 딸 원혜는 세계적인 푸드스타일리스트가 꿈이다. 2001년에 결혼하여 예쁜 딸 예주를 두었는데, 올해 다섯 살이 되었다. 사위 김건은 노르웨이 선급DnV에서 근무 중이다. 아들 민수는 연세대 이과대학원 박사과정에서 신물질을 연구하고 있는데, 우리 집에서 가장 바쁜 사람이라 일 년에 몇 번 만나지 못한다.

나는 가족들의 배려와 사랑으로 37년간의 직장생활을 무사히 마치게 되었다. 2015년 1월 퇴임과 동시에 아침 먹을 곳이 없어진 나는 가족들이 함께하지 않았다면 견뎌 내기 어려웠을 것이다. 내 곁에 가족이 있어서 외롭지 않았다.

아내는 물론이고 자식들에게도 사랑한다는 말을 못할 만큼 나는 고지식한 사람이다. 손녀와 사랑한다는 말을 연습하고 있으니, 조금 더 있으면 나도 곧 사랑한다는 표현을 할 수 있을 것으로 믿고 있다.

; 나의 살던 고향은

요즘 주말이면 텔레비전에서 방영하는 가요 프로그램이 많다. 가수도 노래도 거의 모르지만 월요일 밤의 '가요무대' 는 가수도 노래가사도 익숙하다. 노래의 세대 구분은 가사에서 보면 명확하다. 옛날에는 고향이 들어가지 않은 노래가 드물었지만 지금은 듣기가 힘들다. 다들 고향을 잊었거나 고향이 없는 대도시, 아파트 출신이기 때문인가 보다.

고향, 어머니만큼이나 가슴 뭉클한 단어이다. 아니 두 단어는 동원同原인 것이다. 그때는 으레 고향, 어머니라는 단어가 들어가야 유행가가 되었다. 글쓰기에서의 제목은 고향 생각, 어머니 이야기였었다. 지금은 사랑이면 충분한 모양이다.

해외 출장 가서 한국 사람을 만나면 그렇게 반가울 수가 없다. 또 가장 기다려지는 것이 귀국이다. 이때는 동포가 고향 사람이고 나라가 고향인 것이다. 런던이나 뉴욕공항의 탑승 층에서 보면 고향으로 돌아가는 사람들을 쉽게 구분할 수 있다. 수단으로 가든 인도로 가든 사우디로 가든 고향으로 가는 사람은 얼굴이 밝고 표정이 맑다. 나라가 가난하고 부모나 가족이 궁핍하고 열사의 사막 같은 기후라도 그곳으로 돌아가는 사람들은 설렘이 가득하다. 이것은 세계 공통의 정서가 아니겠는가.

고향은 태어난 곳이다. 나의 고향은 김해군의 끝단 응달應達이라는 곳이다. 북쪽 동네라 햇빛이 늦게 들어 응달이라고 불렀다 한다. 우리 집은 응달하고도 가장 높은 곳, 뒤가 바로 산인 끝집이었다. 방 두 칸이던 그 집에 여덟 식구와 외사촌 형이 함께 살았다. 집 앞에는 큰 나무 두 그루가 있었는데 하나는 오동나무, 다른 하나는 동이감이 열리는 감나무였다.

나는 1961년 그 동네 수남초등학교에 입학을 했다. 같은 학년에 2개 반이 있었고 4학년이 되면서 남녀 반으로 갈라졌다. 반장 선거는 출신 지역 구분, 지역별, 마을별 정서가 당락을 좌우하였다. 정치의 시작이었던가.

초등학교 4학년 때 김해읍의 끝단 마을로 이사를 갔다. 이삿짐을 1킬로미터 정도 떨어진 강가로 날라 통통배를 타고 이사를 갔다. 평야 한가운데 있는 마을이었다. 세나래집, 갈대밭을 개간하여 만든 평야라 갈대가 많았고 그 갈대를 두껍게 쌓아 지붕을 만든 높은 집이었다. 안마당, 바깥마당이 있었고 제법 큰 밭이 있었다.

마을 앞에는 넓은 강(조만강으로 김해읍과 장유면의 경계를 이룬다)이 있었는데, 아침에는 물을 길어 식수로 쓰고, 낮에는 빨래터가 되면서 멱감는 장소가 되고 오후에는 낚시터가 되었다. 몇 년에 한 번 갈대지붕을 보수하면 새알을 한 바가지씩 줍곤 했다.

겨울이 되면 바닷물이 역류하여 온갖 물고기가 떠올랐다. 여름이 되면 강이 범람하여 온 마을이 물에 잠기기도 하였다. 어느 해는 홍수가 나서 아버지가 마당에 삽을 박아놓고 잠기는 것을 보면서 피난 계획을 세우기도 하였고, 나는 마루에서 물에 잠긴 마당에 대나무 낚싯대를 드리우기도 하였다. 겨울이 되면 강 전체가 얼음 밭이 되었고 최고의 스케이트장이었다.

집에는 농사일을 도와주는 일꾼이 있었는데 농사철이 끝나면 가마니치기, 새끼꼬기로 바빴다. 아랫목에서는 언제나 술이 익어가고 있었고 부엌에 있는 사구(옹기그릇)에는 항상 막걸리가 가득하였다. 동네 사람들은 어머니를 술 잘 담그는 명인으로 알아주었다. 들판에 술 배달을 가면서 술 마시기 연습을 해서 초년에 수준급이 되었다.

동네에서 학교까지 2킬로미터 되는 거리를 강을 건너서 항상 걸어다녔다. 길을 따라 걷기도 하고 지름길인 논길로도 걸었다. 그렇게 먼 길, 그렇게 넓어 보이던 강이 지금 보면 고랑 같고 그 멀던 통학거리가 20분이면 닿는다. 지금 그 강이 오염된 것을 볼 때, 그 넓던 평야가 고속도로 건설로 이리지리 잘린 것을 보면 가슴이 아프다.

동네 앞으로 하루 네 번 버스가 다녔다. 봄이 되면 도로변에 코스모스 씨를 뿌리고, 학교에서 나누어 주는 피마자씨를 받아와 집에서 수확하여 일정량을 세稅로 돌려주기도 하였다. 가끔 도로 정비 부역에도 나가고, 여름방학이 되면 매일 아침 새마을운동에도 참여하였다. 당시 전교의 600명쯤 되었는데, 가을이 되면 운동회가 열렸다. 나는 2년에 걸쳐 응원단장을 하였다. 지금은 마을 인구가 줄어 유치원으로 바뀌었다.

동기생 중 유일하게 부산에 있는 중학교로 진학하게 되어 친구들과 떨어져 객지생활이 시작되면서 토요일이 그렇게 기다려질 수가 없었다. 내가 마을 입구에 도착하기 전에 항상 어머니가 먼저 나와 기다리고 계셨다. 어머니와 고향이 그렇게 그리울 수가 없었다.

1972년 가족 모두 부산으로 이사를 하였다. 그 이후에도 매년 설, 추석이면 아버지와 같이 고향에 갔다. 지금도 마찬가지로 고향에 간다. 만나는 사람은 없지만 성묘를 위해.

1970년이 되어서야 고향에 전기가 들어오고, 1980년도에는 찻길이 생기고, 1990년에는 마을 가운데로 고속도로가 놓였다. 그때는 고향에서 부산 교통부까지 버스로 한 시간 이상 걸리는 거리였으나 지금은 승용차로 15분이면 닿는다. 길이 막히면 한 시간도 더 걸리기도 하지만.

나에게는 언젠가는 고향으로 돌아가리라는 꿈이 있다. 내가 태어나고 조상들이 잠들어 있는 그곳으로 가고 싶다. 지금은 추억하는 그런 옛 고향은 아닐지라도 가고 싶다. 지금은 빈터로 남아 있는 내가 태어난 그곳 응달리 437번지에 새집을 지어 살고 싶다.

고향이 없는 사람은 꿈이 없는 사람이라 했던가. 진짜 친구는 고향 친구라 했던가. 그때 그 친구들이 무척 그립다.

요즘 젊은 사람들에게나 신입사원 면접장에서 "고향이 어딘가", "본적이 어딘가"를 물어보면 답이 여러 가지다. 아버지 고향이 내 고향이고 아버지 본적이 내 본적인 것을 몰라서야 되겠는가.

⁏ 왜 걷는가

걷는다는 것은 공간과 시간을 이동한다는 것이며, 걷는 것은 시작점과 도착점 사이의 공간 이동이다. 출발시간과 도착시간 간의 시간 이동이다. 시간과 공간 사이로 변화와 흐름을 본다. 시공간의 2차원에서 흐름을 포함하면 3차원이 된다.

걷기에 좋은 시간은 새벽도 좋고 오전도 좋고 저녁도 좋고 밤도 좋다. 걷기에 좋은 곳은 산도 들도 도로도 강가도 좋다.

걷기에는 시간 구분, 장소 구분, 계절 구분, 날씨 구분이 없다. 혼자서도 걷고 같이도 걷는다. 걷는다는 것은 비우는 것이다. 비우면 채울 수 있다. 채울 수 있는 그릇은 걷는 시간만큼 걷는 공간만큼 커진다. 그릇만 준비되면 채움은 다음이다.

산에 오르는 것도 걷는 것이다. 오늘도 산에 오른다. 혼자서도 가고 여럿이서 같이 가기도 한다. 얕은 산은 언제라도 가고 싶을 때 간다. 높은 산, 먼 곳에 있는 산은 미리 계획 없이 가면 낭패를 볼 수도 있다. 무릇 산은 높이 불문하고 오를수록, 정상에 가까울수록 힘이 든다. 힘이 들면 정상에 가까운 것이다. 산의 높이도 중요하지만 출발지의 고도가 더욱 중요할 수도 있다. 등산은 산 높이와 출발선의 고도와의 차이만큼 오를 수 있는 것이다.

인생도, 직장생활도 얼마나 많은 단계를 얼마나 높은 곳까지 오르느냐도 중요하지만, 어디서 출발하느냐도 중요하다. 우리가 추구하는 성공의 높이는 얼마인가? 지금 우리가 서 있는 곳, 출발하는 곳의 위치는 어디인가? 혹 출발지 높이를 너무 낮게, 아니면 너무 높게 알고 있는 것 아닌가?

; 기도하라

선한 사람이 로또복권을 위한 천일 기도를 지성으로 드렸다. 드디어 기도 마지막 날 하느님의 목소리가 들려왔다. "복권 좀 사지."

복권을 사지 않으면 하느님도 도와줄 수가 없다. 어떤 번호를 찍어야 하는지 묻지 않으면 답을 얻을 수가 없다.

가뭄이 들어 농사를 지을 수가 없고 마실 물조차 부족해서 기우제를 지낸다. 기도가 이루어져 장대비가 내리더라도 물통을 준비하지 않고, 저수지 바닥을 막지 않으면 옷이나 젖고 수해를 입을 뿐이다.

프로젝트를 개발하고 최선을 다해 입찰서를 내고 그 다음에 기도를 해야 한다. 수주 기원을 해야 한다. 수주하지 못하는 입찰, 대충하는 입찰은 비용 지출만 있을 뿐이다. 공사 실행을 잘하기 위해 인재를 양성하고 공장을 짓고 설비를 보완하여도, 수주가 없으면 공사가 없다면 무용지물이다. 쉬운 공사는 없다. 해도해도 모자라고 난공사이다. 모두 최선을 다한 뒤에 기도해야 한다. 사고 없이 성공적으로 공사를 마치게 해 달라고.

모두의 힘을 모아 노력하고 사전에 준비하고, 최선을 다한 후에 기도

하고 또 기도하라. 감이 익을 때까지 기도하라. 그러면 땅도 귀신도 신도 돕는다. 조상까지 나서서 돕는다. 고맙다고 기도하라. 감사하다고 기도하라. 그래야 다음에도 도와준다.

오로지 감사하다고 기도하라. '오 감 사' 라고 기도하자.

; 끝나도 끝난 것이 아니다

It ain't over till it's over! Each one of these endings puts us at the starting line all over again. 끝나도 끝난 것이 아니다. 하나의 끝은 단지 우리를 또다시 출발선상에 서게 하는 것이다. 포기하지 않고 물러나지 않는다면 게임은 끝난 것이 아니라는 말이다.

창창한 젊은 나이에 시작한 직장생활, 평생을 한 회사에서 아니면 몇 번 직장을 옮긴다. 자의로 옮기기도 하고 아니면 어쩔 수 없이 옮기기도 한다. 처음에는 신입사원이고 다음에는 경력사원, 그리고는 중견사원이 된다. 운이 좋으면 임원으로 발탁된다. 30~40년 동안의 직장생활을 뒤로하고 퇴직을 하면 대단원의 막이 내린다. 인생 2막의 장이 닫힌다.

그러나 끝날 때까지 끝난 것이 아니다. 그렇다. 또다시 출발점이다. 다시 시작이다. 이번에는 지난번과 다를 것이다. 이제는 더 많은 경험이 있기에 더 잘할 수 있을 것이다. 다시 시작이다. 인생 3막, 제2의 경력의 시작이다.

모든 생生에는 멸滅, 유시유종有始有終, 모든 시작에는 끝이 있다. 그러나 그 끝은 또 다른 시작으로 닿아 있어 끝날 때까지 끝난 것이 아닌 것이다.

부모가 떠나도 내 속에 부모가 남듯이 생은 멸로, 멸은 또 다른 생으로 이어져 영원한 것이 아닐까. 움직이는 것은 살아 있는 것이며, 살아 있다면 아직 끝난 것이 아니다. 깨어 있다면 느낄 수 있고, 느낄 수 있으면 이룩할 수 있다.

일어나 앞으로 나아가고, 새 길을 찾아 여행을 떠나자. 무수히 많은 것이, 새로운 많은 것이 그대를 기다리고 있을 테니까. 친구가 없다면 혼자서라도 가자.

; 뭘 하면서 살 것인가

지금 다음 30년이 나에게 주어졌다. 어떻게 살 것인지를 정해야 한다. 이제 나는 뭘 하면서 다음 30년을 살 것인지, 여기서 세계적인 경영자, 은퇴하였지만 은퇴하지 않은 경영자 잭 웰치가 한 이야기를 소개한다.

"Just avoid stasis like the plague, stasis is what causes too many retired people to sit around pining for the old days, feasting on nostalgia for a time that never was."

은퇴자들에게 결코 존재하지 않았던 시절에 대한 향수에 젖어, 아무것도 하지 않고 우두커니 앉아 있지 말라는 내용이다. 나만 주인공 하라는 메시지이다.

많은 시간이 지나기 전에, 가장 먼저 해양인으로서 마지막으로 기여하고 싶다. 잘한 것보다는 후회되는 일이 많기에, 동종업계 동료와 후배들에게 도움이 될 수 있는 기회가 되지 않을까 생각한다. 여유를 두고 어떤 분야에 어떤 방법으로 지원을 할 수 있을까를 생각해 보겠다. 나의 생각과 기억을 기록으로 남겨 이를 전달하여 보탬이 되는 방법도 있겠다.

잘 못하는 것 세 가지는 3S이다. 첫째, 노래Singing를 잘 못한다. 항상 박자를 놓치고 리듬을 타지 못한다. 둘째, 운동Sport, 특히 큰 농구공이든 작은 골프공이든 볼에는 젬병이다. 셋째, 운전Steering이 문제이다. 두세 번 왔다 갔다 해야 주차를 할 수 있다. 먼저 이 세 가지를 개선해야 하는데 쉽지 않다.

잘하는 것 세 가지 역시 3S이다. 첫째, 잘 웃는다Smile. 웃는 자에게 복이 오고 웃으면 행복하다고 했다. 둘째, 공부Study, 나는 실력보다 시험에 강하다. 운전면허 실기시험만 빼고, 시험을 위한 공부보다 지혜와 덕을 위한 공부를 해야겠다. 셋째, 스피치Speech, 몇몇 사람들로부터 잘한다는 얘기를 들었다. 점수로 검증된 것은 아니지만 그렇게 믿고 싶다. 좀 더 노력해서 말을 잘하는 사람보다 좋은 이야기와 아름다운 얘기를 해서 도움이 되는 사람이 되어야겠다.

이력서를 꾸며야겠다. 학위도 따고 자격증도 획득해야겠다. 인문학 박사, 대단하지 않은가. 공인중개사는 어떤가. 변리사가 더욱 폼이 나는가. 동시통역사, 중국어 3등급, 책 쓰기, 이 모든 것을 동시에 다할 수는 없으니 순서를 정해서 차례차례 할 수밖에 없다. 멤버십, 정당에도 가입하고 무슨 협회에도 참석해야겠다. 나가서 만나고 소통해야 하지 않겠는가.

무언가 해서 돈을 벌어야겠다. 지금까지 37년 동안 매달 봉급을 받는 데는 걱정이 없었는데, 이제는 다른 곳을 찾아봐야겠다. 일하지 않으면 먹지도 말라고 하지 않던가. 돈을 벌기 위하여 일하지 않고, 일을 위하여 돈을 벌어야겠다. 돈 조금만 벌어도 충분하다.

모른다는 것을 먼저 알아야겠다. 나는 다 알고 있다는 자만심을 버려야 한다. 뭘 얼마나 알고 있는가. 배우는 데 시간과 나이가 중요하겠는가. 많이 듣고, 넓게 보고, 두루두루 읽고, 모든 것을 느끼고 생각하며 공부해야겠다. 세월과 나이가 지식이나 지혜를 가져다주는 것이 아니다. 살아 있는 한 배워야 한다. 지혜를 얻고 슬기로워지는 공부를 해야겠다.

가보지 못한 길도 가보고, 낯선 곳을 여행해 보고, 모르는 사람들도 만나면서 남을 이해하고 남의 것의 중요함을 알고 겸손함을 배워야겠다. 그리고 규칙 있는 삶, 조화로운 생활을 해야겠다. 해 뜨기 전에 일어나고 해가 지면 집으로 돌아오고, 매 시간을 계획대로, 의지대로, 생각하며 살아야겠다. 사는 대로 생각하고 되는 대로 살아가고 남을 위해 살 수는 없지 않겠는가.

시간의 조화, 사람과의 조화, 꿈의 조화를 이루어야겠다. 시간을 귀하게 쓰고 사람을 우러르고 꿈을 잃지 않아야겠다. 꿈을 이루었다면 더 높은 곳에 꿈을 새로이 두어야겠다.

내가 어떻게, 무얼 위하여 살았는지, 고마운 분들과 많은 스승들을 기억하며, 나의 경험과 나의 작은 지식을 기록으로 남기고 싶었다. 그것이 내가 세상에 온 이유이고, 내가 세상에 온 의미가 아니겠는가.

빚을 갚아야겠다. 산업 중흥기, 국가 융성기에 태어나 대학 4년 졸업을 밑천으로 너무나 많은 혜택을 받았다. 모두에게 감사한다. 이제 그 빚을 갚아야 하지 않을까. 남에게 도움이 되는 삶, 뭔가 사회에 봉사하고 국가에 기여하도록 해야 하지 않겠는가.

지난 30년도 국가와 민족을 위해 일하였고 그래서 혜택도 많이 입었는데, 다음 30년도 국가와 민족 그리고 사회를 위한 삶을 살아야겠다.

⁏ 여천천을 걸으며

여천천은 길이 6km로 폭은 10m에서 15m로 변한다. 맑은 물, 흐린 물, 깨끗한 물, 더러운 물이 함께 여천천에 흐른다. 물속에는 여러 물고기와 다양한 생명체가 살고 있다. 여천천에는 가지가지 오리가 산다. 오리가 주인이고 이름 모를 철새들도 손으로 모여든다.

오리에게는 물이 깊어지면 헤엄치기가 좋고, 얕아지면 바닥에서 피라미를 잡고 모이 찾기가 쉽고, 바닥이 드러나면 걷는 연습하기에 좋다.

양옆으로 온갖 풀과 갈대와 나무가 자란다. 이름 모를 작은 새도 모여든다. 온갖 곤충들도 보인다. 가끔은 높이 나는 큰 새들이 쉬어 가기도 한다.

한쪽 옆으로 세 갈래 길이 있다. 걷는 길, 자전거길, 차 다니는 길이다. 그 길로 나는 매일 걷는다. 아침에도 걷고 가끔 저녁에도 걷는다. 생각을 하면서도 걷고 노래를 하면서도 걷고 중얼거리면서도 걷는다. 지난해 3월부터 올해 2월까지 계속 걸었다. 도시 속을 흐르는 하천에도 사계절이 있다는 것을 느끼며 걸었다.

어쩌다 동네 뒷산인 신선산에도 오른다. 시간을 길게 하기 위해서 옆으로, 앞으로, 정상으로 걷는다. 정상이라고 해야 높이가 100m도 되지 않는 낮은 산으로 이무기 머리 형상을 하고 있다.

신선산과 맞닿은 곳에 수암수변공원이 자리하고 있다. 저수용량이 200만 톤이고 가장자리를 빙 둘러 보행로가 잘 갖추어져 있다. 신선산에서 수변공원을 들러 쉬면서 와도 두 시간이면 충분하다. 동구에서는 어딜 가도 아는 사람, 회사 사람들이 많았으나 여기는 완전히 타동네이다.

여천천을 걸으며, 신선산을 오르며, 나는 무엇을 하며 살 것인가를 고민한다.

; 새해 새날에

기업에서 직장에서 여럿이 모여 해맞이를 하고 조찬회를 하고, 새해의 포부에 대해 이야기할 때가 많았다. 거의 매해 그렇게 한 것으로 기억

한다. 그때마다 새날이 얼마나 중요한지. 작년에 회사를 떠난 사람들, 한 해만 더 근무를 하였으면 원망도 후회도 없었을 올해, 지금까지 지난해까지 못다 한 소망, 이루지 못한 무엇인가를 할 수 있는 올해, 어제 세상을 떠난 사람이 하루만 더 살고 싶었던 그 오늘이 아닌가를 생각하며 새해 다짐을 하였다.

새해 새날에는 그래서 각오가 많고 약속이 더 많은 것이 아닐까. 올해가 마지막이라면 더욱더 그러하다.

언제나 새날은 계속된다. 새해 새날만 새날이 아니다. 매일 아침이 새롭고, 매일 뜬 태양이 반가운 것 아닌가. 태양이 있어 생명이 있고, 생명이 있어 인간이 있는 것 아닌가.

매일 떠오르는 태양에 감사해야 한다. 태양도, 하늘도, 공기도, 물도, 땅도, 이 모든 것이 생명의 근원이며 태초의 시작점이 아닌가. 마무리하는 하루는 아름다운 것이다. 이런 아름다운 세상에서 30년을 살아간다고 생각하니, 고맙고 또 고맙다.

그리고 괜히 바쁘고 가슴이 설렌다. 나는 아직 할 일이 많고 남은 시간도 충분하다.

불가능해 보일 때 새 역사는 창조된다

1979년 신입사원으로 직장생활을 시작하여 지금까지 현대중공업(주) 소속으로 살아왔다. 1981년 해양사업 소속이 된 후 35년 동안 해양인이었고, 다음 30년도 해양인, 해양 출신으로 살아갈 생각이다.

이 책에는 직장생활의 경험, 해양산업에 대하여, 하고 싶고 남기고 싶은 이야기, 살아온 이야기들이 담겨 있다. 글 쓰기를 마무리하며 과거, 현재, 미래의 뉴스를 전한다.

5년 전, "최근의 미국 발 금융위기로 급감한 선박 수주를 대신하여 해양플랜트사업이 신성장동력으로 각광을 받고 있다", "국내 3사에서 최고급 사양의 시추선 10척을 수주하여 50억 달러의 수주고를 달성", "중동으로부터 20억 달러의 해양공사 수주", "조선 강국에서 해양 강국으로—해양 인력 40% 급증", "해양을 신성장동력으로 집중하고 인재를 확보하고 기술에 투자하여 글로벌 1위를 확보해야", "현중 주가 50만 원 신기록, 시총 38조 돌파."

최근 뉴스, "지난해 국내 조선 빅3의 적자가 8조 원 대를 기록", "세계 경제 침체와 유가 폭락에 따른 계약 취소 및 인도 지연", "적자의 근본 원인은 해양공사−무리한 수주", "조선업계 침몰 직전", "해양플랜트의 저주", "진행 중인 해양공사가 많아 부실의 끝이 보이지 않아", "올해도 조선업계 안심하기는 이르다−해양플랜트의 숨겨진 부실이 없는지", "연말 현중 주가 9만 원대 밑으로", "지난해 해양플랜트 단 1건도 수주하지 못해 물량 부족 심각."

5년 뒤, "서부 텍사스 산 중질유WTI 배럴당 120달러를 넘어, 곧 사상 최고치 경신−피크오일 이론 다시 득세", "해양플랜트의 부활−조선업계 부실의 원인으로 지목받던 해양사업", "1조 이상 적자가 예상되었던 중동 공사가 흑자로 마무리", "수주 쾌거, 아프리카에서 FPSO와 FLNG선 각 1척을 100억 달러에 수주", "한국 회사가 프랑스 해양 전문회사를 인수하여 에너지 서비스 회사로 재탄생", "현대중공업 주가 50만 원대를 돌파하면서 신고가 기록."

5년 전 해양산업의 영광은 외형적 화려함의 기준이었고, 뿌리도 내리기 전에 고사단계에 이르게 되어 지금의 난국에 처하게 된 것으로 보인다. 아무리 건강한 나무도 환경에 적응하지 못하고 토양이 적절하지 못하면 뿌리부터 부실해지는 것이고, 그러는 사이에 울창하던 나무가 고목이 되어 간다.

지난 10년간의 영광과 좌절을 넘어 다시 시작해야 한다. 이 시련기를 급격한 환경변화에 적응하고 바탕을 건실히 하는 기회로 삼아서, 5년 뒤에는 그래도 역시 '제조업', 역시 '해양사업'이라는 신화를 창조하도록 해야 한다.

생물이 진화로 환경변화에 적응을 하면 살아남고 그렇지 못하면 사라지듯이, 우리는 혁신으로 진화하고, 기술과 경험을 바탕으로 성장하며 '해양산업'에 재도전하여 우리나라의 주력산업, 신성장동력으로 성장하고 발전하여야 할 것이다.

현재의 어려운 시기에 해양산업을 책임지고 고군분투하고 계신 여러분의 성공 신화를 기대하며, 우리 모두는 해양인의 소명의식을 갖고 여러분이 새 역사를 창조하는 데 벽돌 한 장이라도 도움을 줄 수 있도록 최선을 다할 것이다.

불가능해 보일 때 새로운 역사는 창조된다고 하였다.

여기에 쓰여 있는 지난 40년 한국 해양산업의 역사가 새롭게 직장생활을 시작하는 여러분과 향후에 직장인을 직업으로 택하려는 여러분에게 참고가 되었으면 한다.

또한 찬란하였다고, 성공하였다고 할 수는 없지만 나름대로 열심히 살아온 나의 직장생활과 일을 하면서 느낀 여러 가지 생각들을 여기에 적으면서, 그대들에게 조그마한 도움이라도 되었기를 소망한다. 그리고 5년 후 2020년, 그 넘어 2030년 좋은 시절이 오면 그때는 그대들이 주인이 되어 있을 것이다.

해양사업, 꿈과 도전의 역사
지난 30년 다음 30년

펴낸날　초판 1쇄 2016년 3월 30일

지은이　김종도
펴낸이　서용순
펴낸곳　이지출판

출판등록　1997년 9월 10일 제300-2005-156호
주　소　03131 서울시 종로구 율곡로6길 36 월드오피스텔 903호
대표전화　02-743-7661　**팩스**　02-743-7621
이메일　easy7661@naver.com
디자인　김민정
인　쇄　(주)꽃피는청춘

ⓒ 2016 김종도

값 15,000원

ISBN 979-11-5555-043-4　93450

※ 잘못 만들어진 책은 바꿔 드립니다.

이 도서의 국립중앙도서관 출판예정도서목록(CIP)은 서지정보유통지원시스템 홈페이지(http://seoji.nl.go.kr)와
국가자료공동목록시스템(http://www.nl.go.kr/kolisnet)에서 이용하실 수 있습니다.(CIP제어번호: CIP2016007596)

해양사업,
꿈과 도전의 역사
지난 30년 다음 30년